新编人力资源与社会保障通用教材

长期护理保险通论

戴卫东　编著

中国劳动社会保障出版社

图书在版编目(CIP)数据

长期护理保险通论/戴卫东编著. -- 北京:中国劳动社会保障出版社,2022
新编人力资源与社会保障通用教材
ISBN 978-7-5167-5742-0

Ⅰ.①长… Ⅱ.①戴… Ⅲ.①护理-保险制度-中国-教材 Ⅳ.①F842.625

中国版本图书馆 CIP 数据核字(2022)第 245168 号

本教材为浙江财经大学"国家一流本科专业"劳动与社会保障专业建设成果。

中国劳动社会保障出版社出版发行

(北京市惠新东街 1 号 邮政编码:100029)

*

北京市科星印刷有限责任公司印刷装订 新华书店经销

787 毫米×1092 毫米 16 开本 17.5 印张 310 千字
2022 年 12 月第 1 版 2022 年 12 月第 1 次印刷
定价:52.00 元

营销中心电话:400-606-6496
出版社网址:http://www.class.com.cn

版权专有 侵权必究

如有印装差错,请与本社联系调换:(010) 81211666
我社将与版权执法机关配合,大力打击盗印、销售和使用盗版
图书活动,敬请广大读者协助举报,经查实将给予举报者奖励。
举报电话:(010) 64954652

前言

社会保障制度的建立是人类社会迈向进步和文明阶段的重要标志之一。在人类社会发展的历史长河中，自然灾害、瘟疫以及战争等各种风险一直伴随至今。进入工业化社会后，养老、医疗、工伤、失业等风险呈现社会化的特征。19世纪80年代德国先后颁布了《疾病保险法》《意外事故保险法》和《老年和残疾保险法》，开创了世界社会保险制度的先河。德国上述保险三法在很大程度上保障了工人阶级的生存权益。从此，社会保障制度在全球工业发达国家相继建立起来。工业化的发展带来了各国国民经济和医疗卫生水平的提高，人类的平均寿命得以延长，到20世纪60年代前后全球发达国家不可避免地进入了人口老龄化时代。由于生理和心理的机能下降导致身体功能发生退行性改变，大量老年人口普遍面临着失去生活自理能力的困境。在传统农业社会，失能老年人的照顾是家庭的责任，失能风险由家庭承担。但是，到了工业社会，失能风险从家庭内部走向社会外部，个体风险逐渐演进为社会风险。从今天来看，人到老年退出了劳动领域，一般都要面对收入减少、疾病多发以及失去生活自理能力三大风险。然而，各国既有的社会制度安排仅有养老保险和医疗保险应对前两个风险，失去生活自理能力的风险缺乏相应的制度安排。为了促进社会公平和维护社会稳定，自20世纪60年代开始，荷兰、以色列、美国、法国、德国、卢森堡、日本、新加坡和韩国等一些国家先后通过立法，实施了长期护理保险（Long-Term Care Insurance，LTCI）制度，积极应对人口老龄化产生的失能社会风险。由于各国当时社会保障制度设计模式不同，秉承着制度的路径依赖，全球长期护理保险制度也因此有社会保险和商业保险两种模式。经过半个多世纪的实践，各国长期护理保险制度虽然存在一些问题，但为各国化解失能风险做出了重要的贡献，也为其他发展中国家解决人口老龄化下的长期护理服务问题积累了不少经验。在我国，长期护理还是一个新名词，此前一直都统称为养老服务。

21世纪初，我国开始进入老龄化社会。第七次全国人口普查统计显示，2020年我国60岁及以上人口比重上升至18.70%，其中65岁及以上人口比重上升至13.50%，而10年前第六次人口普查，这两项数据分别为13.26%与8.87%。人口结构趋向快速老龄化。据全国老龄委统计，我国失能老年人口在2010年大约为3 300万人，2015年上升到4 063万人。有研究表明，估计到2030年有7 700多万人，人均失能期7.44年。可见，失能也已经成为我国一个新的社会风险。为了积极应对人口老龄化，党的十八届五中全会提出要"探索建立长期护理保险制度"，"十三五"规划要求"开展长期护理保险试点"。2016年6月，人力资源社会保障部发布《关于开展长期护理保险制度试点的指导意见》（人社厅发〔2016〕80号），明确在全国15个城市试点长期护理社会保险制度。这是我国传统养老服务体制改革的开端。2019年国务院《政府工作报告》要求要大力发展养老特别是社区养老服务业，改革完善医养结合政策，扩大长期护理保险制度试点。2020年9月，国家医保局和财政部联合颁布《关于扩大长期护理保险制度试点的指导意见》（医保发〔2020〕37号），决定在全国新增14个城市试点长期护理保险。2021年国务院《政府工作报告》再次提出促进医养康养相结合，稳步推进长期护理保险制度试点。2021年5月，中共中央政治局召开会议，听取"十四五"时期积极应对人口老龄化重大政策举措汇报，会议强调"探索建立长期护理保险制度框架"。2022年10月，党的二十大报告明确提出"建立长期护理保险制度"。截至2022年11月底，全国已有49个地市（州）在推进长期护理保险试点。

由于制度还没有定型，我国各地长期护理保险试点处于探索与完善阶段。至2022年3月底，全国参保人数达1.45亿人，累计享受待遇人数172万人，年人均减负约1.6万元。新生事物的发展总不会是一帆风顺的，各地长期护理保险试点呈现出成绩与问题并存的特点。下一步尤其是"十四五"期间，各个试点地区不仅要相互学习，取长补短，发挥示范效应，而且要借鉴国外经验，汲取其精华，形成中国特色。从这个意义上讲，这本《长期护理保险通论》教材能够起到学习借鉴国外政策的作用。本教材从长期护理保险的基本性质、基础理论、制度背景、制度运行以及制度效益等方面全方位地介绍阐述了全球长期护理保险制度框架及其发展，并分析探讨了中国长期护理保险制度理论基础、框架构建与预期效益。它也是国内第一本关于长期护理保险的专门教材。

在全体人民走向共同富裕的新时代，社会保障制度建设与完善是人民获得感和幸福感的重要源泉之一。长期护理保险在我国还是一张"新面孔"。因此，作者认为本教材不仅适合公共管理类、社会人口学类、工商管理类、应用经济学类相关专业的本科生和研究生学习，而且还能为高校科研人员以及相关的政府职能部门和保险及服务机构工作人员提供重要的参考。

戴卫东

2022 年 11 月

作者简介

戴卫东，安徽桐城人，管理学博士。浙江财经大学公共管理学院教授，博士生导师，浙江财经大学学术委员会副主任委员，地方政府与城乡治理研究院副院长，国家一流本科专业劳动与社会保障专业负责人，社会保障学科带头人。浙江财经大学中国政府管制研究院研究员。浙江省长期护理保险研究中心主任。

迄今出版专（译）著8部、参著（编）10部，发表学术论文140余篇，其中，《新华文摘》等全文转载近30篇。主持国家社科基金项目4项（重点2项）、教育部等省部级课题5项。研究成果被教育部社科司等政府部门采纳8件、政策建议被浙江省领导批示10余次。近三年先后获得省部级社会科学优秀成果政府奖一、二、三等奖各1项。专著《长期护理保险：理论、制度、改革与发展》获教育部"改革开放40年高校科技创新重大成就"荣誉称号。

主要学术兼职：北京大学中国残疾人事业研究中心特聘专家委员，浙江大学国家制度研究院特聘研究员，浙江大学老龄和健康研究中心特聘研究员。残疾人事业发展研究会常务理事，中国社会保障学会理事，中国社会福利研究专业委员会理事。浙江省人大社会建设智库专家，政协浙江省委应用型智库专家，杭州市人大常委会咨询专家等。

目 录

绪论/1

第一节　长期护理保险制度的起源/2
　一、20世纪90年代前（1960—1990年）/2
　二、20世纪90年代（1991—2000年）/4
　三、21世纪以来（2001年以来）/5

第二节　长期护理保险的概念与类型/6
　一、长期护理的定义/6
　二、长期护理保险的定义/8
　三、长期护理保险的类型/8

第三节　长期护理保险的性质与特点/10
　一、长期护理保险的性质/10
　二、长期护理保险的特点/12

第四节　长期护理保险的制度构成及体系/14
　一、长期护理保险制度构成/14
　二、长期护理保险基金体系/14
　三、长期护理保险服务体系/15
　四、基金体系与服务体系之间的关系/16

第五节　长期护理保险的意义与功能/16
　一、长期护理保险的意义/16
　二、长期护理保险的功能/18

阅读材料1　郑功成：澄清关于经济发展与改善民生的认识误区/20
阅读材料2　荷兰养老福利服务的规范化/22
阅读材料3　我国推进长期护理保险需要注意的要素/23

第一章 长期护理保险的理论基础/26

 第一节 机体损耗理论/26

 第二节 制度变迁理论/27

  一、诺斯的制度变迁理论/28

  二、制度变迁的两种基本方式：诱致性制度变迁和强制性制度变迁/28

  三、制度变迁理论对长期护理保险制度的解释/30

 第三节 艾斯平-安德森福利模式理论/31

  一、福利模式理论/31

  二、福利模式理论对长期护理保险制度的解释/32

 第四节 福利多元主义理论/34

  一、福利多元主义的概念/34

  二、福利多元主义的核心/35

  三、福利多元主义对长期护理保险制度的解释/35

 第五节 多学科理论支撑/36

 阅读材料1 衰老的相关理论/37

 阅读材料2 郑功成：养老服务业需做大调整/38

 阅读材料3 《贝弗里奇报告》/39

第二章 长期护理保险的制度背景/43

 第一节 社会因素/43

  一、人口结构老龄化/43

  二、家庭结构小型化/45

  三、女性劳动职业化/47

 第二节 经济因素/49

  一、国民经济增长/49

  二、医护成本巨大/51

  三、老年经济贫困/53

 第三节 政治因素/54

  一、福利国家理念的确立/55

  二、社会主义思想的体现/55

  三、政党之间博弈的结果/56

第四节　文化因素/58

　　一、家庭观念日渐淡薄/58

　　二、自由主义思想浓厚/58

第五节　其他因素/59

　　一、慈善传统的推动/59

　　二、政策僵化的倒逼/59

阅读材料 1　福利治理的兴起：对福利国家危机的反思/60

阅读材料 2　哈耶克的自由主义观/63

阅读材料 3　晚年危机：日本社会的长寿隐忧/63

第三章　长期护理保险的立法规范/68

　第一节　长期护理保险的立法类型与进程/68

　　一、综合立法/68

　　二、单行立法/69

　　三、主要国家的立法进程/70

　第二节　长期护理保险的责任部门与分工/71

　　一、社会保险模式国家的责任部门及其职能/71

　　二、商业保险模式国家的责任部门及其规则/73

　　三、小结/75

　阅读材料 1　日本《介护保险法》/76

　阅读材料 2　《中华人民共和国老年人权益保障法》（2018 年 12 月第三次修正）
　　　　　　　节选/77

　阅读材料 3　《中华人民共和国残疾人保障法》（2018 年修正）节选/78

第四章　长期护理保险的保障对象/81

　第一节　长期护理保险的参保对象/81

　　一、普惠性/81

　　二、选择性/83

　第二节　长期护理保险的申请评定/84

　　一、申请程序/84

　　二、评估机构/86

三、资格评估/88

四、等级认定/90

第三节　长期护理保险的受益对象/93

阅读材料1　韩国长期护理保险制度保障对象的决策讨论/94

阅读材料2　世界卫生组织"国际功能、残疾和健康分类"/95

阅读材料3　以、日、韩三国失能等级评定指标/97

第五章　长期护理保险的基金管理/101

第一节　长期护理保险的资金筹集/101

一、筹资模式/101

二、资金来源/102

三、费率概览/105

第二节　长期护理保险的减免政策/106

第三节　长期护理保险的待遇支付/107

一、支付方式的类型/108

二、支付标准分类分级/110

阅读材料1　日本介护保险的居家支付和住院支付/117

阅读材料2　法国个人护理津贴的支付/118

阅读材料3　中国长期护理保险试点的资金筹集和待遇支付/119

第六章　长期护理保险的服务体系/123

第一节　长期护理保险的立法导向/123

一、发挥保险优势/123

二、倡导居家和社区服务/124

三、重视非正式和民间支持体系/124

四、以提供护理服务为主/124

五、实现社会公平/125

第二节　长期护理保险服务的基础先行/125

一、德国：以相关基本法为前提，重视硬件和软件建设/125

二、日本：推出两个"黄金计划"，构筑高质量服务的基础条件/125

三、韩国：实施"扩充"和"投入"计划，重点推进护理机构建设/126

　　　　四、以色列：三部法律逐步推进，抓住长期护理服务的三大核心/127

　　第三节　长期护理保险的服务内涵/127

　　　　一、三种服务类型/127

　　　　二、康养护全方位服务/128

　　第四节　长期护理保险的服务供给/134

　　　　一、二元与多元的服务机构/134

　　　　二、护理人员的资格与待遇/136

　　阅读材料1　瑞典《社会服务法案》/141

　　阅读材料2　芬兰的"一体化"养老福利与服务机构/142

　　阅读材料3　我国医养结合的兴起与推进/143

第七章　长期护理保险的质量管控/147

　　第一节　长期护理保险质量管控的事前防范机制/147

　　　　一、设立质量管理部门/147

　　　　二、防范逆选择/149

　　　　三、建立护理人员的执业标准/152

　　第二节　长期护理保险质量管控的事中加强机制/155

　　　　一、控制需求方的道德风险/155

　　　　二、审查供给方的服务质量/156

　　第三节　长期护理保险质量管控的事后奖惩机制/157

　　　　一、第三方监督/157

　　　　二、回访与奖惩措施/158

　　阅读材料1　风险认知与长期护理保险市场需求规模/159

　　阅读材料2　服务质量SERVQUAL模型/160

第八章　长期护理保险的改革发展/164

　　第一节　长期护理保险的改革措施/164

　　　　一、结构性改革立法/164

　　　　二、瞄准重点服务对象/169

　　　　三、减轻财政压力/171

　　　　四、调整待遇标准/173

五、扩大服务项目/175

　　六、改革支付方式/176

　　七、提升服务质量/176

　　八、提高行政管理效率/178

　第二节　长期护理保险面临的挑战/179

　　一、公平性有待提升/179

　　二、政府财政压力增大/181

　　三、个人及企业负担逐渐加重/184

　　四、支付方式偏离制度初衷/186

　　五、服务质量有待提高/187

　第三节　长期护理保险的发展趋势/188

　　一、共同的发展方向/188

　　二、主要国家的关注重点/192

　阅读材料1　法国养老改革道阻且长/196

　阅读材料2　西方国家长期护理服务的非机构化发展趋势/197

第九章　长期护理保险的制度效益/201

　第一节　长期护理保险的经济效益/201

　　一、缓解老年贫困/202

　　二、创造就业岗位/202

　　三、促进长期护理产业发展/207

　　四、直接刺激经济增长/211

　第二节　长期护理保险的社会效益/211

　　一、受益面逐步扩大/211

　　二、民众满意度不断提高/218

　　三、实现社会保障项目之间的平衡/219

　　四、强化个人责任意识/221

　　五、推进志愿服务行动/222

　阅读材料1　韩国正式长期护理显著地降低了个人医疗支出/224

　阅读材料2　德国长期护理保险得到了民众的广泛认同/225

第十章　我国长期护理保险制度/229

　　第一节　长期护理保险制度试点启动/229

　　第二节　长期护理保险制度试点的理论依据/230

　　　　一、老龄社会的失能风险/230

　　　　二、财政养老的资金压力/231

　　　　三、"以人民为中心"的施政理念/232

　　　　四、家国责任的法理体现/233

　　　　五、民富国强的经济支撑/233

　　　　六、社会保险的制度认同/234

　　　　七、多元主体的社会参与/234

　　　　八、智慧养老的技术支持/235

　　第三节　长期护理保险完善的制度框架/235

　　　　一、基本原则/236

　　　　二、责任部门/236

　　　　三、保障对象/237

　　　　四、资金筹集/238

　　　　五、失能评估/238

　　　　六、服务供给/239

　　　　七、待遇支付/240

　　　　八、管理机制/240

　　　　九、监督系统/241

　　　　十、法律责任/241

　　第四节　长期护理保险全面实施的预期成效/242

　　　　一、化解养老服务的两大难题与推进民营机构的成长/242

　　　　二、缓解"社会性住院"压力与推动"新医改"创新/244

　　　　三、创造就业岗位与开辟经济新增长点/245

　　　　四、减轻老年贫困与规避国家人口政策的风险/247

　　阅读材料1　中国养老服务体系的发展定位/248

　　阅读材料2　长期护理保险制度设计需把握的若干问题/250

　　阅读材料3　建立长期护理保险制度促进养老服务业发展/251

主要参考文献/254

绪　　论

> ● 学习重点
> 1. 全球长期护理保险制度的诞生。
> 2. 长期护理保险的内涵、类型和特点。
> 3. 长期护理保险的基金体系和服务体系，以及两者的关系。
> 4. 长期护理保险的实施意义和功能作用。

人类社会在长期的进化和发展过程中，随着自然环境、经济环境和社会环境的不断变化，各国和地区几乎无一例外地或早或迟制定和出台相应的政策措施来适应变化和保护所在国家或地区的国民。自20世纪50年代开始，工业发达的国家相继进入了人口老龄化社会，到21世纪，世界人口快速老龄化逐步演变成一个全球性问题。由于身体机能下降，越来越多的老年人逐渐失去生活自理能力（简称失能），这一问题正日益转化为发达国家，也包括一些发展中国家必须面对的一个新的社会风险。人口老龄化与失能的风险明显呈正相关关系。联合国报告显示，全球75岁及以上的人口当中，只有10%的人能保持健康的体魄，其余都在遭受各种疾病和伤残的折磨，带来沉重的社会负担。① 老年人失能后更加迫切地需要生活照料和康复护理等一系列的家庭服务和社会服务，这样才能维持有体面的生存。

美国著名的经济社会学家本特森指出，发达国家在制定社会政策时都高度重视老年人的长期护理，可以肯定，长期护理是21世纪各国政府和学术界关注的一个重要主题。② 长期护理保险作为解决失能社会风险的方案也就随之产生。

---

① 施巍巍. 发达国家老年人长期护理制度研究［M］. 北京：知识产权出版社，2012：39.
② BENGTSON V. Beyond the nuclear family: The increasing importance of multigenerational bonds. Journal of Marriage and the Family, 2001 (63): 1-16.

第一节　长期护理保险制度的起源

一、20世纪90年代前（1960—1990年）

1. 荷兰《特殊医疗成本法案》：全球第一部关于长期护理的法案

20世纪60年代，荷兰65岁及以上老年人口占总人口的比重为8.9%。随着人口老龄化程度的加重，荷兰老年人对养老生活照料服务和慢性病康复等长期护理服务的需求越来越引起政府的重视。为此，1965年荷兰颁布《社会救助法案》，主要通过救助的方式为失能的低收入者或老年人提供长期护理服务帮助，但政府财政负担也越来越重。同时，荷兰也在探索其他形式的长期护理制度，国会于1967年施行《特殊医疗成本法案》，对失能老年人、残疾人的长期护理服务提供社会保险待遇给付。法案名为"特殊医疗"，表明荷兰立法者认识到了老年人和残疾人需求的长期护理服务与疾病治疗的医疗服务有所不同。《特殊医疗成本法案》是世界上关于长期护理采取社会保险方式保障的第一部立法，但这部法案仍依附于社会医疗保险，所以不是一个独立的社会保险险种。

2. 美国商业长期护理保险：世界上最早建立的市场化长期护理制度

早在20世纪40年代，美国就进入了人口老龄化阶段。到20世纪60年代，美国老龄化程度已经十分严重。1965年美国根据《社会保障法修正案》建立了针对65岁及以上老年人的医疗照顾和针对低收入者的医疗救助两项国家制度。事实上，医疗照顾解决急症治疗和护理，不属于长期护理；医疗救助需要通过苛刻的收入调查，覆盖人群极少。于是，1975年美国在商业健康保险框架内建立了商业长期护理保险，但商业保险公司的保单销售额一直停滞不前。直到1996年，美国出台《联邦健康保险可转移及说明责任性法案》，该法案规定购买长期护理保险的个人和企业，符合条件的可享受税收优惠政策。此后，美国商业长期护理保险才得以蓬勃发展。

3. 以色列《国家保险法》第61号法案：长期护理保险第一次成为独立险种

20世纪80年代末至90年代初，埃塞俄比亚和苏联移民的涌入，使以色列人口老龄化的速度更加迅猛，因为12%的移民人口年龄在65岁以上。1980年4月，以色列国会通过了《长期护理保险缴费法案》，该法案奠定了以色列长期护理保险的初始框架。1986年4月，国会通过《国家保险法》第61号法案，即《为增加护理机构人数发展服务和将护理服务扩展到社区而融资法案》，并宣布于1988年4月生效。该法案确立了雇主雇员缴费、财政补贴以及其他险种基金划拨的三种筹资渠道的社会化长期护理保险制度。1988

年4月又颁布《长期护理保险个人待遇支付法》，这标志着以色列开始正式实行长期护理保险制度。这三部基本法律奠定了以色列长期护理保险制度的基础，开创了世界社会长期护理保险作为独立险种的先河。

4. 法国长期护理保险混合模式：以社会医疗保险为主的三方分担机制

法国是欧洲较早跨入老龄化社会的国家之一，政府一直在考虑建立独立的制度以应对失能老年人的长期护理问题。1975年法国设立"第三方补充津贴"，面向残疾人群提供失能帮助。领取这项津贴不设年龄上限，因此失能老年人也有权享受这个福利。同年，法国医疗社会部建立，专门管理慢性病损伤的相关事务。医疗社会部是法国社会保障系统的重要组成部分，主要包括残疾人和失能老年人。法国的社会医疗保险建立伊始，就负担了长期护理的公共支出。法国的社会医疗保险体系涵盖了急慢性病患者所需的各种护理服务，护理失能老年人的机构和居家的医疗护理都属于社会医疗保险基金的支出项目。

1985年法国的商业保险开始发展。从投保人数来看，法国和美国是商业长期护理保险市场最大的两个国家。法国商业长期护理保险主要是一些股份制或相互制①的商业保险运营形式，包括少数行业的团体险和一些保险公司推出的与医疗补充险相结合的个人长期护理保险产品。法国商业长期护理保险具有以下几个特点：（1）基于领取个人护理津贴（APA）发放，即投保人一旦申请到个人护理津贴，保险赔偿即可启动；（2）保险赔付对象为重度失能人员（失能1级和2级）；（3）保险赔付数额有限，大多数情况下不足以支付医疗保险范畴内长期护理费用的自付部分；（4）商业长期护理保险也可以在长期护理公共服务的基础上，再提供补充服务，即以服务提供替代保险金给付。

2001年7月，法国政府专门针对老年失能者的个人护理津贴法律正式生效，资金来源于国家一般性税收。领取个人护理津贴的条件是年满60周岁且长期稳定居住在法国、被认定失能且日常生活需要帮助才能完成的人。法国将失能划分为6个等级，只有前4个较重失能等级的人才能领取个人护理津贴。除了根据失能等级外，还根据个人收入，并与医疗保险自费部分关联，个人护理津贴的金额可上下浮动。法国长期护理费用的69%来源于公共财政，占国内生产总值（GDP）的1.3%左右，主要包括社会医疗保险（占公

---

① 相互制保险是一种不以营利为目的、以互助共济为原则的商业保险模式。相互制保险与股份制保险之间的本质区别在于所有制不同。相互制保险为全员所有制，无外部股东，一般实行一人一票的表决方式，会员通过会员代表大会参与公司管理。会员的主要权利包括参与经营管理与重大决策、分享盈余、享受服务、批评建议和监督、查阅信息等。会员的主要义务包括遵守章程、缴纳保险费、执行决议、不滥用权利损害组织或他人等。相互制保险机构一般设有会员代表大会、董事会、监事会，属于管理层的董事会一般由总经理、副总经理、财务总监、总精算师、合规负责人和审计负责人组成。

共资金的62%)、地方财政负责的个人护理津贴（占公共资金的22%）以及法国国家自治团结基金会支持的资金（占公共资金的11%）。余下31%的长期护理费用由家庭和商业长期护理保险买单。

二、20世纪90年代（1991—2000年）

1. 德国《长期护理保险法》：世界第一部长期护理保险专项立法

在推行长期护理保险制度之前，德国与荷兰、法国一样，也是通过以税收为基础的社会救助体系来支付长期护理服务的费用。除财政压力较大的因素之外，社会救助体系下的长期护理服务也不符合德国"社会团结"的立法理念，因为社会救助体系只面向少数贫困者，大部分有长期护理需求的人被排除在外。因此，经过近20年的思考和辩论，1994年德国颁布了《长期护理保险法》，并于1995年1月1日正式生效实施。长期护理保险制度覆盖德国全体国民，年满20岁的国民都要缴纳保险费，财政不补贴缴费，它成为德国继养老保险、医疗保险、工伤保险、失业保险四大险种之后的第五大支柱险种。自1995年4月1日起，开始提供与家庭医疗有关的保险支付和服务，这是第一阶段；自同年6月1日起，开始提供与规定医疗有关的保险支付和服务，此为第二阶段。这是德国社会保障发展史上一个重要的里程碑。

2. 卢森堡《长期护理社会保险法》：效仿德国"绑定"医疗保险，全民覆盖

在卢森堡人口老龄化和女性劳动参与率提升的背景下，心脑血管疾病和呼吸系统疾病导致卢森堡老年人的失能概率增加，并且个人自付医疗卫生支出比例一直居高不下。鉴于此，在国家经济实力的支持和德国社会保障制度的影响下，卢森堡政府出台了运用强制性的社会保险方式来解决老年人长期护理费用的法案。1998年6月卢森堡颁布了《长期护理社会保险法》，并于1999年1月正式生效。卢森堡效仿德国"参加健康保险的所有人群均同时参加长期护理保险"的建制原则。卢森堡法定健康保险覆盖了全国99%的人口，未参加法定健康保险的主要是欧洲和国际机构的公务员以及一些既没有失业救济金又没有公共养老金的失业者。可见，卢森堡长期护理保险的覆盖率为99%，几乎所有的国民都参加。参加长期护理保险者的家庭成员同样要缴纳长期护理保险税。卢森堡的疾病基金联合会和按职业分布划分的9家私人公司负责管理并提供法定健康保险基金和长期护理服务待遇支付。

3. 日本《介护保险法》：与德国不同的特征是财政大力支持和非全民参保

日本政府在1995年就效仿德国提出了"关于创设介护保险制度"的议案，经过了近3年的讨论，于1997年5月和12月分别在众议院和参议院获得通过，并且于2000年4月

1日开始实施。自同年10月1日起,日本国民开始缴纳第一个月的介护保险费。在日本,老年护理被称为"老年介护"。"介护"是护理、看护、照顾相结合的名词,相当于国际上通常使用的"长期护理"的概念。因此,日本的介护保险制度即为长期护理保险制度。根据该法案规定,保险融资必须每3年按照支付的需求进行调整,每5年对该法案复核一次,以便改进长期护理保险制度。

日本的长期护理保险吸取了北欧纯社会福利的"理想主义"模式和德国纯社会保险的"现实主义"模式的长处,结合日本的实际情况设计。《介护保险法》规定,被保险者是在市町村有住所的40岁以上的全体国民(不包括残疾人,因为残疾人专有《残疾人福利法》),其中,第1号被保险者为65岁及以上的国民,不论其性别、年收入等情况;第2号被保险者为40~64岁的医疗保险参保人。第1号被保险者只要有护理需求,保险权自然产生;而第2号被保险者的护理需求则限制在阿尔茨海默病、脑血管病等16种特定疾病①范围之内。

三、21世纪以来(2001年以来)

1. 新加坡"乐龄健保计划":政府主导下商业保险运营,人口覆盖率居全球商业保险之首

为应对人口老龄化,新加坡于2002年6月建立了由政府主导、商业保险承办的长期护理保险——"乐龄健保计划"。该计划规定,所有拥有公积金账户、年龄介于40~69岁的新加坡公民和永久居民都可以投保。"乐龄健保计划"从2002年9月30日开始,除非他们在此日期之前选择退出。在"乐龄健保计划"推出后,满40岁的公积金会员都享受自动受保。如果当时选择退出而在65岁之前投保,可能会因健康问题而被拒保。

"乐龄健保计划"虽然是商业保险,但由于是政府主导,因而参保水平较高。新加坡40~83岁的居民有65%被该计划覆盖。这一参保水平远高于世界上绝大多数国家的商业长期护理保险,发挥了长期护理保险对老年人的保障作用。

2. 韩国《老年人长期护理保险法》:制度设计效仿日本,政策实施谨慎起步

2001年5月,长期护理保险在韩国被正式提出。在保健福祉部的健康保险财政指导对策中,保健福祉部希望通过"引入针对患有阿尔茨海默病、中风、重度精神疾病等慢

---

① 特定疾病主要有:(1)肌萎缩性侧索硬化症;(2)后纵韧带骨化症;(3)伴有骨折的骨质疏松症;(4)多系统萎缩症;(5)脊髓小脑变性症;(6)椎管狭窄症;(7)早老性痴呆症;(8)早老症;(9)糖尿病性神经病变、糖尿病性肾病以及糖尿病性视网膜病;(10)脑血管病;(11)帕金森综合征;(12)闭塞性动脉硬化症;(13)慢性风湿性关节炎;(14)慢性闭塞性肺部疾病;(15)两侧膝关节或股关节显著变形并伴有变形性关节病。从2006年4月开始增加了"晚期癌症"一项,这样特定疾病就从15种增加到16种。

性疾病的老年残疾人口的长期医疗保险及扩充长期护理设施"来达到完善健康保险制度的目的。2002年7月，保健福祉部的国务会议报告《老年人口保健福祉综合对策》中提出要构建和实施老年人口的长期护理公共制度体系。2004年3月，长期护理制度实行委员会及实务企划团开始分阶段工作。第一阶段为2005年7月至2006年3月，在光州、南区、水原、江陵、安东、扶余6个地区试点；第二阶段为2006年4月至2007年3月，由第一阶段的6个试点区扩大到釜山北区、全罗南道等8个试点区；第三阶段为2007年5月至2008年6月，试点区再扩大到富平区、大邱南区、清州、益山、河东等13个市郡区。

在试点期间，2006年2月保健福祉部把长期护理社会保险制度的政府议案提交国会，各党派国会议员举行听证会，同时也向国会提交议案，最终形成7个议案。11月，法案审查委员会开始对7个议案进行审议。2007年4月2日，韩国国会最终综合7个议案，形成统一的《老年人长期护理保险法》，全票通过，4月27日该法公布。2008年5月，通过党政协议，确定老年人长期护理保险筹资来源于国民缴纳的社会保险费、财政补贴以及个人自付费用三个渠道。2008年7月1日，《老年人长期护理保险法》正式生效实施。

从全球长期护理保险制度的发展历程来看，该制度从20世纪60年代开始酝酿，鼎盛时期是20世纪90年代以后，以德国、日本和韩国的社会化长期护理保险的建立为标志。商业保险公司自主经营、独立运作的长期护理保险作为一种保险产品，除美国之外，在其他各国大都是社会长期护理保险的补充。新加坡的长期护理保险制度是政府与市场、公共部门与私营部门之间合作的典范，充分发挥了商业保险的优势。

第二节 长期护理保险的概念与类型

一、长期护理的定义

在了解长期护理保险定义之前，先要了解什么是长期护理。日常生活中医疗护理是比较熟悉的名词。所谓医疗护理是指在医生的指导下，以治愈疾病或保全病人生命为目的而展开的、由专职护理人员来承担的一系列服务。一般来讲，医疗护理属于急症院内护理，其专业性、针对性很强，根据病人的病况制定特定的护理程序，由专业护士来完成。

长期护理与医疗护理的内涵有所不同。1997年美国健康保险学会对长期护理的定义是，在一个比较长的时期内，持续地为患有慢性疾病，譬如认知障碍或处于伤残状态下，即功能性损伤的人提供的护理。它包括医疗服务、社会服务、居家服务、运送服务或其他支持性的服务。2000 年世界卫生组织提出,长期护理是指由非正规护理者(家庭成员、亲戚朋友或邻居)和专业人员(卫生和社会服务人员)进行的护理照料活动体系。桑特勒、纽恩在 2005 年将长期护理定义为,在持续的一段时间内给丧失活动能力或从未有过某种程度活动能力的人提供的一系列健康护理、个人照料和社会服务项目。

归纳上述长期护理的相关解释可以发现,它与医疗护理有很大的不同。其一,对象不同。医疗护理的对象一般具有治愈某种或某几种疾病的愿望;长期护理的对象一般是完全丧失或部分丧失生活自理能力的人群,以老年人为主。其二,方式不同。医疗护理是在医生的指导下,由专业人员来提供有针对性的、严格规范的服务;长期护理可以由家庭成员、亲戚朋友或邻居提供的非正规照料和卫生、社会服务人员提供的正规照料的两类体系来实现。其三,时间不同。医疗护理时间一般以疗程来规划,疗程时间长短是按不同疾病或不同程度的病情而定,可长可短,短则几天,长则超过 1 个月;长期护理的对象一般是 6 个月及以上的失能者,所需要照料和护理的时间较长,具体时长则因人而异,如几个月、几年甚至终身。其四,目的不同。医疗护理是为了治愈疾病或保全病人生命;长期护理则是为了提高被护理者的生活质量,使其获得最大限度的独立、满足和尊严。

进而可以看出,长期护理反映出病理性护理①且没有床日限制的老年服务的需求。具体特征如下:(1)失去专业医疗康复的体征;(2)属于长期卧床或临终护理但没有床日限制;(3)需要病理性护理,费用指数相对较低、时间指数相对较长;(4)不适用床日支付方法。可见,长期护理特别是针对老年人的长期护理,一是不能混同于居家照料(家政服务),长期护理的费用指数高于居家照料,所以需要建立长期护理保险的第三方支付计划。二是不能混同于术后康复和疾病康复,康复属于医疗项目和医疗保险的支付范围,适用床日支付方法;长期护理的时间指数相对较长。总之,长期护理具有独立的风险(失能)特征,需要独立的定价机制和支付方式,应当建立独立的保险制度。②

总结来看,长期护理是针对患有慢性疾病或处于生理、心理伤残状态而导致生活不能完全自理或完全不能自理,且在一个比较长的时期内需要依赖他人的帮助才能获得最大限度独立与满足的个人,为其提供的日常生活照料、心理慰藉以及属于辅助医疗性质的康复护理、卫生保健和临终关怀等相关服务的总称。因而,针对长期护理的政策是一

---

① 病理性护理是指针对因生理、心理机能处于退行性改变或意外伤残导致肌体功能丧失的失能人群,为其提供的生活照料与基础护理服务。
② 杨燕绥,谭跃. 我国长期护理保险的机遇与制度安排[N]. 中国劳动保障报,2018-02-06.

个涵盖内容最复杂、最丰富、异质性最强的政策领域。①

二、长期护理保险的定义

长期护理保险在我国还是一个新的名词。我国有养老保险、医疗保险、工伤保险、失业保险和生育保险，但还没有正式建立长期护理保险制度。关于长期护理保险的定义，目前有如下几种主要的观点。

美国健康保险协会对长期护理保险的定义是，为消费者设计的，对其在长期护理时发生的潜在巨额护理费用支出提供保障。美国人寿管理协会的定义是，为那些由于年老或严重疾病或意外伤害的影响需在家或护理机构得到稳定护理的被保险人支付的医疗及其他服务费用进行补偿的一种保险。显然，上述两个定义是针对商业保险而言的。

国内学者荆涛认为，长期护理保险是指对被保险人因为年老、严重或慢性疾病、意外伤残等导致身体上的某些功能全部或部分丧失，生活无法自理，需要入住安养院接受长期的康复和支持护理或在家中接受他人护理时支付的各种费用给予补偿的一种健康保险。

戴卫东则指出，长期护理保险是国家颁布护理保险法律，以社会化筹资的方式，对由于患有慢性疾病或处于生理、心理伤残状态而导致生活不能自理，在一个比较长的时期内需要依赖他人的帮助才能完成日常生活的人所发生的护理费用，以及非正规护理者的经济补偿进行分担支付的社会保险制度安排。

三、长期护理保险的类型

按照筹资渠道和资金运作方式划分，全球长期护理保险制度可以分为社会长期护理保险、商业长期护理保险以及混合型长期护理保险三种模式。如果按照建制主体的性质划分，则可以分为公共长期护理保险、私人长期护理保险以及公私合作长期护理保险三种模式。之所以划分为三种模式，是因为这三种模式是长期护理保险制度的主体模式。

社会长期护理保险模式是以社会（个人、企业及政府）筹资的方式来解决老年人长期护理服务费用的分担问题。全球推行该制度的国家有荷兰、以色列、德国、卢森堡、日本以及韩国。其中，制度最健全的是德国和日本。这种模式的特点主要有：第一，具有社会保险的一般特征，如强制性、互济性、福利性及公平性等；第二，保险金支付实

---

① ÖSTERLE A. Equity Choices and Long-term Care Policies in Europe: Allocating Resources and Burdens in Austria, Italy, the Netherlands and the United Kingdom. Aldershot: Ashgate, 2001: 11.

行现收现付；第三，参保人的保险待遇水平高低在某种程度上与其缴费多少相关。

商业长期护理保险模式实质上是一种市场化的金融产品，由个人投保、保险公司支付现金或提供服务的形式来实现个人失能、失智后长期护理风险的分担。目前全球商业长期护理保险做得最大的是美国和法国，其他国家商业长期护理保险都不是主体。该模式的特点包括个人自愿、合同约束、资金互济、市场运作、政府监管等。

混合型长期护理保险模式包括两种。一是社会医疗保险与商业保险共同承担长期护理费用，辅之以津贴制度，三者紧密结合，如法国。二是政府主导下的商业保险公司运作模式。如新加坡的"乐龄健保计划"，在参保对象、资金补贴以及政策调整和监督等方面，政府发挥主导作用；在失能鉴定、待遇支付等方面，商业保险公司具体负责。因为新加坡的公积金账户是一种储蓄型积累制的自我保障账户，所以从这个意义上来讲，"乐龄健保计划"也是一种储蓄型长期护理保障模式。

上述长期护理保险三种模式的主要区别在于以下两个方面。（1）责任主体不同。社会长期护理保险是政府主导，通过颁布法律来强制实施。商业长期护理保险则完全是市场化行为，由保险公司自行推出相关产品和服务，接受政府相关部门的监督与管理。混合型长期护理保险模式兼具二者特点，法国的社会医疗保险与商业保险独立运行，新加坡是政府主导、商业保险公司运营。（2）筹资主体不同。由于责任主体不同，筹资主体也就不同。社会长期护理保险基金一般是来自雇主与雇员的缴费以及（或）政府的财政补贴，而商业长期护理保险则由自愿购买保单的投保人个人单方付费。混合型长期护理保险模式，如法国医疗保险是社会保险筹资方式，商业保险是按市场规则投保，其中，团体险份额大于个人险份额；新加坡的"乐龄健保计划"投保资金来源于个人账户，长期护理费用理赔是商业保险公司负责支付。

尽管长期护理保险分为上述三种模式，但实质上还是社会保险与商业保险两种支付模式。总结来说，社会长期护理保险与商业长期护理保险属于两种性质不同的风险分散机制，但二者也都是社会风险的保障机制，共同为应对失能老年人的长期护理风险服务，主要表现在三个方面。（1）从不同层次需求的角度来看，单凭任何一方都不能够为社会提供全面的风险保障。由于社会长期护理保险只能提供基本的服务保障，保障水平有限，而高收入的居民可以投保商业长期护理保险实现较高的晚年生活质量。（2）从保险制度发展的阶段性来看，在社会长期护理保险还没有发展到全民覆盖的过渡阶段，一部分被其排除在外的有长期护理服务需求的社会成员，可以通过购买商业长期护理保险来实现自身的服务保障。（3）从保险技术成熟的角度来看，根据保险发展历史，商业保险起步较早，社会长期护理保险可以与商业保险开展业务合作，利用商业保险的大数据、精算技术和成熟的硬件平台等优势，为社会长期护理保险服务，譬如失能等级评估、保险待遇支付和服务质量监督或审核等。

第三节　长期护理保险的性质与特点

一、长期护理保险的性质

1. 属于社会风险的化解机制

无论是社会长期护理保险还是商业长期护理保险，都是为了化解全社会的失能风险，解决人口老龄化背景下失能人群尤其是老年人的康养服务这个社会问题。从德国社会保险制度在全球首创到20世纪60年代，工业化国家基本上都是围绕着经济保障来进行制度设计和政策制定的。此后，伴随着人口老龄化等带来的老年照料和护理服务成为日益严重的社会问题，OECD[①]国家先后通过长期护理保险和长期护理津贴[②]制度来解决老年服务保障问题，也更加关注老年人的心理慰藉。由此，世界社会保障制度体系进入经济保障、服务保障与精神保障并重的全新时代。在全球人口老龄化和世界社会保障制度改革的今天，长期护理保险作为应对失能风险的制度安排更有合理的、科学的发展空间。

2. 具有特定的价值导向

社会长期护理保险，顾名思义，具有社会保险的普遍性质，即风险共担、资金互济。通过多方资金筹集的方式来解决失能老年人的服务缺乏及其家庭的经济负担，是社会保障制度家族的一个新成员，也是世界社会保障制度越来越重要的组成部分之一。商业长期护理保险的价值理念虽然是以追求商业利润为目标，但在客观上也能为老年人群的服务保障和精神保障提供解决方案，不可否认地成为社会长期护理保险的重要补充。从公民权利和生命历程理论来看，二者都践行了世界卫生组织倡导的"健康老龄化"和"积

---

① 经济合作与发展组织（OECD），是由30多个市场经济国家组成的政府间国际经济组织，旨在共同应对全球化带来的经济、社会和政府治理等方面的挑战，并把握全球化带来的机遇。成立于1961年，截至2022年成员国总数38个，总部设在巴黎。

② 长期护理津贴是指主要通过政府财政支出来购买长期护理服务并提供给有需要的老年人以及补助给非正式护理者的一种老年保障制度。

极老龄化"① 的社会价值观。

3. 体现了对生命尊严的重视

在老年人退出劳动领域后，由于生理、心理和经济困难等原因，工业化国家发生老年人因无人照料或照料不足而无尊严地离开人世的现象屡见不鲜。这既不符合天理人伦，也不符合社会道德。因此，世界卫生组织认为，长期护理制度化提供服务是为了"保证那些不具备完全自我照料能力的人能继续得到其个人喜欢的以及较高的生活质量，获得最大可能的独立、自主、参与、个人满足及人格尊严"。这是对人权的一种新的认知。

4. 社会保障领域的制度创新

首先，从风险原理角度来看，老年人一般面临退出劳动领域后的收入锐减风险、免疫力下降的疾病多发风险以及生理与心理退行性改变导致的失能风险。这三个风险的本质有所不同。其中，收入风险和健康风险分别由养老保险、医疗保险来应对，但失能风险是进入人口老龄化社会后的一个新的社会风险。无风险则无保险。为了化解失能这个新的社会风险，长期护理保险应运而生。

其次，从服务供给角度来看，在长期护理保险制度建立之前，社会保障制度的供给大都是由政府来承担。而在之后尤其是20世纪80年代"新公共管理运动"② 以来，民间组织包括营利机构和非营利机构逐渐参与到长期护理服务提供的体系中。这是管理的进步，也是效率的提高。

最后，从险种选择角度来看③，美国、法国先后于20世纪的70年代、80年代开展了

---

① 根据世界卫生组织1946年章程中关于健康的经典定义"健康是身体、心理和社会功能的完美状态"，世界卫生组织于1990年提出实现"健康老龄化"的目标。"健康老龄化"是指实现老年人群的健康长寿，达到身体、心理和社会功能的完美状态。1999年世界卫生组织又提出了"积极老龄化"的口号。"积极老龄化"表达了比"健康老龄化"更为广泛的意思。"健康老龄化"强调的重点是人在进入老年之后，尽可能长久地保持生理、心理、智能等方面良好的状态。"积极老龄化"则是指老年群体和老年人自身在整个生命周期中，不仅在机体、社会、心理方面保持良好的状态，而且要积极地面对晚年生活，保持活力态势，不断参与到社会、经济、文化、精神和公民建设等各项事务中。

② 20世纪70年代末80年代初，一场声势浩大的行政改革浪潮在世界范围内兴起。在西方，这场行政改革运动被看作一场"重塑政府""再造公共部门"的"新公共管理运动"。新公共管理运动兴起的直接动因在于公共行政模式在新的时代背景下已难以适应经济社会发展的需要。伴随全球化、信息化时代的来临，传统官僚制运作下的西方政府既无力应付自身机构膨胀、财政开支加大的困境，其薄弱的公共物品供应能力又无法满足不断增长的公共需求。因此，英国撒切尔内阁、美国里根政府等率先开始对公共部门进行改革，实行了一种不同于政府有限论和以市场解救"政府失灵"的公共管理模式。

③ 险种选择是指一个国家或地区长期护理保险制度的主体模式。事实上，就每个国家而言，其长期护理保险制度都是混合模式。譬如，采用社会长期护理保险模式的国家本身就包含津贴补助，此外也有作为补充的商业长期护理保险，如德国、日本；采用商业长期护理保险模式的美国也有对低收入人群的护理服务津贴；采用长期护理保险制度混合模式的法国不仅有个人护理津贴和社会医疗保险的结合，而且有商业护理保险加入；采用长期护理津贴模式的国家也有商业长期护理保险产品，如英国、瑞典、瑞士等20多个国家。

商业长期护理保险；荷兰于 1968 年实施《特殊医疗成本法案》，对老年人、残疾人的长期护理服务进行社会保险支付，由此开了长期护理保险的先河。荷兰的长期护理保险建立伊始属于医疗保险分属品种，沿袭了其管理体制。随后，以色列于 1988 年、德国于 1995 年、卢森堡于 1999 年、日本于 2000 年以及韩国于 2008 年都实施了长期护理社会保险制度。2002 年，新加坡建立了由政府主导、商业保险承办的长期护理保险——"乐龄健保计划"。可见，长期护理保险制度从商业保险到社会保险的选择，是以家庭责任和市场机制为主的残补型社会福利向个人、家庭、政府与市场相结合的制度型社会福利的转化。

二、长期护理保险的特点

除具备社会保险和商业保险的共性之外，与其他保险制度相比，长期护理保险还具有以下特点：凸显服务保障性、服务提供多元化、保证受益选择性、配套体系更加重要、促进服务产业化等。

1. 凸显服务保障性

长期护理保险的基金支付只是保障获取服务的途径，提供服务才是该险种的核心。缺乏服务或者服务质量差，该险种就失去了存在的意义。尤其是老年人在某种程度上享有长期护理服务比拥有养老保险金更为重要。在这一点上，长期护理保险与提供医疗服务的医疗保险有着相似之处。为了借助医疗保险在基金管理上的经验，德国、卢森堡、日本采取"护理保险跟从医疗保险"原则，即所有参加医疗保险的人都要参加长期护理保险，长期护理保险基金由医疗保险基金管理机构代管。长期护理保险的参保人在通过失能审核后可以享受居家护理、日间照料和机构护理等服务。

在服务保障的同时，保持服务连续性。主要体现在从基础的日常生活照料到专业的康复护理以及临终关怀等一揽子服务，以应对老年人生命历程中从健康、半失能到完全失能各个阶段的不同需求。

2. 服务提供多元化

从推行长期护理保险制度的国家实践来看，长期护理服务提供者大都由政府机构、非营利组织和营利性机构组成，有些国家和地区的慈善组织、志愿者参与也是一个特色，如荷兰、日本、韩国和中国香港特区等。当然，非正规护理服务提供者主要是家庭成员、朋友或邻居。非正规服务提供者和专业服务机构一起构成了长期护理服务供给的多元化社会支持网络。

3. 保证受益选择性

受益选择性表现在两个方面。（1）受益对象。社会长期护理保险和商业长期护理保险都针对缴纳长期护理保险费的被保险人，在其申请长期护理服务时进行资格审核。一般根据申请者失能等级评估来判定，譬如根据日常生活能力评定量表（ADL）[①]评估得分。这意味着不是所有的参保人都能享受到长期护理保险金或长期护理服务。这也体现了需求导向性。（2）受益等级。经过专门机构的申请资格鉴定后，还要对有资格接受长期护理服务的参保人依据其失能程度进行长期护理服务等级的认定。不同的等级对应不同的长期护理服务内容、服务时长和保险金支付。不同的国家长期护理服务等级划分也不相同。

4. 配套体系更加重要

与其他保险不同，甚至与医疗保险也不同，长期护理保险的被保险人自身没有权利去接受服务，除非是自己全额付费。在提出长期护理服务的申请后，要经过资格鉴定、等级认定、服务供给等步骤，而在服务供给的质量保障上要有护理员的培训机制和专门的质量监管机构等。因此，相对于其他险种，长期护理保险的失能等级评估机制、服务机构遴选机制、护理员教育培训机制和质量保障机制等配套体系显得更加重要。

5. 促进服务产业化

医疗护理服务由专业护士来实施。而长期护理服务的提供者主要有两类人：一类是非专业的家庭成员、亲戚朋友或邻居等，另一类是专业的卫生和社会服务人员。前者主要在家庭内提供和帮助失能者的日常生活照料，后者则主要提供基础的、准专业化的健康护理（居家或机构）服务。由此可见，长期护理保险制度的建立，一方面可以提供大量的社会就业岗位，另一方面在催生护理服务机构和增加护理床位的基础上促进整个社会的老龄服务产业化。

[①] 日常生活能力评定量表（ADL），由美国心理学家劳顿（Lawton）等于1969年制定，由躯体生活自理量表和工具性日常生活活动量表组成。主要用于评定被试者的日常生活自理能力。（1）量表的结构和内容。ADL共有14项，包括两部分内容：一是躯体生活自理量表，共6项，分别是上厕所、进食、穿衣、梳洗、行走和洗澡；二是工具性日常生活活动量表，共8项，分别是打电话、购物、备餐、做家务、洗衣、使用交通工具、服药和自理经济。（2）评定方法。评分分为4级：①自己完全可以做；②有些困难；③需要帮助；④完全不能做。（3）量表结果分析。评定结果可按总分、分量表分和单项分进行分析。总分低于16分为完全正常，大于16分有不同程度的功能下降，最高64分。单项分1分为正常，2~4分为功能下降。凡有2项或2项以上大于或等于3分，或总分大于或等于22分，为功能有明显障碍。

第四节 长期护理保险的制度构成及体系

一、长期护理保险制度构成

与养老保险、失业保险给予经济补偿的特点不同，长期护理保险的核心在于长期护理服务的供给。因此，长期护理保险制度由长期护理保险基金体系和长期护理保险服务体系构成，如图 0-1 所示。

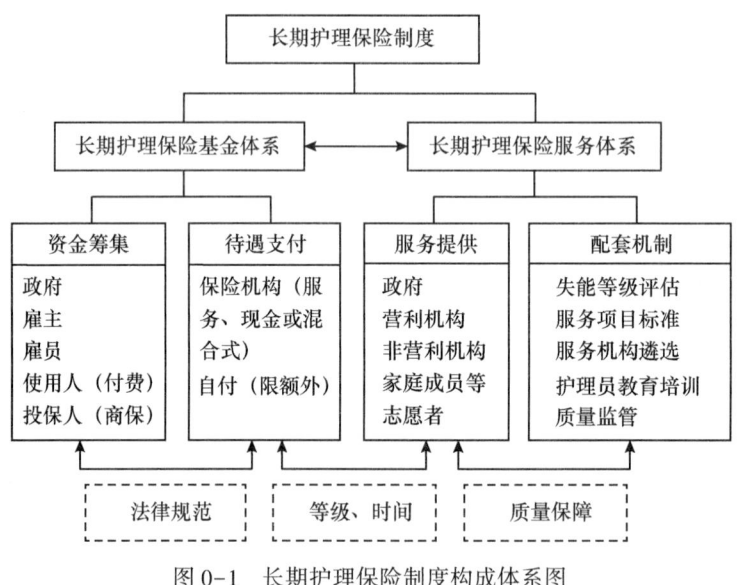

图 0-1　长期护理保险制度构成体系图

二、长期护理保险基金体系

1. 资金筹集系统

社会长期护理保险的资金主要来源于政府、雇主、雇员三方，商业长期护理保险的资金则是由投保人通过购买保单方式自行支付。在美国，也有公司为了留住、吸引员工，为其投保长期护理保险，并作为公司人力资源政策的一项重要措施。

政府作为长期护理保险基金的提供方之一，在一些特殊情况下，有的国家下调长期护理保险费率，为了保证基金的充足性，由政府补偿一定比例的风险储备金，如德国、日本；而大多数国家会对困难群体和特定年龄以上的人给予免费参保，由政府财政来承担相应费用。

雇主是长期护理保险缴费的重要一方，一般按照企业员工工资总收入的一定比例缴纳。雇员也是依据其工资收入的一定比例缴费。各个国家基本上都由雇主与雇员平均分担保险费率。长期护理保险缴费率在各个国家有所不同。

2. 待遇支付系统

长期护理保险基金的支付，各个国家模式也不一样。归纳起来，有以下几种情况：（1）商业长期护理保险一般通过私营保险公司来兑现投保人接受护理服务的保险待遇；（2）社会长期护理保险既有通过公共保险机构向长期护理服务机构支付接受服务的参保人所发生的费用，也有通过与私营保险机构合作来支付费用，如卢森堡、新加坡；（3）在长期护理社会保险体系内，有的国家规定接受服务的参保人，根据其收入不同必须自付一定比例的费用，如日本该比例为10%~30%，韩国为15%~20%。

三、长期护理保险服务体系

1. 服务提供系统

如前所述，从长期护理的定义中可以看出，长期护理服务提供是一个多方参与的三元系统。这个三元系统由非正规提供者、正规（专业）提供者和志愿者组成。

非正规提供者主要是失能者的家庭成员、亲戚朋友或邻居，负担其日常生活起居等方面的照料服务。

正规（专业）提供者来自专业的卫生和社会服务人员。卫生人员承担失能预防、失能者康复、出院后短期护理、慢性病患者的服药换药以及突发疾病时就医等基础护理服务。社会服务人员一般在养老院、疗养院、托老所等机构为入住的老年人提供长期护理方面的服务。

参与长期护理服务的志愿者，既有专业性的人士，也有非专业性的人士。发达国家和地区都积极倡导志愿者参与社会服务，而且有相关的政策支持。具体参见本教材第九章第二节的相关内容。

2. 服务配套机制

系列的配套机制在长期护理服务体系中发挥的作用不可低估。如果失能等级评估、服务项目标准、服务机构遴选、护理员教育培训以及质量监管等相关的配套机制缺乏或不健全，那么，长期护理服务体系就是一个"空架子"。这样，失能老年人就不可能获得较高质量的服务，同时，长期护理保险的制度目标就不能真正地实现。几乎在所有的服务行业，质量就是行业的生命。

四、基金体系与服务体系之间的关系

从图 0-1 中可以看出，长期护理保险基金体系与长期护理保险服务体系之间是相互促进、相互依存和相互制约的关系。长期护理保险基金体系运行正常，就能够推进长期护理服务体系的产业化，从而形成规模经济；反过来，长期护理服务体系健康有序地发展，较好地解决了老年人的服务需求问题，那么，国民参加或购买护理保险的积极性就大大提高，从而带来比较充足的长期护理保险基金。

在两大体系内部，资金筹集系统与待遇支付系统、待遇支付系统与服务提供系统、服务提供系统与配套机制系统两两之间也都表现出相互促进、相互依存和相互制约的关系。主要表现在以下三个方面。(1) 资金筹集系统运行良好或不利，相应地，待遇支付系统就顺畅或显得捉襟见肘。反之，待遇支付过高或过低，资金筹集系统就入不敷出或缴费不足。所以，法律规范和过程改革在这一对关系中很重要。(2) 如果待遇支付过低，或没有严格按照服务等级、服务时长来付费，那么，服务提供系统就维持不久，或不能保证服务质量。反之，如果服务提供者不提供优质服务，或利用信息不对称获取非法利益，那结果就可能是待遇支付物非所值，或支付系统超支运作，又影响到上一级"链条"。(3) 如果服务提供系统良性运营或违背职业道德，那么配套机制系统的压力就相应减小或增大。反过来，如果配套机制建设良莠不齐，基于"经济人"或"理性人"视角，服务供给系统就有"漏洞"可钻。

综上，两大体系的四个系统三对关系环环紧扣，逐步推进，形成了一个"利益链"，诠释了利益相关者理论，展现了长期护理保险制度的核心环节。

第五节　长期护理保险的意义与功能

长期护理保险在社会保障制度史上还是一张"新面孔"，商业长期护理保险诞生才半个世纪，真正意义上独立的社会长期护理保险只有 30 年左右的历史。但通过世界上一些国家的实践，可以发现长期护理保险的实施具有十分重大的经济价值和社会价值。

一、长期护理保险的意义

1. 体现了人本主义的关怀，是老年人权益保障的重要成果

理论上，长期护理保险的对象可以是任何年龄的人，但通常是指老年人。随着全球人口老龄化的程度逐步加重，一些国家的老年人由于缺乏照料服务或护理不周而死亡或

自杀的现象屡屡出现。应该说，长期护理保险制度的推行，体现了对老年人的人文关怀。

为了应对全球的老龄化问题，1990年世界卫生组织哥本哈根会议提出"健康老龄化"，其核心理念是生理健康、心理健康、适应社会良好。1999年世界卫生日主题确立为"积极健康的老年生活"。2002年世界卫生组织在马德里举行的第二次老龄问题世界大会正式提出"积极老龄化"，核心理念为"健康、参与和保障"三大支柱。2012年世界卫生日的主题是"老龄化与健康"，从生命全程的视角来看待老龄化。从老年人权益保障的角度出发，长期护理保险法案的制定并付诸实施是健康老龄化和积极老龄化的重要成果之一。

2. 是应对老年服务保障风险的一种积极的制度尝试

一般来讲，老年人延长的寿命更多的是属于健康状况不良的寿命，因为老年人的慢性病患病率及伤残率比其他年龄组的人要高得多。这就意味着随着年龄的增长，老年人需要长期护理服务的概率更大。在人口老龄化、高龄化的背景下，一个社会照顾与服务老年人的任务就更重。

随着经济的发展和社会的进步，人类社会的经济保障、服务保障和精神保障的"三位一体"保障需求日益增强。当老年服务保障逐渐成为一种社会风险的时候，各国政府就必须认真面对，并出台一些相关政策和措施加以解决。所以，世界卫生组织强调，在各国，特别是在发展中国家，采取措施帮助老年人保持健康和活跃是必要的，而不是什么奢侈。① 可能部分政策制定者担心，制度性提供的正式护理服务增多将会削弱家庭参与护理照料。但研究表明，当提供适当的正式长期护理服务时，非正式护理照料仍然能够保持它关键的角色。②

3. 解放了大量劳动力，增加了社会财富

无论是发达国家还是发展中国家，是西方国家还是东方国家，在长期护理保险制度建立之前，配偶以及家庭妇女都是老年长期护理服务的主要承担者。随着医疗卫生技术的进步，人类平均寿命趋高已经是一种不可逆转的现象。由此，全球各国有相当丰富的劳动力资源都被排除在劳动力市场之外。据研究，几乎10%的家属护理者由于不能成功地平衡事业和家庭的需求而提前退休，在55~64岁之间的妇女中有23%的人需要离职照料失能的家人。③

---

① 世界卫生组织. 积极老龄化政策框架 [M]. 北京：华龄出版社, 2003：3.
② WHO. Long-Term Care Laws in Five Developed Countries: A Review [M]. Geneva. 2000.
③ MULVEY J. The Importance of LTC Insurance for the Retirement Security of the Baby Boomers [J]. Benefits Quarterly, 2005, 21 (4)：48-55.

通过正式的长期护理保险制度安排，由专业的社会化服务机构来提供老年失能者的长期护理服务，将有劳动意愿的家庭成员，尤其是妇女解放出来参与到劳动力市场中，可以创造大量的社会财富。其中，一些接受过高等教育或者有一技之长的人在劳动岗位上所创造的财富价值可能会更高。同时，他们的身心可能会更健康、更愉悦。有研究认为，尽管很多成年子女对自己年老的父母十分无私，情愿在金钱、时间、情绪等方面承担巨大成本，也不愿无视或者抛弃老年人，但他们还是十分希望将照顾自己父母的担子，或者至少部分担子，放在其他人身上。①

此外，还可以培训低龄、健康的老年人为失能老年人提供护理服务，"再生"劳动力，一些国家的"时间银行"就是很好的例证。"时间银行"模式最早由美国学者埃德加·卡恩于20世纪80年代提出，已扩展到30多个国家。该模式通过低龄老年人（或年轻志愿者）为高龄老年人服务的方式实现社会互助，服务时间以积分的形式记录下来，在未来有需要之际可换取对应的他人服务，"时间银行"从而便被理解为"时间储蓄"。它充分地利用了老年人力资源，能产生一定规模的银发经济。

4. 缓解了就业压力，推动了老年服务职业化与产业化的发展

主要国家长期护理保险制度的实践证明，它一方面能够将家庭内部的劳动力资源释放出来，另一方面长期护理服务体系的运行也能向社会提供大量的护理服务岗位，既包括管理岗位，也包括一线护理服务岗位。

在一些国家，护理员培训制度和在高等学校中开设长期护理课程等措施，都在很大程度上推动了老年服务职业化的进程。同时，社会化长期护理服务体系的形成十分有利于老年服务产业化的发展。发达国家的长期护理服务产业发展情况，将在第九章第一节中具体论述，这里不再赘述。有学者对中国长期护理服务市场做出预测研究，如果当前老年长期护理总需求只有10%通过市场得到实现，那么到2040年这一比重完全有可能发展到40%~50%，这意味着届时每年长期护理服务产业的产值将有50亿~60亿元人民币②，也就是说，在可以预见的将来，长期护理服务必将扩展成为一个巨大的产业。

二、长期护理保险的功能

长期护理保险不仅具有保险的基本功能，而且具有一些独特的功能，包括提高老年人的生命质量，促进家庭代际的良性互动，缓解老年人及其家庭的经济贫困，维系老年

---

① [美]理查德·A. 波斯纳. 衰老与老龄 [M]. 周云，译. 北京：中国政法大学出版社，2002：286.
② 任远，马连敏. 老龄社会的市场对策：长期护理保险与社会福利体系 [M]. 北京：中国社会出版社，2005：32-33.

人的社会关系网络，培育新的经济增长点等。

1. 提高老年人的生命质量

有正式制度安排的长期护理服务体系为老年人的服务保障铺设了一张"安全网"。老年人不再缺失照料服务，而且服务提供将更为专业。长期护理服务不仅仅局限在纯粹的护理服务，有的国家还将心理咨询、心理疏导等方面的服务包括在内。以居家服务为基础、社区服务（日间照料）为主体和机构服务为补充的长期护理服务体系的设计为世界大多数国家所接受。尤其是在居家服务和社区服务中，老年人在"熟人社会"中养老的健康水平和寿命相比于机构服务都有一定的提高。①

世界卫生组织认为，长期护理在促使老年人继续得到其个人喜欢的以及较高的生活质量的同时，还可以使其"获得最大可能的独立、自主、参与、个人满足及人格尊严"。

2. 促进家庭代际的良性互动

照料年老的长辈对于家庭成员来说是一个较为长期的、心情较为沉重的工作。在工作强度上，平常人较难承受，甚至会产生厌烦的情绪。在个人情感上，熟悉的亲人失能，心情自然痛苦。在家庭经济上，因照料老年人离开工作岗位不得不面临收入锐减的风险，机会成本和时间成本较大。三者交织在一起，对照料者来说是一种心理的煎熬。

引入长期护理保险制度后，有劳动意愿的家庭成员可以将这一担子交给长期护理服务体系，这样，照料者和被照料的老年人心情都更加宽慰，两代人之间相互体恤、亲情交流的良好氛围就会形成。

3. 缓解老年人及其家庭的经济贫困

人到老年，需要更多的生活照料服务和基础保健服务。但是，无论是家庭成员还是专业的服务人员来承担这些服务，都要以较高的人力成本作为代价。发达国家的人力成本甚至超过了技术成本和资金成本，发展中国家的人力成本也呈现上升的趋势。

当长期护理服务成为老年人一种生活必需品的时候，老年人及其家庭就要为这笔高昂的代价买单，从而在经济上陷入困境，这成了一个较普遍的现象。大多数失能老年人都面临着失能和经济贫困的双重困境。所以说，长期护理保险就发挥着"风险共担，资金互济"的作用，为老年人及其家庭负担高额的长期护理服务费用找到了一条分担化解的有效渠道。

4. 维系老年人的社会关系网络

老年人虽然退出了劳动岗位，但是老年人仍有社会关系网络的需求。在这个社会关

---

① MICHAEL Y L, BERKMAN L F, COLDITZ G A, KAWACHI I. Living arrangements, social integration, and change in functional health status [J]. American Journal of Epidemiology, 2001, 153: 123-131.

系网络中，老年人可以找到共同语言、共同兴趣以及成就感等方面的心理需求和精神慰藉。

然而，一旦老年人失能就可能导致其生活不能自理甚至长期卧床不起，与外界的交往大为减少，严重者就不得不断绝社会关系的往来，这种情况不仅使老年人的心情郁闷压抑，而且极不利于老年人的身心康复。通过专业的社会服务人员的介入，在提供长期护理服务的同时，帮助老年人进行心理疏导，让他们重新回到熟悉的社区环境并参与其中，这些都在极大程度上维系了老年人的社会关系网络。这也是"积极老龄化"的一个目标。

5. 培育新的经济增长点

长期护理保险的目的不是促进经济增长，而是解决失能老年人的经济保障、服务保障和精神保障问题。但是，在客观上该制度的实施能够在多方面起到促进经济的作用。一是健康经济。主要表现在失能预防和康复等措施降低了老年人健康状况的恶化程度，缓解了医疗保险基金的支付压力，减轻了老年人及其家庭的经济负担。二是老龄产业经济。在长期护理保险制度的推进下，不断增加的就业岗位和护理床位，对老年服务产业化具有较大的贡献。此外，在互联网和人工智能时代，老年人对智能电子健康产品的大量需求及其使用，可推动数字经济的发展。三是保险经济。社会长期护理保险培育了市场服务体系，为商业长期护理保险的发展奠定了基础，助推保险市场的繁荣。四是银发经济。这在前文"时间银行"的有关内容中已经阐述。由此，从理论上来看，长期护理保险所产生的至少四个经济效应都是经济增长的新促进点，这一点在OECD国家的实践中也已经得到了证明。

【阅读材料1】郑功成：澄清关于经济发展与改善民生的认识误区

当前，在经济发展与改善民生方面还存在一些需要澄清的认识误区。

误区一：有人认为，做大财富蛋糕可以自动解决民生问题，特别是在经济下行压力加大的情况下，应放手让市场自发调节；政府增加用于民生的财政支出是对经济发展的不必要干扰，对经济发展有害无利。这种看法似是而非。事实证明，市场不是万能的，不会自动解决收入差距问题。一些国家之所以陷入"中等收入陷阱"，主要原因并不是财富增长或财富积累不够快，而是在经济快速增长过程中未能处理好财富分配问题，导致民生领域问题重重，最终丧失了经济持续发展的条件。这启示我们，唯经济增长的发展取向虽然能在一个时期带来社会财富快速积累，但会导致地区差距、城乡差距、贫富差距持续扩大，进而引起经济结构失衡、社会矛盾激化甚至社会不稳定，最终又会损害经济增长。因此，必须高度重视处理好经济发展与改善民生的关系，既发挥好市场的作用，提高效率；又发挥好政府的作用，维护公平。

误区二：有人把民生问题等同于温饱问题，忽视了人民群众对于改善民生的美好期待和迫切愿望。应当认识到，中国特色社会主义经济发展的根本目的是让人民过上幸福美好生活。人民对美好生活的向往不是一成不变的，而是随着经济发展而发展的。比如，楼上楼下、电灯电话曾是改革开放初期人们梦寐以求的理想生活，现在则习以为常。又如，我国高等教育的毛入学率从1990年的3.4%上升到2015年的40%，教育事业发展之快在当今世界无出其右，但人们对教育公平、素质教育、全民教育等的呼声仍在日益高涨。再如，改革开放30多年，我国创造了全球最多的就业岗位，数亿农民成为产业工人和城镇居民，但人们的就业需求全面升级，不仅要求增加就业数量，而且追求有体面、有尊严的就业。可见，随着社会发展进步，我国已进入民生诉求全面升级的时代。如果抱着民生工作就是解决吃饱穿暖问题的陈旧观念，就会对民生诉求麻木不仁。各级领导干部一定要牢记习近平同志一再强调的"保障和改善民生是一项长期工作，没有终点站，只有连续不断的新起点"，并将这一思想贯彻到实际工作中。

误区三：有人认为，改善民生与经济发展互相矛盾，鱼与熊掌不可兼得，当前应防止患上欧洲国家的"福利病"。这种看法是片面的。首先，受生产力发展水平所限，我国社会福利水平同发达国家相比还有较大差距，只要把握好经济发展与改善民生的关系，就不会患上所谓"福利病"。其次，从改革开放以来的实践看，经济发展与改善民生并非不可兼得，而是可以相互促进的。例如，20世纪90年代中期，由于社会保障改革滞后，曾经出现过众多退休人员不能按时足额领取养老金的现象，结果导致社会不安全感上升、消费不振、企业库存增加。1998年中央作出了实行"两个确保"、建立"三条保障线"的重大决策，大力建设与社会主义市场经济体制相适应的社会保障制度，不仅保障了人民生活、提振了社会信心，而且为改革发展创造了有利条件。近年来，我国经济发展进入新常态，经济下行压力加大。在这一背景下，应该如何处理经济发展与改善民生的关系？习近平同志强调，让老百姓过上好日子是我们一切工作的出发点和落脚点。在这一思想的指导下，我国持续增加民生投入，财政支出用于民生的比例逐年增加；抓住人民最关心最直接最现实的利益问题，在学有所教、劳有所得、病有所医、老有所养、住有所居上持续取得新进展。民生的持续改善，稳定了社会预期，增强了发展动力，推动我国经济形成了中高速增长、结构优化、动力转换的良好态势，与低迷的世界经济形成鲜明对比。可见，只要坚持民生水平与经济发展水平相适应、经济发展与改善民生相协调，改善民生与经济发展就可以相互促进、相得益彰。

资料来源：节选自《人民日报》，2016-11-1（7）.

【阅读材料2】　　　　荷兰养老福利服务的规范化

欧洲发达的工业化国家之一荷兰，十分重视社会养老福利。在荷兰，凡年满65岁的老年人均可领取国家老年金，政府还为老年人建立了完善的福利保障系统，让全体老年人享受社会福利保障及照料服务。

较高的老年人福利保障水平

荷兰政府为老年人设计了多项福利服务保险计划，使老年人获得低价优质的服务。如《特殊医疗成本法案》这项所有有收入者都缴纳的老年照料基金保险，用于老年人养老福利服务的支出，十几年前全国每年经费就超过100亿欧元，主要资助养老设施的补贴和老年人照料服务项目。一般新建养老机构可获得60%的资助，老年照料服务的经费补贴在70%左右。对低收入老人，在保留其300欧元零花钱外（法律规定），不足部分全部由基金承担。从1994年起，荷兰推行"个人预算"计划方案，经评估后，将照料服务补贴经费直接发给老年人个人，标准为年人均1万欧元，由老年人自己选择服务方式与机构。

规范的非政府组织运行体系

在荷兰，已基本形成政府宏观管理，非政府组织具体运作的运行体系。政府社会福利部门的主要职能是制定政策与发展规范，提供经费资助，开展调查研究，进行检查与评估，养老福利服务全部由非政府组织提供。如荷兰最大的非政府组织《特殊医疗成本法案》老年照料基金管理委员会，政府只对其每年的拨款计划进行审批，对其具体工作不做干预。在荷兰全国各社区都设有为老年人服务的中心，受理老年人服务资助申请，为老年人提供咨询和有关信息，组织老年人开展各种活动。各类为老年人提供服务的机构，全部由私人基金运作，政府根据有关规定对其进行资助。在荷兰各地还成立了老年人福利服务消费者协会，代表养老服务消费者，对养老服务机构进行监督。

良好严格的评估机制

荷兰设立了全国性的民间非营利评估机构，在各地有50多家分支机构，按照统一要求开展严格的评估工作，如评估对象对评估结果有异议，可以申请复议，还可向法庭起诉。评估机构的评估员，必须有大学相关专业证书，并有相关工作经历，再经过专业培训，方能持证上岗。评估员由评估机构向社会公开招聘。

严格统一的教育培训制度

荷兰的养老福利经过几十年的发展，已建立和形成了一套严格统一的教育培训制度。

荷兰的护理人员分为4级，护士分为5级，毕业证书在荷兰全国甚至欧盟都有效。荷兰各养老福利机构实行严格的持证上岗制度，什么岗位需要什么等级的专业人员都有详细规定，并与收入挂钩。荷兰全国约有全日制职业培训学校50家，一些规模较大的养老福利组织也可创办培训中心，根据统一的教学大纲与教材，按照政府规定的要求，对本单位为主的员工进行严格的培训。通过申请，经政府考核认定，也能颁发证书。在职学员的学费由所在机构支付，不在职学员学费由政府支付大部分，自己支付小部分，经济困难者由政府给予补贴。

资料来源：任炽越. 荷兰的养老福利服务规范完善［N］. 中国社会报，2017-06-19（7）.

【阅读材料3】　我国推进长期护理保险需要注意的要素

面对失能风险，我们需要建立一种应对制度，在中国这个制度应该是长期护理保险。

长期护理保险模式如何选择？欧洲很多小国都选择了津贴模式，世界上更多的国家采取了包含商业保险、津贴、社会保险的混合模式，从经验推断，我国实施社会化长期护理保险有五大社会保险路径可依赖。

长期护理保险的保障对象是谁？从国际经验来讲，长期护理保险的保障对象基本上都是医疗保险的参保人，我国现在长期护理保险试点筹资绑定在医疗保险的统筹基金账户和个人账户，是经济"新常态"下的权宜之计。希望国家可以针对失能等级评估标准出台顶层设计框架，地方可以依此做更多的调整。

资金如何筹集？一些省份的财政部门表态，财政不介入长期护理保险投资，这还需要做进一步的商讨，我认为长期护理保险的资金必须要有财政的投入，因为城镇居民的长期护理保险筹资渠道有单位和个人，但农村只有居民个人缴费，所以需要财政补贴。

长期护理保险的服务怎么输送？医养机构是长期护理保险的服务供给主体。如果没有更多民营服务机构的介入，长期护理服务市场无法形成，长期护理保险也就失去了存在的意义。因此，培育专业医养机构，做好服务供给和质量监管是长期护理保险制度得以发展的基础。

长期护理保险试点还需要解决两个核心问题，一是建立护理服务者的教育培训体系，提高专业化、职业化水平，加强质量体系监管。由于各部门往往从自身利益出发，指导观念不同，所以长期护理保险在推进过程中要重视部门协同。二是长期护理保险扩面还面临整合照护和城市选择的问题。目前，与长期护理保险相关的补贴包括高龄津贴、养老服务津贴、残疾人护理补贴等，各类政策存在重叠、碎片化的问题，极易造成公共财政资源浪费，因此亟须建立整合照护体系。在选择扩面城市的时候，要以失能率作为测算标准，而不是以老龄化作为指标，同时还要考虑是否有可以支撑起长期护理保险的护理服务体系，以及地方财政实力是否允许。

资料来源：戴卫东. 推进长期护理保险需要注意的要素和问题 [N]. 中国社会报，2019-08-08（4）.

【本章小结】

本章主要介绍了全球长期护理保险制度的起源，特别指出长期护理保险的内涵，主要是为因年老、患慢性疾病、意外伤残等生活无法自理，在长时期内需要依赖他人帮助才能完成日常生活的被保险人给予相关护理费用补偿的一种健康保险。长期护理保险主要包括社会长期护理保险和商业长期护理保险两种类型，二者筹资主体和筹资方式均有区别，其中社会长期护理保险是以政府为主导，由国家颁布护理保险法律来强制实施，采取雇主、雇员缴费及政府补贴的社会化筹资方式；商业长期护理保险则是以保险公司为主体，接受政府监管，采取自愿购买保单的个人单方付费模式。此外，本章还介绍了长期护理保险具有化解社会风险、特定价值导向、重视生命尊严、社会保障领域制度创新四项基本性质，以及服务保障性、服务提供多元化、受益选择性、配套体系更加重要、促进服务产业化五项基本特点。

关于长期护理保险制度的构成，本章也提出了长期护理保险基金体系和长期护理保险服务体系两大重要组成部分，其中长期护理保险基金体系中提到政府、雇主、雇员、投保人是资金筹集的主要来源，保险机构则是待遇支付主体；在长期护理保险服务体系中，政府、营利机构、非营利机构、家庭成员、志愿者等是服务提供者，还有相关配套机制包括等级评估鉴定、服务项目标准、服务机构遴选、护理员教育培训、质量监管等。基金和服务两大体系共同构成了长期护理保险制度，二者相互促进、相互依存、相互制约。

最后，本章阐述在我国实施长期护理保险具有重要的实践意义：体现了人本主义关怀，是老年人权益保障的重要成果；是应对老年服务保障社会风险的一种积极的制度尝试；解放了大量劳动力，增加了社会财富；缓解了就业压力，推动了老年服务职业化与产业化的发展。长期护理保险还具有独特的功能：提高老年人的生命质量、促进家庭代际的良性互动、缓解老年人及其家庭的经济贫困、维系老年人的社会关系网络，以及在健康经济、保险经济、老龄产业经济和银发经济等方面培育新的增长点。

【关键概念】

长期护理　长期护理保险　社会长期护理保险　商业长期护理保险　长期护理保险基金体系　长期护理保险服务体系

【思考题】

1. 主要国家长期护理保险制度的诞生有什么特征？
2. 长期护理保险的类型和特点分别是什么？
3. 长期护理保险制度体系的构成及其相互关系是什么？
4. 长期护理保险的性质和功能各是什么？
5. 通过本章学习，你认为中国长期护理保险制度试点与完善会产生哪些社会价值？

【本章延伸阅读材料】

戴卫东. OECD 国家长期护理保险制度研究 [M]. 北京：中国社会科学出版社，2015.

戴卫东. 长期护理保险：理论、制度、改革与发展 [M]. 北京：经济科学出版社，2014.

世界卫生组织. 积极老龄化政策框架 [M]. 北京：华龄出版社，2003.

张仲芳. 国际社会保障动态：应对人口老龄化的长期护理保障体系 [M]. 上海：上海人民出版社，2018.

郑秉文. 中国养老金发展报告 2017：长期护理保险试点探索与制度选择 [M]. 北京：经济管理出版社，2017.

WHO. Home-Based and Long-term Care, Report of a WHO Study Group. WHO Technical Report Series 898 [M]. Geneva：World Health Organization，2000.

WHO. Long-Term Care Laws in Five Developed Countries：A Review [M]. Geneva，2000.

第一章　长期护理保险的理论基础

> **学习重点**
> 1. 长期护理保险制度的重要理论基础。
> 2. 不同理论对长期护理保险制度的解释。
> 3. 长期护理保险制度的多学科支撑。

长期护理保险制度的历史不是很长，但是在二十世纪六七十年代推行后短短的几十年里迅速地得以推广，这并不是偶然的现象。任何一种制度都有其存在的合理基础。那么，哪些理论可以阐释长期护理保险制度的合理成分及其合乎规律性呢？从制度产生到制度发展来看，机体损耗理论、制度变迁理论、艾斯平-安德森福利模式理论以及福利多元主义理论等是长期护理保险制度的重要理论基础。

第一节　机体损耗理论

人类文明的演变在20世纪最明显的两个特征是疾病转型与人口老化，即一方面人类主要死因从传染病转变为慢性病，另一方面人口结构由年轻型发展成老年型。老年人口的膨胀，慢性病相对成为普遍现象，慢性病本身的医疗支出和患者失能后所需要的长期护理服务逐渐成为社会的一个重要负担，以前在老年时期出现的慢性病，随着全球人口老龄化渐渐从不受重视演变到社会不得不正视。什么因素促发人类生理上的老化过程呢？机体损耗理论是解释老化过程的重要理论之一。[①]

鲍梅斯特等人在正式提出机体损耗理论的时候，曾认为机体损耗现象是机体不断被消耗，达到个体不能承受时自我进行意志活动的能力或意愿暂时下降的现象，包括控制环境、控制自我、做出抉择和发起行为等能力或意愿的下降。根据这个理论，人体有一个寿命的上限和一些主要的生理系统。各系统的主要细胞随着寿命的延长而失去修复损害的能力，这种损害是由基因预先决定的，但环境和生活方式等因素能加速这种损害。

---

① 其他解释老化过程的理论有免疫系统改变理论、交叉联结细胞理论以及自由根理论等。

每个个体的基因不同，因而每个人的寿命也不同。虽然生物体的老化不是病理的，正常的老化也不是疾病，但是在老化过程中会伴随一些疾病现象。比如，老化现象中皮肤系统的皮肤皱缩，神经系统的神经介质效率降低以及睡眠异常、中风、帕金森病等，心脑血管系统的高血压、高血脂以及冠状动脉痉挛、脑瘤等，骨骼肌肉系统的骨质疏松、脊椎弯曲、关节炎、肌肉萎缩、牙齿脱落等，胃肠道系统的萎缩性胃炎、便秘、胃溃疡、胃癌、结肠癌、食管癌等，呼吸系统的慢性支气管炎、肺炎、肺气肿、肺癌等，泌尿生殖系统的前列腺炎、前列腺增生、膀胱癌、尿道结石、尿毒症等，内分泌系统的糖尿病、甲状腺疾病等，感觉系统的视觉、触觉、听觉、味觉和嗅觉等功能的减退而导致的白内障、青光眼、耳聋等其他疾病。与年龄相关的视力、神经系统、胃肠系统和泌尿系统的变化取决于整体健康状况和基因构成，而心脑血管、皮肤、呼吸和听觉的变化则受个人习惯和生活方式的累积作用影响。①

正是由于机体的损耗程度随年龄的增长越来越重，个体各大生理系统的疾病也越来越多，疾病程度也越来越严重。所以，老年人渐渐失去生活自理能力就成为一种正常现象。也就是说，老年期失能大都是不可逆转的现象。65岁以上的老年人中有3%～5%的人严重失能，高达15%的人部分失能；75岁以上的老年人中，严重失能率达到10%，部分失能率会达到25%；在75～80岁的年龄组中，严重失能的老年人所占的比例非常大。随之而来的问题就是失能后老年人基本生活所需要的长期护理服务如何解决。有研究表明，在西方发达国家，65岁以上的老年人在特定时期需要机构护理的概率是49%，需要居家护理的比例达到72%。② 这是老年长期护理制度诞生的生理基础。

第二节　制度变迁理论

新制度经济学是以制度作为其主要研究对象的经济理论。新制度经济学发端于罗纳德·科斯的交易成本学说，自20世纪60年代末期经过多年的演变与发展，成为西方经济学的一个颇具影响力的理论分支，制度变迁理论是其核心理论之一。制度均衡与制度非均衡之间交替往复的过程就是制度变迁。舒尔茨、诺斯、戴维斯、拉坦和林毅夫等新制度经济学家借鉴了新古典经济学的供求均衡理论，建立了各自的制度变迁模型。这些模型从不同角度揭示了制度变迁的动因、过程和特征，其中以诺斯的制度变迁模型最具代

---

① 梅陈玉婵，齐铱，徐玲. 老年学理论与实践［M］. 北京：社会科学文献出版社，2004：225.
② FRIEDLAND R B. The Coverage Puzzle: How the Pieces Fit Together［C］. the Annual Conference of the National Academy of Social Insurance. Washington D.C., January 2002.

表性，通常被视为制度变迁的一般理论模型。此外，还有两种比较著名的制度变迁理论模型，即拉坦提出的诱致性制度变迁理论和林毅夫提出的强制性制度变迁理论。这里，在阐述制度变迁理论的基础上，提出制度变迁理论对长期护理保险制度的分析。

一、诺斯的制度变迁理论

诺斯认为，制度变迁之所以能够出现，是因为人们对新制度的预期效益（或潜在利润）超过预期成本，只有当这一条件得到满足时，人们才有在一个社会内改变现有制度和产权结构的企图。很多的外部事件都能够导致利润的形成，但是现有的制度安排又不可能使人们获得这些利润。只有通过制度创新形成规模经济、使外部性（指有些成本或效益对于决策单位是外在的事实）内部化、规避风险和降低交易费用，才能使总收入增加，创新者才可能在不损失任何人利益的情况下获取利益。也就是说，制度变迁要受制于制度变迁的成本-效益分析。然而，制度变迁的成本-效益分析要比一般经济活动中的成本-效益分析复杂得多，因为制度变迁中的一些成本和效益难以定量计算，所以，制度变迁的主体只能大体估算制度变迁的成本和效益。

诺斯还指出，制度安排的形式从纯粹自愿的形式到完全由政府控制和经营的形式都有可能。在这两个极端之间存在着广泛的半自愿半政府结构。自愿的安排简单地说是相互同意的个人之间的合作性安排，任何人都可以合法地退出。这一安排当然暗含着决策必须是一致同意的，接受这一决策的成本低于退出带来的成本。而政府的安排并没有提供退出的选择权，因此，行动并不要求有一致的同意，只需要遵从一些决策规则。不过，政府安排下的组织成本可能要低于自愿安排下的成本。一个政府的强制性方案可能会产生极高的效益，因为政府可能利用其强制力去实现一个任何自愿的谈判都不可能实现的方案。

诺斯的制度变迁模型是一种"滞后供给"模型，即某一段时间的需求变化所产生的供给反应是在较后的时间区段里做出的，也就是说制度创新滞后于潜在利润的出现，二者之间有一个"时滞"。之所以出现"时滞"现象，是因为除了现存法律和制度安排的制约外，制度的发明本身就是一个困难的过程，是一个复杂的利益相关主体间的艰难调整或重新规范的过程。

二、制度变迁的两种基本方式：诱致性制度变迁和强制性制度变迁

诱致性制度变迁和强制性制度变迁是制度变迁理论中最具有代表性的两类方式。

诱致性制度变迁认为，制度变迁可能是由对与经济增长相联系的更为有效的制度绩

效的需求所引致的。诱致性制度变迁是指现行制度安排的变更或替代，或者新制度安排的创造是由个人或一群人在响应获利机会时自发倡导、组织和实行的。诱致性制度变迁的特点是：（1）创新主体来自基层，基层的各种行为人是新制度的需求者，也是制度安排的推动者和创新者；（2）程序为自下而上，处于基层的行为人先有制度需求，然后自下而上产生对制度的需求或者对制度需求的认可；（3）具有边际革命和增量调整性质，诱致性制度变迁的策略是在保留核心制度的前提下增加新的制度，或者对外围制度进行部分调整；（4）创新成本的分摊向后推移，尤其在创新的初始阶段，那些影响较大的措施，或被化整为零，或向后推移，等到实施阻力已显著下降，或者大多数社会成员的累积效益远远超过这些成本时，再来分摊；（5）创新顺序是先易后难、先试点后推广和从外围向核心突破相结合；（6）创新的路径是渐进的，诱致性制度变迁最显著的特点就是采取非暴力、非突发式的，一种需求试探性质的方式，以基层行为人对制度的需求来慢慢诱导制度的出台。

从诱致性制度变迁的特点中，可以看出它有一些缺陷：（1）创新难以彻底，核心制度难以突破，或者强制性制度供给长期滞后，从而导致制度需求缺口大；（2）创新时间较长；（3）创新成本大；（4）创新容易产生"寻租"和"搭便车"行为。

强制性制度变迁是由政府命令和法律引入并实行的。从变迁方式上分析，强制性制度变迁属于正式的制度变迁，它往往是在政府的主导下强制性的，先从宪法秩序的创新开始，因而，它的发生往往还是整体性的、突变性的。可见，强制性制度变迁的主体是国家或政府。那么，为什么需要国家推进强制性制度变迁？第一，制度供给是国家或政府的基本功能之一。第二，制度安排是一种公共产品。而政府的职能通常是保护公民的各项自由、生产公共产品，以及再分配产权。第三，弥补制度供给不足。诱致性制度变迁会遇到外部效应和"搭便车"问题，致使制度供给不足，因此国家以强制性制度变迁方式增加制度创新供给，国家在使用强制力时除了有很大的规模经济效应外，还可以降低组织成本和实施成本。由此，强制性制度变迁的优点就显现出来：（1）政府作为变迁的主体决定了推动力度大；（2）制度出台的时间短；（3）能够保证制度安排较好地运行；（4）对旧制度的更替作用巨大。

但是，强制性制度变迁也有自身的局限。（1）低效性。强制性制度变迁可能违背一致性同意原则。某一制度尽管在强制运作，但一旦违背了一些人的利益，这些人可能并不遵守制度规范，致使该制度很难有效率。（2）"搭便车"行为不可避免。决策者或者影响决策的利益集团会利用制度供给的机会为自己牟取好处，而这时制度需求集团缺位，这会导致没有任何监督机制或监督不到位，即制度供给者、安排者与今后制度作用对象存在严重的信息不对称。(3) 制度破坏性和社会震荡性大。强制性制度约束性强,如果不符合实际需要,便可能对社会的发展造成极大的破坏,社会的震荡也就不可避免,因而制度的风险性高。

如上所述,诱致性制度变迁和强制性制度变迁各有其不同的优势,也有其相应的局限性,是两种相对独立的制度变迁方式,二者不能相互替代。诱致性制度变迁作为一种自发性制度变迁过程,其面临的主要问题是外部效应和"搭便车"问题,如能克服这些问题,那么它在制度变迁中将是最有效率的形式之一。而强制性制度变迁则面临着统治者的有限理性、意识形态刚性、官僚政治、集团利益冲突和社会科学知识局限等问题的困扰。在实际社会生活中,诱致性制度变迁与强制性制度变迁很难明显地区分开来,它们在相互联系、相互补充、相互制约的关联中,共同推动着社会的制度变迁,从而使社会经济制度的变迁变得更加复杂。

三、制度变迁理论对长期护理保险制度的解释

世界各国在农业社会时期,由于生产力落后,往往以家或户为单位进行生产,外出谋生的机会并不多,整个社会的人口流动量不大,因此有许多家庭几代同堂或是同村居住,成年子女也有较多的机会照顾年迈的老年人,尤其是女性成为老年人日常生活照料的主要承担者。而进入工业社会后,随着工业化和城市化的发展,人口的流动量大幅增加,成年子女常常进行远距离的迁移,同时由于男女平权运动的影响,女性不再局限于传统家庭,开始走出家门就业,这改变了女性以往的家务承担者和生活照料者的角色。在客观上,这使得老年人长期护理的支柱变得脆弱,尤其对受东亚儒家文化影响的国家和地区的冲击力最大。传统农业社会老年人长期护理的非正式制度体系(家庭成员的配偶和子女)逐渐难以维持,在人口老龄化的时代背景下,老年人长期护理由农业社会的家庭伦理责任逐渐演变成20世纪的重大社会风险。所以,长期护理从私领域的社会生活走向公领域的社会生活,针对长期护理的主要国家的政策就表现出一种从公领域向私领域的延伸。

自德国在全世界首次于1883年、1884年和1889年分别颁布《疾病保险法》《意外事故保险法》《老年和残疾保险法》三项立法后,英国、日本、美国等一些发达国家也先后颁布了相关社会保险法律来解决进入工业社会后所面临的社会风险,从经济上保障国民在遭遇年老、疾病、伤残、失业时的生活。然而,经济保障只是人生存的需求之一,随着经济发展和社会进步,服务保障和精神保障作为人的基本需求也变得越来越重要。

因此,在人口老龄化风险驱动下老年长期护理进入了发达国家的正式制度安排。在

制度变迁理论中，正式制度安排属于强制性制度变迁。当家庭作为非正式制度体系难以解决老年长期护理服务时，作为体现国家和政府责任的正式制度安排就必须出场。由正式制度安排和非正式制度体系来共同承担一个国家和社会的老年长期护理的责任，这是老年长期护理制度诞生的社会基础。

就各个国家政府强制推行的正式的主体制度而言，20世纪70年代就实行商业长期护理保险的国家以美国为代表；英国、奥地利、瑞典以及挪威等国家完全由财政一般税收筹资的津贴形式来支付老年人长期护理费用开支；而荷兰、以色列、德国、日本以及韩国则采取社会保险的模式来分担长期护理费用。不过，采取商业保险模式的国家，也有部分护理津贴由政府财政负担，如法国的个人护理津贴和美国的低收入人群护理津贴。此外，不同国家和地区的探索实践成为老年长期护理的诱致性制度变迁，尽管存在成本过高、"搭便车"等弊端，但这些国家也都在通过相关的改革措施来不断完善并推进长期护理保险制度。第八章对此做了专门阐述。

第三节 艾斯平-安德森福利模式理论

针对老年长期护理的服务保障，发达国家采用了公共财政模式和保险模式两大类型，其中保险模式又有社会保险与商业保险之分。为什么解决同一社会风险会有不同的社会保障政策模式呢？我们可以从艾斯平-安德森的福利模式理论中找到答案。

一、福利模式理论

1990年，丹麦学者艾斯平-安德森出版了名为《福利资本主义的三个世界》的著作。在这部著作中，艾斯平-安德森运用"非商品化"这个学术研究工具成功地将福利资本主义分为三个世界或称三种模式。

第一种是"自由主义"福利模式。在这种福利模式中居支配地位的是不同程度地运用家计调查式的社会救助，辅以少量的"普救式"转移支付或作用有限的社会保险计划。这种源于传统"济贫法"制度支付的对象主要是那些收入较低、依靠国家救助的贫困阶层。因此，这种模式的"非商品化"效应最低，社会权利的扩张受到有力地抑制，形成的社会秩序属于分层化的类型。这一模式的典型代表是美国、加拿大和澳大利亚等。

第二种是"保守主义"福利模式。该制度模式的特点是社会权利的资格以工作业绩为计算基础，即以参与劳动力市场和社保缴费记录为前提条件，带有保险的精算性质。这种模式最初产生在德国并得到长期发展，而后扩展到整个欧洲大陆，目前包括奥地利、法国和意大利等在内的许多国家都属于这种类型。在这种模式中，其社会权利是根据不同国家所能提供的"非商品化"程度和不同的保险精算程度而变化的，即取决于一个人的工作和参保年限、过去的表现与现在的支付之间的关联程度。

第三种是"社会民主主义"福利模式。它缘于贝弗里奇的普遍公民权原则，资格的确认几乎与个人需求程度或工作表现无关，而主要取决于公民资格或长期居住资格。由于普救主义原则和"非商品化"的社会权利扩展到了新中产阶级，定额式的支付原则是其福利津贴支付的一个基本原则，所以这种福利制度还被称为"人民福利"模式。与其他两种模式相比，它寻求相当水平的甚至能够满足新中产阶级品味的平等标准的服务和支付，而不是像有些国家那样只满足于最低需求上的平等，所以，这种模式的"非商品化"程度最强，支付最慷慨。社会民主主义思想排斥国家和市场、工人阶级和中产阶级之间的二元化局面，力图追求平等以保证工人能够分享境况较佳的中产阶级所享有的权利[1]，所以，这种模式的国家享有福利资本主义的"福利橱窗"之称。

二、福利模式理论对长期护理保险制度的解释

综观艾斯平-安德森的福利模式理论，可以发现"非商品化"既是对这些国家建制理念的诠释，也是不同理念指导下的经济责任分担方式。同是发达的资本主义国家，在推行长期护理保险制度层面上，采用什么样的资金筹集渠道更多的是取决于不同国家决策的价值取向，而不是国家之间经济基础的差异。有什么样的理念就有什么样的制度设计。德国政府一贯秉承"父爱主义"的国家价值观导向，长期护理保险是在德国经济黯淡、失业率高涨、两德统一的巨大财政负担下建立的，与一般的认知不同，德国不是在经济优越与宽裕的条件下建立长期护理保险制度的，因此德国建立长期护理保险制度的关键性因素不是经济与财政，而是国家的总体政治意志。[2] 这是长期护理保险制度诞生的理念基础。

一个国家既有的制度安排，在社会保障领域表现为有的国家以社会保险模式为主，而有的国家则以社会救助或商业保险为主，这些制度模式在很大程度上影响着后续的长期护理制度模式的选择。这是长期护理保险制度诞生的制度基础，或者称为制度路径依赖。

从理论上来讲，社会保险是一个适合长期护理保险制度的最佳模式。国际上长期护

---

[1] 郑秉文. "福利模式"比较研究与福利改革实证分析：政治经济学的角度 [J]. 学术界，2005（3）.
[2] 刘涛. 德国长期护理保险制度的缘起、运行、调整与改革 [J]. 安徽师范大学学报（人文社会科学版），2021（1）：74-86.

理保险制度存在多种模式，且各种模式都是各国具体经济、社会以及政党制度的产物，这些模式的利弊也显而易见。第一种，"自掏腰包"方式。无论是自付还是储蓄积累方式都是最劣的选择。第二种，私人保险方式。由于保险市场的信息不对称，私人保险非常不适合长期护理服务，特别是无法精算个人长期护理服务的需求。第三种，税收支付方式。随着人口老龄化以及养老金、医疗保险金负担的增加，这种方式面临日益严重的压力，因为这些长期趋势与不间断的经济危机完全不适应。第四种，事后的保险补偿方式。这种方式是强制性的，譬如一个人在65岁后或花掉资产后，才能够获得保险金。从政治角度来说，这种方式是不可取的。第五种，事前的社会保险方式。这种事前缴费模式的保险能够解决覆盖面、市场风险、管理以及政治合意性等问题，而且还可以利用私人保险、个人储蓄等来补充不同人群的需求。① 从公平和财政视角来看，社会长期护理保险制度实施越早，社会效果越好。②

从另一个角度来看，目前全世界推行长期护理津贴和长期护理保险的大都是发达国家和地区，发展中国家较少。这是长期护理保险制度诞生的经济基础。当然可能也不排除发展中国家的人口老龄化程度相对较低，所以还没有到推行长期护理保险制度的时机。目前我国部分城市已开始长期护理保险制度试点③，法国和我国台湾地区也在一直讨论是否要推行长期护理保险制度。韩国在颁布《老年人长期护理保险法》时，其经济发展水平与德国、日本颁布相关法律时的差距也较大。可见，经济水平对于制度建设并不构成决定性影响。经济基础是必要条件而不是充分条件。

如果以艾斯平-安德森的福利模式理论来划分长期护理保险模式，显然，公共税收支付的长期护理津贴制度应归类为"社会民主主义"福利模式，商业长期护理保险制度属于"自由主义"福利模式，而社会长期护理保险为"保守主义"福利模式。

---

① NICHOLAS B. Long-term Care: A Suitable Case for Social Insurance [J]. Social Policy & Administration, 2010, 44 (4): 359-374.

② IKEGAMI N. Financing Long-Term Care: Lessons from Japan [J]. International Journal of Health Policy and Management, 2019, 8 (8): 462-466.

③ 2016年6月，人力资源社会保障部发布《关于开展长期护理保险制度试点的指导意见》（人社厅发〔2016〕80号），决定在15个城市启动长期护理保险制度试点。2018年3月，国务院机构改革决定组建国家医疗保障局，长期护理保险试点归属国家医疗保障局的工作职能。2020年9月，国家医疗保障局和财政部联合颁布《关于扩大长期护理保险制度试点的指导意见》（医保发〔2020〕37号），新增14个试点城市。

第四节　福利多元主义理论

一、福利多元主义的概念

福利多元主义是指福利的规则、筹资和提供等方面由不同的部门共同负责、共同完成，而不局限于单一的政府部门。福利多元主义主张福利来源的多元化，既不能完全依赖市场，也不能完全依赖国家，福利是全社会的产物。福利多元主义的看法是不一定要由国家包揽，民间社会也应该参与，福利产品的供应可以来自四个方面：国家、家庭、商营部门和志愿机构，而且来源越多越好。福利多元主义也称混合福利经济。

福利多元主义源于1978年英国沃尔芬德委员会的《志愿组织的未来》。这份报告主张把志愿组织也纳入社会福利提供者行列，将福利多元主义运用于英国社会政策的实践。然而对福利多元主义有明确论述的应该是罗斯，他在《相同的目标、不同的角色——国家对福利多元组合的贡献》一文中详细剖析了福利多元主义的概念。[①]

首先，罗斯对福利国家概念予以澄清，认为福利国家是一个大家熟知但容易引起歧义的概念，特别是容易被误认为福利完全是国家的行为。国家在提供福利上的确扮演着重要角色，但绝不是对福利的垄断。

其次，罗斯主张福利是全社会的产物，市场、家庭和国家都要提供福利，放弃市场和家庭，让国家承担完全责任是错误的。市场、国家和家庭在社会中提供的福利总和即社会总福利，用公式表示为：$TWS=H+M+S$。TWS 是社会总福利，H 是家庭提供的福利，M 是市场提供的福利，S 是国家提供的福利。国家是现今最主要的福利生产者，但并非唯一的来源。市场也是福利的来源之一，无论是个人还是家庭都要从市场中购买福利，工人通过雇佣劳动获得福利。从历史的角度看，家庭一直都是福利的基本提供者。

再次，市场、国家和家庭作为单独的福利提供者都存在一定的缺陷，三者联合起来，相互补充，扬长避短。国家提供社会福利是为了纠正"市场失灵"，由于非市场的"政府失灵"，国家垄断福利的提供会招致批评；而国家和市场提供社会福利是为了纠正"家庭失灵"，家庭和志愿组织提供福利是为了补偿市场和政府失灵。

最后，当国家提供社会福利的增长并未完全排除由家庭和市场提供的社会福利，三者共同提供福利服务时，混合福利社会就产生了。它认识到国家财税福利的重要性，但

[①] ROSE R. Common goals but different roles: The states contribution to the welfare mix [C] // ROSE R, SHIRATORI R. The welfare state: East and West (13-39). New York: Oxford University Press, 1986.

也同时强调市场和家庭对社会福利的贡献。总之，国家、市场和家庭之间与其说是相互竞争的关系，不如说是相互补充的关系，三者此消彼长，一方的增长对其他方的贡献具有替代性。

二、福利多元主义的核心

在西方的社会政策中，福利多元主义要求社会福利和服务提供由多个部门承担，政府的支配作用降低并且不再是唯一的提供者。它同时也意味着社会福利的提供将改变由一个垄断性的组织支配的局面，变得更加多样化和充满竞争。福利多元主义有两个核心的内涵：多元化和分散化。

从多元化的层面讲，社会总体福利有多个来源，除国家之外，市场（包括企业）、家庭、志愿组织、社区等也是福利的重要来源。解决福利国家的危机，应该重视政府以外的其他社会部门在福利提供中的作用。因此，它主张应改变以前由政府大包大揽的做法，引入市场、家庭和其他社会组织。社会福利的提供，可以依靠政府部门、志愿部门、商业部门和其他非正式部门，这些部门根据自身的特点，向国民提供不同类型的福利。而福利国家向福利多元组合的转变，其核心是"民营化"或"非政府化"，即政府作用减少，但不会退出。

从分散化的层面讲，是指社会福利和服务的提供，应从过去的中央政府或地方政府独揽的局面，改由较小的地区或组织来承担。它的实质是强调社会福利和服务的地方化、社区化及消费者的参与和选择，具有较强的反科层制和反专业化的色彩。

三、福利多元主义对长期护理保险制度的解释

对于长期护理保险制度来说，最重要的是其筹资机制和服务机制。除商业长期护理保险由投保人及其家庭自己出资外，社会长期护理保险的筹资渠道体现了福利多元主义。从绪论关于制度起源的介绍中可以看出，荷兰《特殊医疗成本法案》依附于社会医疗保险，其筹资渠道主要有国民缴费、国家财政补贴以及受益人（服务使用者）付费。以色列长期护理保险法案确立了雇主雇员缴费、财政补贴以及其他险种基金（儿童保险和生育保险）划拨的三种筹资渠道。德国长期护理保险基金来源于雇主和雇员的缴费，政府财政责任较小。卢森堡的雇主雇员缴费、财政补贴以及最大的电力消费部门所支付的一笔特别供款成为长期护理保险基金的主要来源。日本长期护理保险筹资机制特色明显，表现为政府财政补贴占50%，以及第1号被保险人（65岁及以上）和第2号被保险人（40~64岁）的缴费合计占比50%。韩国长期护理保险筹资机制与荷兰特殊医疗成本资金

来源渠道相同。新加坡的"乐龄健保计划"的资金则完全来源于国民个人公积金账户的积累。

长期护理保险制度的服务供给机制也是该制度成败的关键。无论是实施社会长期护理保险的国家还是推行商业长期护理保险的国家，都向符合审核条件的失能者提供长期护理服务。服务供给主体和服务供给类型也都体现了福利多元主义。其中，服务供给主体主要有家庭、非营利机构、营利机构和政府公立机构，以及志愿组织和志愿者等。长期护理服务供给主要包括三种类型：居家护理服务、机构护理服务以及社区日间服务。由此可见，福利多元主义是长期护理保险制度的发展基础。具体内容参见第六章，此处不再赘述。

第五节　多学科理论支撑

除上述机体损耗理论、制度变迁理论、艾斯平-安德森福利模式理论以及福利多元主义理论从各个不同的角度说明了长期护理保险制度存在的合理性外，还有其他一些学科理论也在支撑着长期护理保险制度的建立及发展。这是长期护理保险制度良性运行的技术基础。

第一，应用经济学中的财政学、保险学、统计学以及劳动经济学等。长期护理保险制度离不开中央政府和地方政府的财政支出，社会长期护理保险和商业长期护理保险本身就是保险学的重要内容之一，失能和半失能老年人口规模以及不同护理等级老年人口数量需要统计精算，非专业护理人员和专业护理人员的服务成本则属于劳动力市场的研究范畴。

第二，法学领域中的民商法、社会学与人口学。实施长期护理保险制度的国家基本上都是立法先行，长期护理保险单行法的颁布是该制度得以推行和逐步完善的重要保障。社会结构变迁、城镇化推进、老年贫困和人口老龄化正是主要国家长期护理保险制度建立的重要影响因素。

第三，教育学中的职业技术教育和应用心理学。针对长期护理服务体系中专业护理人员的职业技能培训和专业护理课程已成为很多人口老龄化国家职业教育和高等教育的新增内容。专业护理人员对服务对象即老年人的精神慰藉，也要求护理人员必须了解心理学知识，这是他们的必备技能。在护理服务过程中，护理人员的心理压力状况也在很大程度上影响着护理服务的质量。

第四，医学中的临床医学、口腔医学、公共卫生与预防医学等。失能等级鉴定标准的制定以及老年人失能状态的康复护理是老年医学、护理学等学科的基础领域。日本等国就非常重视为减少老年疾病、慢性病的发病率及降低失能率而开展的公共卫生与护理预防教育。

第五，管理学中的行政管理、社会医学与卫生事业管理以及社会保障。社会长期护理保险和商业长期护理保险都是社会保障的组成部分，其康复护理服务内容以及"社会性住院"现象的盛行等正是社会医学与卫生事业管理的一个逐渐受到重视的领域。当然，长期护理保险制度的推行与改革也都少不了工商、民政、医保、消防、税务甚至司法等行政管理部门的协同、指导和监督。

此外，从技术角度看，长期护理服务产业还需要人体工学学科人才，如失能和半失能老年人辅助器具的开发、设计与制造等人才。老年人健康服务产品，如智能健康手环、定位仪、居家安全监控、家务机器人等，集成了智能化设计与制造、工业机器人、工业物联网、人工智能、大数据、智能运维管理等关键技术，融合了机械工程、控制工程、计算机科学和管理科学等多个学科的最新发展技术。这也是为什么长期护理保险能产生老龄产业经济和数字经济的缘由。

【阅读材料1】　　　　　　衰老的相关理论

衰老这个词意味着随着年龄增加，机体逐渐出现的退行性变化。衰老的普遍性、内因性、进行性及有害性作为衰老的标准被普遍接受。自19世纪末应用实验方法研究衰老以来，有相关学界先后提出的学说20余种，不少学说并没有得到实验研究的支持。衰老的相关理论，除了已经提到的机体损耗理论，还包括免疫学说、生物分子自然交联学说以及自由基学说。

衰老的免疫学说可以分为两种观点：第一，免疫功能的衰老是造成机体衰老的原因；第二，自身免疫学说，认为与自身抗体有关的自身免疫在导致衰老的过程中起着决定性的作用。衰老并非细胞死亡和脱落的被动过程，而是最为积极的自身破坏过程。

生物分子自然交联学说的主要论点：机体中蛋白质、核酸等大分子可以通过共价交叉结合，形成巨大分子。这些巨大分子难以酶解，堆积在细胞内，干扰细胞的正常功能。这种交联反应可发生于细胞核（脱氧核糖核酸，DNA）上，也可以发生在细胞外的蛋白胶原纤维中。生物分子自然交联学说在论证生物体衰老的分子机制时指出，生物体是一个不稳定的化学体系，属于耗散结构。体系中各种生物分子具有大量的活泼基团，它们必然相互作用发生化学反应使生物分子缓慢交联以趋向化学活性的稳定。随着时间的推移，交联程度不断增加，生物分子的活泼基团不断消耗减少，原有的分子结构逐渐改变，这些变化的积累会使生物组织逐渐出现衰老现象。生物分子或基因的这些变化一方面会表现出不同活性甚至作用彻底改变的基因产物，另一方面还会干扰核糖核酸（RNA）聚合酶的识别结合，从而影响转录活性，表现出基因的转录活性有次序地逐渐丧失，促使细胞、组织发生进行性和规律性的表型变化乃至衰老死亡。

衰老的自由基学说，是 Denham Harman 在 1956 年提出的，认为衰老过程中的退行性变化是由细胞正常代谢过程中产生的自由基的有害作用造成的。生物体的衰老过程是机体的组织细胞不断产生的自由基积累的结果，自由基可以引起 DNA 损伤从而导致突变，诱发肿瘤形成。自由基是正常代谢的中间产物，其反应能力很强，可使细胞中的多种物质发生氧化，损害生物膜。还能够使蛋白质、核酸等大分子交联，影响其正常功能。支持该学说的证据主要来自一些体内和体外实验。体内实验主要包括种间比较、饮食限制、与年龄相关的氧化压力现象测定、给予动物抗氧化饮食和药物处理；体外实验主要包括对体外二倍体成纤维细胞氧压力与代谢作用的观察、氧压力与倍增能力及抗氧化剂对细胞寿命的影响等。该学说的观点可以对一些实验现象加以解释，例如，自由基抑制剂及抗氧化剂可以延长细胞和动物的寿命；体内自由基防御能力随年龄的增长而减弱；脊椎动物寿命长的，体内的氧自由基产率低。

资料来源：北京师范大学交叉学科研究会. 中国老年百科全书·家庭·生活·社交卷 [G]. 银川：宁夏人民出版社，1994.

【阅读材料2】　　　郑功成：养老服务业需做大调整

"十二五"期间是我国养老服务业发展最快的时期，养老机构的床位数从 200 多万张快速增长到了约 600 万张。但面对数以亿计老年人的服务需求，一个最基本的判断，仍然是养老服务总量供给不足、有效供给不足。全国现有 65 岁及以上的人口近 1.4 亿人，失能与半失能老年人近 4 000 万人，这个群体还在快速壮大，而许多地方反映一床难求。

然而，全国养老机构又有 50% 的床位处于空置状态，这种供求脱节的现象，进一步放大了养老服务供给短缺的效应。因此，"十三五"将是留给我们应对老龄化挑战的最为宝贵的时机，国家应当以更高程度的重视、更大的投入、更合理的政策设计来促进养老服务业大发展。

首先，发展思路要有所转变，必须从供给导向转向需求导向，从重机构养老转向重居家养老。应当以老年人的实际需求为规划、布局、发展养老服务业的出发点，以满足居家养老为重点，真正实现精准服务。必须从政府包办转向政府主导、社会与市场深度参与。应充分调动社会资源与市场资源，尽快提高养老服务的供给能力。

居家、社区、机构养老必须从相互分割转向三位一体。尊重绝大多数老年人居家养老的意愿，让社区成为养老服务业的牢固基石，让包括养老机构在内的各种机构能够通过社区组织、社区设施与互联网为老年人提供服务。现有简单的生活照料式养老服务必须转向医养结合并注重情感保障的质量型养老服务。应当鼓励面向老年人的预防、保健服务和文化、体育服务以及专业社工服务同步得到发展并融入养老服务全过程。

为实现上述转变，要重塑政策支持体系。当前亟待打破部门分割、政策分割的格局，代之以统筹规划布局、精准支持的完整政策体系，突出居家养老的主体地位。要从以年龄为依据转向以身体失能状况为基本依据，合理配置公共资源。相对于健康老年人而言，失能半失能老年人是最需要照顾的群体。公办养老机构应当走向民营化，同时大力发展民办养老机构并通过购买服务等措施积极引导其走向社区，最终形成立足社区的养老服务网络。

财政资源配置要重视效率。不求所有但求所用，不应不设门槛而更应强化引导作用，购买服务值得重点考虑。建议出台相应的金融、住宅、家庭支持政策，包括确立支持养老服务业的长期优惠贷款政策，制定支持居家养老的住宅政策，建立维系家庭成员互助的家庭政策等。

资料来源：节选自《人民日报》，2015-11-20（13）。

【阅读材料3】　　　　　　　　《贝弗里奇报告》

贝弗里奇是英国经济学家，生于印度，早年就读于牛津大学，曾任救济院院长助理、劳工介绍所所长、粮食部常务次官等职。1937年被选任牛津大学的大学学院院长。毕生研究失业原因及其对策。1942年应政府邀请主持一个专家委员会考察现存的社会保险体制，12月提交并出版题为《社会保险及相关服务》的报告，被称为《贝弗里奇报告》，对加强英国必胜信念产生作用，并在战后成为工党内阁（1945—1950年）时期一系列社会立法的基础。《贝弗里奇报告》强调要为英国公民提供一个"从摇篮到坟墓"的全面社会保险制度，给予失业者、残疾人、退休和军队转业者、孕产妇、儿童和孤寡人群津贴，并实行全民保健服务。

《贝弗里奇报告》继承了新历史学派理论有关福利国家的思想，从英国现实出发，指出贫困、疾病、愚昧、肮脏和懒惰是影响英国社会进步、经济发展和人民生活的五大障碍，并据此提出政府要统一管理社会保障工作、通过社会保障实现国民收入再分配的建议。报告设计了一整套"从摇篮到坟墓"的社会福利制度，提出国家将为每个公民提供9种社会保险待遇，还提供全方位的医疗和康复服务，并根据本人经济状况提供国民救助。其中有许多为新的福利项目，如为儿童提供的子女补贴在福利制度发展中是一个根本性的突破，有的学者甚至认为它是福利国家的核心，打破了传统的家庭赡养职能，由国家直接代替家庭为非劳动人口承担部分赡养责任。另一项重要突破是提出了建立全方位的医疗和康复服务。报告还要求建立完整的社会保险制度，每人每周缴费，无论人们原来的收入如何，无论个人的情况及风险程度怎样，都必须强制参加保险，缴费费率相同，失业保险金、残疾保险待遇以及退休养老金等各种待遇也都应当实行统一的待遇标准，强制性的基本保险项目由国家实施。这都突破了英国原来失业保险和医疗保险只限于某些群体的规定。

《贝弗里奇报告》指出，社会保障应遵循以下四个基本原则：一是普遍性原则，即社会保障应该满足全体居民不同的社会保障需求；二是保障基本生活原则，即社会保障只能确保每一个公民最基本的生活需求；三是统一原则，即社会保险的缴费标准、待遇支付和行政管理必须统一；四是权利和义务对等原则，即享受社会保险必须以劳动和缴纳保险费为条件。这些原则的提出和实施使社会保障理论更加丰富和趋于成熟。

在《贝弗里奇报告》的基础上，英国政府于1944年发布了社会保险白皮书，基本接受了《贝弗里奇报告》的建议，并制定了国民保险法、国民卫生保健服务法、家庭津贴法、国民救济法等一系列法律。如1946年颁布的国民保险法基本采纳了《贝弗里奇报告》的建议，规定参保人必须按照年龄、性别和婚姻及就业状况不同缴费，在业人员待遇按照同等比例确定，失业、生育、疾病、丧偶和退休等各项福利待遇都是如此。1948年，英国首相艾德礼宣布英国第一个建成了福利国家。贝弗里奇也因此获得了"福利国家之父"的称号。《贝弗里奇报告》和英国福利国家社会保障制度的实施，影响到了整个欧洲。瑞典、芬兰、挪威、法国、意大利等国也纷纷效仿英国，致力于建设福利国家。

资料来源：李巨廉，顾云深，余伟民. 第二次世界大战百科词典（修订版）[G]. 上海：上海辞书出版社，2015.

【本章小结】

本章主要介绍了机体损耗理论、制度变迁理论、艾斯平-安德森的福利模式理论以及福利多元主义四种长期护理保险制度的重要理论基础，以及其他如应用经济学、法学、教育学、医学、管理学等多学科理论对长期护理保险制度的支撑作用。

机体损耗理论主要强调了随着个体年龄不断增长，机体损耗也会不断加重，生理系统的疾病现象越来越多，疾病程度也越来越严重，老年人渐渐失去生活自理能力就成为一种正常现象，该理论是长期护理制度诞生的生理基础。

制度变迁的产生源于人们对新制度的预期效益超过预期成本，基于此社会产生改变现有制度和产权结构的企图，诱致性制度变迁和强制性制度变迁是制度变迁理论中最具代表性的两类方式。其中诱致性制度变迁认为制度变迁是与经济增长相关的更为有效的制度绩效所引致的，新制度在人们响应获利机会时自发倡导、组织和实行下变更或替代了现行制度。强制性制度变迁则是由政府命令和法律强制引入并实行的，该制度变迁是整体的、突变的。两种制度变迁各有优势，也都具有一定的局限性，是相对独立的制度变迁方式，无法相互替代。随着经济发展和社会进步，人们不再只满足于经济保障，开始对服务保障和精神保障产生需求，长期护理正是顺应了这一背景发展，开始进入发达国家的正式制度安排，这是一种强制性的制度变迁，也是长期护理保险制度诞生的社会基础。

艾斯平-安德森福利模式主要包括"自由主义""保守主义""社会民主主义"三种，分别代表着越来越高的"非商品化"程度和更慷慨的福利津贴支付。基于这种理论，在推行长期护理保险制度的层面上，不同国家决策的价值取向和既有的制度安排决定了制度资金的筹集渠道，这是长期护理保险制度诞生的理念基础和路径依赖。

福利多元主义体现在长期护理保险资金筹集的多元化，以及服务供给方和服务供给内容的多元化。

此外，本章内容还提到，应用经济学、法学、教育学、医学、管理学，以及机械工程、控制工程、计算机科学等不同领域中的学科均在支撑着长期护理保险制度的建立与发展。

【关键概念】

机体损耗理论　制度变迁理论　艾斯平-安德森福利模式理论　福利多元主义理论

【思考题】

1. 长期护理保险的重要理论基础有哪些？
2. 不同理论如何解释长期护理保险制度？
3. 艾斯平-安德森的三种福利模式理论如何对应不同的长期护理保险模式？
4. 如何理解长期护理保险制度的生理基础、理念基础、社会基础、经济基础、制度基础、发展基础和技术基础？

5. 你认为还有哪些理论可以从其他角度来解释长期护理保险制度？

【本章延伸阅读材料】

戴卫东，顾梦洁. OECD 国家长期护理津贴制度研究［M］. 北京：北京大学出版社，2018.

梅陈玉婵，齐铱，徐玲. 老年学理论与实践［M］. 北京：社会科学文献出版社，2004.

［德］柯武刚，史漫飞. 制度经济学：社会秩序与公共政策［M］. 北京：商务印书馆，2000.

［美］科斯，阿尔钦，等. 财产权利与制度变迁：产权学派与新制度学派译文集［M］. 刘守英，等译. 上海：上海人民出版社，1994.

［丹麦］艾斯平-安德森. 福利资本主义的三个世界［M］. 郑秉文，译. 北京：法律出版社，2003.

郑秉文. "福利模式"比较研究与福利改革实证分析：政治经济学的角度［J］. 学术界，2005（3）.

IKEGAMI N. Financing Long-Term Care：Lessons from Japan［J］. International Journal of Health Policy and Management，2019，8（8）.

NICHOLAS B. Long-term Care：A Suitable Case for Social Insurance［J］. Social Policy & Administration，2010，44（4）.

PACOLET J. Social Protection for Dependency in Old Age：A Study of the Fifteen EU Member States and Norway［M］. Aldershot：Ashgate，2000.

第二章 长期护理保险的制度背景

> **学习重点**
> 1. 长期护理保险制度的背景因素。
> 2. 不同制度背景因素中的重要组成部分。

20世纪70年代以来,世界上实施长期护理保险制度的国家主要有美国、法国、荷兰、以色列、德国、卢森堡、日本、韩国以及新加坡等(在以后的论述中常用"主要国家"表述)。其中,推行商业长期护理保险的国家以美国为代表;颁布社会化长期护理保险法案的国家以以色列、德国、日本和韩国等为代表;施行由政府主导、商业保险承办的长期护理保险制度的国家以新加坡为代表。这些国家先后实施长期护理保险制度,都无一例外地与该国经济社会发展的国情密切相关,是对其所处的社会经济与历史环境的一种回应。因此,了解主要国家长期护理保险制度的诞生背景,应该是我们全面学习和深入研究该制度的起点。

第一节 社会因素

一、人口结构老龄化

人口结构老龄化是长期护理保险制度建立的根本动因。这是因为人口结构快速老龄化使得各国的老年长期护理服务从家庭内部走到了社会层面,由农业社会的家庭责任演变成工业社会的社会风险。也就是说,单靠家庭责任很难解决这一社会问题,因此,国家和政府就通过立法建制来化解这个新的社会风险。尽管各国人口老龄化程度不同,但与过去相比,人口老龄化程度快速加重的现象凸显。

1900年,荷兰65岁以上老年人口所占比例为6.0%,从20世纪30年代起荷兰人口老龄化开始加速。1940年,65岁以上老年人口比例上升到6.9%,1950年上升到7.7%,荷兰已正式进入老龄化社会,1960年上升到8.9%,在长期护理保险制度启动后,1970年荷兰老年人口比例更是上升到10.1%,1980年上升到11.5%。从1950年到1980年,

65岁以上老年人口由77万人增加到161.5万人，增长110%。同期总人口由1 000万人增加到1 410万人，仅增长41%，老年人口的增长速度大大快于总人口的增长速度。

1948年以色列建国时，老年人口占总人口的比重为3%。此后，经济的快速发展和社会保障制度的逐步完善吸引了大量的国外人口。1964年，约有4 667名苏联犹太人（主要是老年人）以家庭团聚为名首次被批准移居以色列。以后每年都有犹太人移民出境，从1970年到1979年，苏联犹太移民人数达到了22.6万人。到1983年，以色列总人口数为430万，65岁以上人口占9.7%，其中男女比例为100∶83，独身老年男性人口和女性人口比例分别是14.6%和53.3%；80岁以上人口占2%，其中男女比例为100∶86。20世纪80年代末90年代初，埃塞俄比亚和苏联移民的大量涌入，对以色列人口老龄化产生了很大的影响。

20世纪70年代德国65岁及以上老年人口占总人口的比重为13.2%，1980年为15.0%。1990年德国的人口出生率持续下降，65岁及以上老年人口比例为14.9%。1991年德国20~60岁的居民总数占全部人口的58%，其余42%的人口在20岁以下和60岁以上。1995年65岁及以上人口占比为15.2%。按照1995年的情况来看，低于60岁的护理需求者约为40万人（占该年龄段人口数的0.5%~0.7%），60~80岁的护理需求者约为66万人（占该年龄段人口数的5%），超过80岁的护理需求者有58万人（占该年龄段人口数的20%）。预计到2040年有护理需求的人数将在300万人左右。

1970年，日本65岁及以上老年人口的数量达到了739万人，老年人口占总人口的比例为7.1%，日本社会老龄化初显。1994年该比例达到了14.6%，在短短的20多年间日本正式进入老龄化社会；2000年65岁及以上老年人口的数量为2 187万人，老年人口比例达17.2%，日本老龄化速度加快。其中，70岁及以上、75岁及以上老年人口数量的变化情况如表2-1所示。据统计，在1993年因卧床、痴呆①而需要护理的老年人约有200万人，在日常生活中处于半自理状态，需要他人照顾的老年人也有100万人。在卧床老年人中，卧床时间3年以上的老年人占53.3%，卧床1年以上的老年人达到74%。2000年被认定需要护理的高龄老人②人数达到345万人。

1995年，韩国65岁以上老年人口数量已经达到265.7万人，同1960年的72.6万人相比增长266%。65岁以上老年人口占总人口的比重，2000年为7.2%，2006年为9.5%，2008年为10.3%，2010年为11%。预计2025年为19.9%，2030年为24.3%，2035年为28.4%，2040年为32.3%。

---

① 自2004年12月起，日本把"痴呆症"的名称改为"认知症"。
② 在日本，高龄老人是指75岁及以上的老年人。

表 2-1　　　　　　　　　　　日本人口老龄化进程　　　　　　　　单位：万人

年份	1995	1998	2000	2005	2015
70 岁及以上老年人口	1 188	1 361	1 478	1 770	2 245
75 岁及以上老年人口	750	809	888	1 115	1 500

资料来源：[日] 住居广士. 日本介护保险 [M]. 张天民，刘序坤，吉见弘，译. 北京：中国劳动社会保障出版社，2009：3.

进入 20 世纪，在诸多的社会因素和经济因素的共同作用下，法国的人口老龄化也越来越严重。到 1936 年，法国 60 岁以上的老年人口占总人口的比例为 15%，65 岁及以上的老年人口占总人口的比例为 10%。第二次世界大战后，比例更是有增无减，60 岁以上老年人口占总人口的比例在 1946 年为 16%，1962 年达到 18.1%，1975 年为 18.9%，1982 年为 18.5%，1990 年为 19.9%，到 20 世纪末的 1999 年则高达 21.3%。

自 1776 年建国以来，美国人口开始持续增长。在人口总量增加的同时，老年人口数量也在增加。1970 年 65 岁及以上的老年人口占总人口的比例为 9.77%（见表 2-2），到 1980 年上升到 11.35%，增长率为 29.34%。从表 2-2 中还发现，65~74 岁与 75 岁及以上人口占总人口的比例也呈上升趋势，这说明人口老龄化在加剧，同时出现高龄化现象。

表 2-2　　　　　　　　　　美国 1970—1980 年老年人口趋势

	1970 年		1980 年		1970—1980 年增长率（%）
	人口数（万人）	占总人口比例（%）	人口数（万人）	占总人口比例（%）	
65~74 岁	1 224	6.02	1 560	6.89	27.45
75 岁及以上	763	3.75	1 010	4.46	32.37
总人口数（万人）	20 321		22 655		

资料来源：根据中华人民共和国《1995 年国际统计年鉴》与美国人口普查局数据整理。

新加坡是亚洲人口老龄化速度较快的国家之一，2000 年左右进入老龄化社会。据新加坡政府统计，65 岁以上的老年人口在全国总人口中的占比不断攀升，1980 年为 5%，2000 年后增速较快，2010 年为 9%，2018 年达到了 13.7%，并且预计到 2030 年将达到 23%。新加坡卫生部预测，到 2030 年每 2.1 个处在工作年龄段的成年人要照顾 1 个老年人。人口老龄化导致的有慢性病和日常生活困难的老年人数量不断增加，与此同时家庭结构逐渐小型化，这些都导致了快速增长的医疗和长期护理服务需求。

二、家庭结构小型化

随着生育率的下降，世界许多国家在进入工业化社会后，家庭结构由原来的大家庭逐渐转变为小型化家庭。无论是欧美国家还是受儒家文化影响的东方国家，家庭结构小型化是一种普遍的现象。20世纪90年代,许多欧洲国家中独居家庭占全部家庭的25%,在丹麦这一比例甚至达到了45%。多代同堂的现象逐渐减少,老年人独居或与配偶同住的"空巢"现象相当普遍。因此,老年人的照顾和日常生活料理不能再像以前那样依赖子女来完成。

日本家庭小型化现象自20世纪80年代以来一直在持续演进。1980年,日本家庭成员平均数量为3.22人,1995年为2.9人,2005年则下降至2.56人,预计到2030年将降至2.27人。有关研究结果显示,在日本,单人家庭、只有一对夫妇组成的家庭、单亲家庭都有不同程度的增长,而夫妇和子女的家庭及其他类型的家庭数量却在减少。同时,老年人的家庭数量也在逐年增长,特别是高龄及单身独居老年人家庭数量增长幅度尤为突出(见表2-3)。

表2-3　　　　　日本65岁及75岁以上老年人的家庭情况　　　　　单位:万人

	2000年	2025年
户主为65岁以上老年人的家庭/65岁及以上单身独居老年人家庭	1 114/303	1 843/680
户主为75岁以上老年人的家庭/75岁及以上单身独居老年人家庭	394/139	1 039/422

资料来源:日本国立社会保障人口问题研究所网站http://www.ipss.go.jp/index.html。

20世纪90年代以来,韩国65岁以上老年人居住方式也发生了很大变化。与成年子女在一起生活的老年人比例急剧下降,同时,夫妻共住和单身老年人呈大幅上升趋势。

从表2-4可以看出,1994—2004年,韩国与成年子女一起居住的65岁以上老年人的比例下降了16.1%;夫妻同住的比例增加了7.6个百分点;单身老年人的比例也上升了7.0%。

表2-4　　　　　　　韩国65岁以上老年人居住方式变化

	1994年	1998年	2004年
与成年子女一起居住(%)	54.7	48.6	38.6
夫妻同住(%)	26.8	28.0	34.4
单身老年人(%)	13.6	17.9	20.6
其他方式生活的老年人(%)	4.9	5.5	6.4

资料来源:韩国国家统计厅。

20世纪60年代后,法国已婚子女在经济上趋于独立,不再和父母住在一起,大家庭开始向小型化家庭转变。1962年,法国人口总数为4 600万,1982年为5 400万,人口总数增长了17%;同期家庭数目分别为1 400万户和2 100万户,家庭数目增长了50%,比人口增长快得多。因此,可推算出法国家庭规模越来越小型化,从平均每户3.3人减少到 2.6 人。一般而论，城市越大，家庭越小，如各省大城市平均每户为 2.6 人，小城市为 2.8 人；而且越是富裕的省市，家庭规模越小，如阿尔卑斯滨海省平均每户为 2.3 人，巴黎市区则为 1.9 人。尤其需要指出的是，法国大城市的"光杆家庭"数量越来越多。截至 1999 年巴黎的"光杆家庭"占巴黎所有家庭数量的 50%。同年，全法国"光杆家庭"占全国家庭总数的 31%，在所有的家庭类型中增速最快。

三、女性劳动职业化

随着现代社会的发展，男女平权成为社会进步的象征。特别是 20 世纪 60 年代以来，发达国家也包括一些发展中国家的女性不再将自己的工作局限在传统家庭内部，而是开始走出家门参加各行各业的劳动。这改变了女性以往的家务承担者和生活照料者的角色，但在客观上使得老年长期护理的支柱变得脆弱。

卢森堡是一个经济发达的国家，女性参与劳动的人数总体上处于上升趋势。1991—1994 年，女性劳动参与率（15 岁以上女性劳动人口占 15 岁以上女性人口的百分比）都在 37%左右。1995 年后有所下降，但仍逐步恢复到以前 38%的水平，如图 2-1 所示。女性走出家门就业，削弱了老年人长期护理依赖家庭的程度。

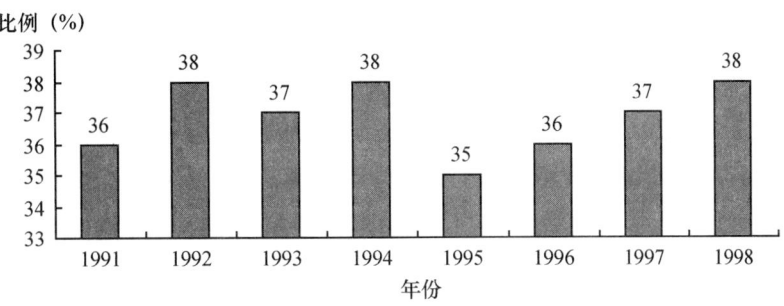

图 2-1 卢森堡 1991—1998 年女性劳动参与率

资料来源："Labor participation rate, female (% of female population ages 15+)", http://data.worldbank.org/indicator/SL.TLF.CACT.FE.ZS/countries.

第二次世界大战后日本民主化改革的内容之一就是解放女性。随着高等教育的普及，女性的教育水平得以提高，在 20 世纪 70 年代之后，女性开始参与各种社会活动，就业人数也大大增加，就业率不断提高，如表 2-5 所示。20~59 岁女性就业率从 1980 年的 58%上升到 1999 年的 67%。[①] 女性就业率的不断提高，动摇了日本传统的由家庭来照顾老年

---

① JENSON J, JACOBZONE S. Care allowance for the frail elderly and their impact on women care-givers [R]. Labour Market and Social Policy——Occasional Papers on 14, Paris: OECD, 2000.

人的模式。当一些家庭承受不了沉重的照料负担时，老年人自杀、被遗弃或被虐待的现象开始增多。

表 2-5　　　　　　　　　　　日本女性就业率变化趋势

年份	1965	1970	1975	1980	1985	1990	1995	2000
女性就业率（%）	31.7	33.2	32.0	34.1	35.9	37.9	38.9	40.0

资料来源：2001 年日本厚生白皮书，日本厚生劳动省网站 http://www.mhlw.go.jp/.

韩国和日本类似，在 20 世纪 70 年代以前，女性基本上以在家做家务、伺候老年人为主。但是，此后女性逐渐走出家门参加经济活动，而且该比例总体呈上升趋势，见表 2-6。

表 2-6　　　　　　　　　　韩国女性参加经济活动比例上升

年份	1970	1980	1990	1995	2000	2005
总量（%）	39.3	42.8	47.0	48.3	48.8	50.1
单身女性（%）	44.3	50.8	46.5	50.4	—	—
已婚女性（%）	36.9	40.0	47.2	47.6	—	—

资料来源：韩国国家统计厅。

20 世纪 60 年代以来，随着新加坡经济的飞速发展，女性就业率也一直呈上升趋势。1970 年新加坡女性劳动参与率仅为 23.6%；1980 年就业女性增加到 37 万人，就业率为 44.3%；到 1994 年就业女性人数上升到 66 万人，就业率则上升到 50.9%。同时新加坡各年龄组女性就业率都有所提高，20～29 岁是女性就业高峰年龄段，1980 年就业率为 68.5%，1994 年上升到 80%；30～39 岁年龄组女性就业率从 1980 年的 40.5% 上升到 1994 年的 61%；40～49 岁年龄组女性就业率从 29.8% 上升到 40%。此后，女性就业率一直居高不下。25～64 岁女性的就业率从 2007 年的 63% 增长到 2012 年的 67%，2016 年上升至 72%，在 OECD 成员国中排在第 12 位，与 2007 年的第 23 位相比有很大进步。

1946 年法国《宪法》规定男女享有同等的权利。但实际上，男子对子女有控制权，丈夫对妻子有命令权。女子只能在家中照顾长辈和丈夫的生活起居。到 20 世纪 50 年代，法国男性劳动参与率持续下滑，但女性劳动参与率从 60 年代的 28%，上升到 70 年代的 30% 再上升到 90 年代的接近 40%。1975—1990 年，法国就业者增加了 330 万人，其中女性就有 300 万人，男性仅 30 万人，可以说，在这一时期法国就业率的增长主要归因于女性的参与。在 70 年代以前，法国女性在 25 岁前生第一胎或第二胎时就不再工作，当 49 岁后最后一胎婴儿长大时才又恢复工作。从 70 年代起，法国女性的社会、家庭地位有所提高，多数女性怀孕乃至抚养孩子时仍继续工作，甚至一直工作到 50 岁。特别是在 90 年代，原来称之为"就业空白年龄段"的 25～49 岁年龄段女性的就业率最高达到 75%，超出其他年龄段的女性,她们之中就业率增长最快的是已婚女性中有 1~3 个孩子的母亲,也正是她们促成了法国就业人口的增长。30 岁的女性中仅有 10% 未工作过,而她们的前辈(主要是 20 年代出生的女性)中有 25% 是这种情况。

以上从人口老龄化、家庭小型化、女性劳动职业化三个方面分析了长期护理保险诞生的社会背景。可见,当一个国家和社会的人口结构、家庭结构以及劳动结构发生转型时,势必会产生新的社会风险,老年长期护理就是其中之一。

第二节 经济因素

在第一章中已经提到,发达国家的经济基础是长期护理保险的必要条件。一是因为这些国家的人口老龄化导致老年人口剧增,二是因为长期护理涉及医疗、卫生、人力资源、服务等各行各业,所需要的费用较高。纵观目前推行长期护理保险制度的国家和地区,绝大多数在当时乃至现在经济实力仍相对较强。

一、国民经济增长

伴随工业化、城镇化进程,荷兰经济实现快速增长,GDP 从 1960 年的 122.8 亿美元增长到 1970 年的 376.8 亿美元,人均 GDP 从 1960 年的 1 220 美元增长到 1970 年的 2 790 美元。1960—1973 年,荷兰每年的 GDP 实际增长率均在 3% 以上(只有 1966 年为 2.7%),其中 1964 年甚至达到 8.3%。不仅如此,荷兰在 1953 年时就实现了充分就业,此后一直到 1974 年,其失业率都没有高出过 3%。尽管在 1969 年以后,荷兰的通货膨胀率一度出现了上升趋势,但整个经济仍然呈现出均衡增长的良好态势。荷兰社会保障支出在 GDP 中所占的比重在 1970 年就已经达到 20%,社会保障福利享受者占劳动力人口的比重由 1960 年的 30% 迅速上升到 1970 年的 79%。政府财力增长为建立长期护理保险制度提供了经济基础。

以色列建国后,经济发展十分迅速,1950—1972 年经济高速增长。在这 20 多年中,以色列 GDP 年平均增长率高达 9.9%,位居同期世界前列。与此同时,以色列政府也对经济发展战略进行了重大调整,从以粗放型农业和进口替代工业为主导的发展战略转向以大力发展集约型农业和高技术出口导向型工业为特征的发展战略,为以色列国家发展奠定了基础。同时,国外援助也为以色列经济发展打了"强心针"。1984 年以来,美国政府每年都向以色列提供 30 亿美元的无偿援助,在特殊情况下还向以色列提供额外援助,且对经济援助不再规定用途。此外,世界犹太人对以色列的捐款数目也很可观。在内增外援的情况下，以色列经济高速增长，很快跻身世界发达国家行列。

1970年德国的GDP达到1 845.08亿美元，虽然低于美国，但远高于同期的英国和法国等资本主义国家（两国分别是1 238.57亿美元、1 428.69亿美元）。1970—1980年德国GDP增长率达到2.7%，1980—1990年GDP增长率为2.2%。这说明德国已从战争的创伤中迅速崛起，并且具备了一定的经济实力。特别是1990年东西两德统一后，德国的经济实力进一步增强，人均国民生产总值（GNP）在2万美元以上。雄厚的经济实力使德国建立长期护理保险制度具备了经济上的可行性。

卢森堡是发达的资本主义国家，农业人口占全国人口的4%，自然资源贫乏，市场狭小，经济对外依赖性大。钢铁工业、金融业和广播电视业是卢森堡经济的三大支柱。工业产值约占GDP的30%，从业人员占全国就业人口的40%。在1998年实施长期护理保险制度之前，卢森堡GDP及人均GDP情况如图2-2所示。

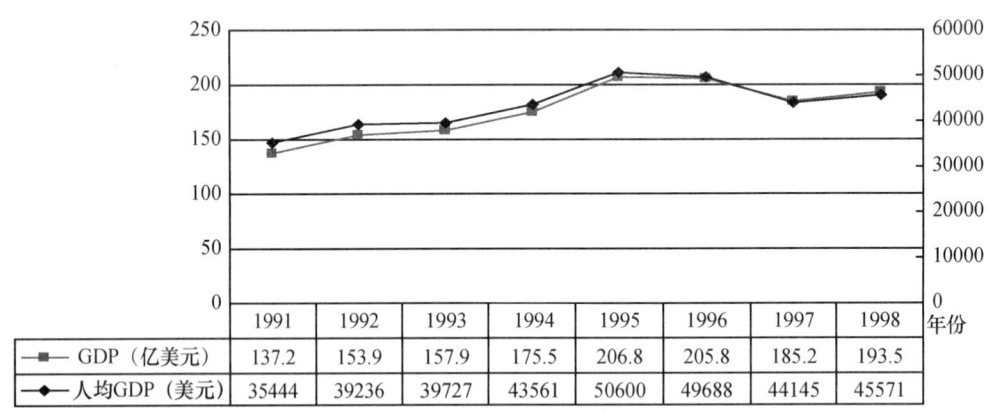

图2-2 卢森堡GDP及人均GDP（1991—1998年）

资料来源："Economic Policy and External Debt"，http://data.worldbank.org.

20世纪70年代、80年代，美国的GDP分别为10 115.63亿美元和27 081.47亿美元，与次位的日本相比，分别是其GDP的4.97倍与2.56倍。虽然美国在第二次世界大战后受到经济危机影响，但是长期以来一直都是世界上经济最发达的国家，其综合国力在国际上遥遥领先。美国被认为是世界上最大也是最重要的经济体，人民生活也比较富裕，人均收入名列前茅。1970年人均可支配收入达3 521美元，到1980年增长到8 620美元，增长率为144.82%。

新加坡于1965年8月9日宣布独立。独立后的新加坡依靠外贸驱动，经济长期高速增长，1960—1984年GDP年均增长9%。20世纪80年代中期，新加坡已进入世界高收入国家之列，1990年的人均GNP达11 575美元，1998年达到了22 800美元，新加坡进入了世界上最富有的国家行列。

与上述国家经济增长的情况相反,20世纪90年代日本经济开始衰退,1992—2001年,日本实际GDP年均增长率仅为1.6%左右。2001年,日本经济再度出现0.6%的负增长。[①] 在20世纪90年代日本经济低迷的形势下,日本也颁布了长期护理保险法案,其真正意图是用长期护理保险制度作为减轻医疗保险基金压力和缓解财政困难的"一场规模宏大的实验"。可见,一国的经济向好虽然有利于长期护理保险制度实施,但经济实力并不是长期护理保险制度诞生的决定因素。

二、医护成本巨大

由于寿命的延长和患慢性病,老年人在年老体衰时通常选择住进医院来接受日常的生活照料和基础护理服务,这种现象被称为"社会性住院"。[②] 在绪论中已经阐述医疗护理与长期护理的性质不同。以高成本的医疗护理资源来对待老年人的长期护理,无论是老年人个体还是整个社会,都要承担高额的医疗费用支出。

20世纪60年代,由于部分老年人口需要长期住院且住院费用不断高涨,荷兰护理机构和设施又无专门的公共资金资助,尚未形成成熟的服务供给体系,长期护理服务的供给数量、质量远远落后于实际需求,这迫使荷兰国会从1962年开始重视医疗成本的控制问题,并认为医院及长期护理机构的照料护理费用应考虑其他资金来源。

德国20世纪80年代末期大约有37万风烛残年的老年人,其中有70%的老年人无法支付医院或护理院高昂的费用,老年群体中生活困难的人数也越来越多,到1990年增加到当年全部老年人口的74%,预计到2030年增幅为112%。随着接受长期护理服务人数的增长,长期护理保险总费用支出的增长率也非常惊人(见表2-7)。可见,德国的长期护理保险总费用支出占GDP的比例将会在50年内迅速增加,增长率达到168%,预计到2050年长期护理保险总费用支出将占GDP的3.32%。

在实施长期护理保险制度之前,卢森堡国民个人自付的医疗卫生支出比重(占个人医疗卫生支出的百分比)参见表2-8。表中数据显示(1995年以前的数据缺失),卢森堡国民个人自付医疗卫生费用达到很高的比例。为解决国民自付的医疗服务以及长期护理服务费用问题,卢森堡开始将目光转向实施长期护理保险制度的德国。

---

① 邵明豪. 二十世纪九十年代日本经济衰退的原因及对我国的启示 [J]. 消费导刊, 2009 (8): 41-43.
② 所谓社会性住院,是指许多有长期护理需求的老年人,由于家庭功能的缺失或弱化和老年人福利院床位数的不足,以及入住福利机构和入住医院在手续的便利性、费用负担方面的差别等原因,以入住医院来代替入住福利机构的一种社会现象,也称为以"医"代"养"。

表2-7　　　　德国长期护理保险总费用支出增长预测（2000—2050年）

	2000—2050年增长率（%）
接受非正式护理的人数	119
接受家庭护理的人数	119
接受住院护理的人数	127
长期护理保险总费用支出	437
长期护理保险总费用支出占GDP的比例	168

资料来源：姚玲珍. 德国社会保障制度［M］. 上海：上海人民出版社，2011：194.

表2-8　　　　卢森堡国民个人自付的医疗卫生支出比例

年份	1995	1996	1997	1998	1999	2000
百分比（%）	81.3	100	98.6	100	72.0	79.2

资料来源：The World Bank "Out-of-pocket health expenditure（% of private expenditure on health）", http://data.worldbank.org/indicator/SH.XPD.OOPC.ZS/countries.

日本患慢性病的老年人在结束治疗后仍滞留医院接受各项简单的护理照料服务，这造成了医疗费用的巨大浪费。1997年日本浪费的医疗保险经费为一兆日元，医院有近一半的患者都是老年人，其中有1/3的老年人住院时间超过一年。1999年日本国民医疗费用为30.93万亿日元，其中11.28万亿日元用于支付老年人保健费用，占总费用的36.5%。根据日本厚生劳动省在《1999年患者调查》中公布的数据，"社会性住院"患者数量为27.5万人，占住院患者总数的19%。统计数据还显示，到1999年日本医疗费用支出占当年GDP的8%，而且老年人医疗费用还以每年9%的速度递增。医疗费用的大幅增长给日本政府带来极大的烦恼。

与日本一样，韩国也存在老年人"社会性住院"现象。1985年，韩国老年人健康护理费用占国民医疗费用的4.7%。1994年，韩国5.5%的老年人分享了11.3%的健康护理费用，到2000年7.2%的老年人占用了17.4%的健康护理费用，2004年7.9%的老年人则用去了22.8%的健康护理费用。可以看出，10年间，老年人占用的健康护理费用翻了一倍。2005年，韩国长期护理费用一共花去了4万亿韩元（40亿美元），其中，机构护理费用为1万亿韩元，家庭护理费用为3万亿韩元，占当年韩国GDP的0.67%。到2007年，老年人健康护理费用占国民医疗费用的比例增加到28.2%。

从20世纪70年代开始，为解决美国老年人长期护理的高额费用问题，美国政府尝试推出商业长期护理保险。在美国，长期护理费用支出占个人医疗总支出的比例从1960年的不到4%上涨到1993年的11%以上，如图2-3所示。从图2-3中也可发现1970—1980年，长期护理费用比例增长较快。虽然长期护理费用占个人医疗支出相对较少，但是该份额却在逐年增加。1996年,美国政府颁布了购买商业长期护理保险的税收优惠政策后,保单数量才显著上升。

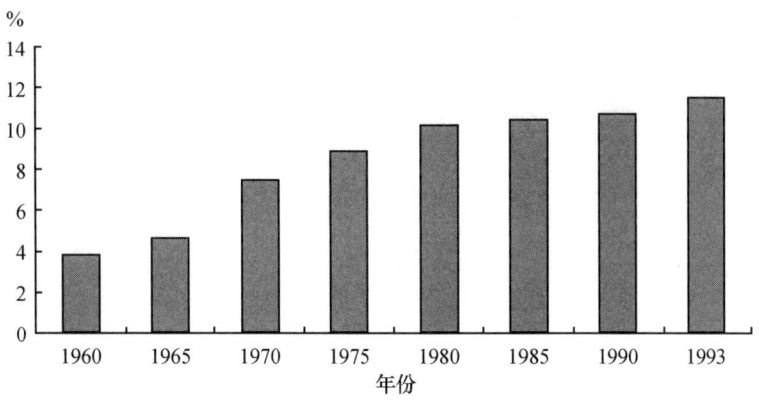

图2-3 美国相关年份长期护理费用占个人医疗总支出的比例

资料来源:The Health Insurance Association of America. Long-Term Care: Knowing The Risk, Paying The Price [R]. 1997:22.

三、老年经济贫困

在国家经济实力整体增强的情况下,老年人群体的贫困成为长期护理保险制度实施的另一个重要促成因素,如德国。进入20世纪60年代以来,德国出现了四次失业高峰,分别是在1967年、70年代中期、80年代中期和东西两德统一后的1993年。失业人数在增加,持续期也在延长。从1992年9月起的3年间,全德国失去了113万个工作岗位,其中化学工业8.3万个,电子工业18.3万个,机械工业17.2万个。汽车制造部门在1991—1995年一共失去了30万个岗位。统一后的新联邦州(民主德国)到1994年底大约有3 600家企业关闭,也造成了大批工人失业。失业队伍出现一个比较严重的现象——中老年失业人数呈扩张趋势。1975—1999年,20岁以下的失业者、20~55岁的失业者和55岁以上的失业者所占的比重分别从11.5%、78.3%和10.2%转变为2.8%、72.9%和24.3%。失业人员的平均失业持续期也从1990年的24周上升为1999年的29.6周。不少老年人因为失业导致生活窘迫。与此同时,护理费用却在日益增加,一般养老院每月护理费用为4 000~8 000马克,全护理老年人所需的费用为1万马克甚至数万马克。于是,如何通过立法给予生活困难的老年人及其家属保障,成了德国政治生活中的一个重要话题。所有的社会活跃团体和协会、科学界、政党和联邦及地方政府都参加了这场讨论。关于各种改革的建议和护理保险结构的所有可能方案都被讨论,1980年成立的专门小组在认真考察各种不同建议的基础上，提出将护理需求作为应对新的生活风险纳入国民社会保障体系的一个立法目标。

日本厚生劳动省发布的"国民生活基础调查"显示，自20世纪90年代后期，日本的相对贫困率、低保率开始显著上升。1990—1995年泡沫经济破灭，自此日本经济进入长期低迷期。厚生劳动省的数据显示，日本65岁以上老年人的贫困率在1970年为7%，1994年上升至14%，2018年翻倍至28%，预计2040年将达到35%。截至2015年，日本有600万~700万老年人处于低保水平。"婴儿潮"（1947—1949年）[①] 一代人中有超过22.3%的人口已经成为贫困老年人。

韩国主要有两种并行的养老金制度。一是始于1988年的国民年金制度，二是始于2008年的基础老龄年金制度。国民年金制度指的是18~60岁的国民，根据不同收入水平，每月缴纳一定比例的养老费，到60岁退休后，每月领取一定数额的养老金。基础老龄年金制度是针对65岁及以上的低收入老年人，根据生活状况不同，国家每月支付一定生活费。由于基础老龄年金制度推行较晚，导致很多65岁及以上老年人领取的养老金十分有限，甚至只能勉强维持生活。根据OECD统计数据，2005年65岁及以上的韩国人当中，有超过45%的老年人生活贫困。这个比例在2007年为44.6%，2011年上升到48.6%。在OECD成员国中，韩国老年人贫困率排名第一。

主要国家的老年人收入水平普遍不高，加上医护服务成本较高，多数老年人及其家庭陷入贫困境地。当老年人失能后，依靠自身的经济能力难以接受社会化养老服务；而在家庭结构小型化和女性劳动职业化成为必然趋势的情况下，传统的家庭养老又不能维系，因此，老年人长期护理服务需要国家和政府另寻出路。

第三节 政 治 因 素

长期护理保险制度在主要国家的实施，除社会因素和经济因素之外，政党之间的政治争斗也在很大程度上促成了该制度的诞生。19世纪80年代德国在世界上首次颁布"保险三法"，与时任宰相俾斯麦推行缓和劳资关系、实施海上霸权的政治策略密切相关。1935年美国总统富兰克林·罗斯福颁布《社会保障法》，也是为了应对经济危机、维护社

[①] "婴儿潮"在日本被称为"团块世代"，是指第二次世界大战后（1947—1949年）出生的日本人。"团块"一词代表一阶段集中出生而"成团成块"的一代人。该词最早出自日本著名作家堺屋太一1976年的小说《团块世代》。第二次世界大战后，由于战争前线幸存的男性从军队大量复员并成家，日本迅速迎来生育高峰。据日本厚生劳动省统计，在1947—1949年，日本总计出生超过800万人。2007年，即"团块世代"陆续退休时，这代人口仍有约690万人。

会稳定的政治需要。

一、福利国家理念的确立

第二次世界大战以后，联邦德国的社会保险制度得到了恢复和重建。在对纳粹集权体制的深刻反省中，特别是在弗莱堡新自由主义学派瓦尔特·欧肯"既要防止资本主义的堕落沉沦，又要防止计划经济对主动性和首创精神的束缚扼杀"的理论引导下，米勒·阿尔马克于1947年正式提出了"社会市场经济"模式，其基本内涵是要把市场经济的自由原则和社会的平等原则结合起来，同时以竞争为基础，开拓使自由经济和社会平等共同发展的道路，并提出"为每一个公民提供基本的生活保障是国家的重要任务，而超过这种基本保障的内容则应发挥个人创造性"原则。而将这一理想模式付诸实施的则当推路德维希·艾哈德，他认为德国市场经济的目标是"使愈来愈多的德国人民有走向繁荣的可能"。这一理念被广泛接受，成为包括反对党社会民主党在内的社会各界的共识，1959年社会民主党著名的纲领性文献《哥德斯堡纲领》对"社会市场经济"思想正式予以采纳。至此，福利国家等"国家责任"理念被作为基本原则写入了德国《宪法》，《宪法》第20条第1款规定联邦德国是一个民主制和社会福利的联邦国家；第3款规定将帮助社会弱者和保障人的尊严与维护社会公正并列为国家的基本义务。此外，第79条第3款明确排除了对构成德国基本制度原则的第20条作根本改动的可能性，牢固确立了社会福利制度在社会市场经济框架中的地位。

正是德国"社会市场经济"思想的提出，保障人的尊严与维护社会公正的福利国家理念使得德国建立起了几乎覆盖全体国民的长期护理保险制度。[①]

二、社会主义思想的体现

以色列无论是在建国以前的巴勒斯坦犹太社团经济时期，还是在建国后的40多年的大部分时间里，主张"社会主义"的派别力量一直处于国家的支配地位。犹太复国主义运动的领袖们，尤其是那些在20世纪初去巴勒斯坦地区身体力行的领导人，多来自俄国或东欧国家，那里的工人运动和社会主义革命运动对他们的影响很深。他们认为只有创建一个模范的社会主义社会和完善自由的民主制度，才能真正解除犹太民族的苦难。著名的犹太复国主义者纳赫曼·西尔金在其著作中强调："以色列国家要成为一个事实，就必须是社会主义的，否则它就无法存在。"主张在以色列实行"建设性的社会主义"或

---

① 戴卫东. 解析德国、日本长期护理保险制度的差异 [J]. 东北亚论坛，2007 (1): 39-44.

"民主社会主义"的以色列工党在以色列建国后的绝大多数时间里是执政党,而且与欧洲倡导建立福利国家的民主社会主义政党和工会运动有着密切的联系,并吸收了福利国家的理念思想。

三、政党之间博弈的结果

20世纪60年代中期到80年代前期,荷兰王国的教派党(天主教人民党、基督教历史同盟、反对革命党)、自由党和社会主义工人党等各政党在博弈和妥协中扩大了社会福利政策的范围及其规模,也使得荷兰在这一时期转型为福利国家。而其社会福利政策也扩展到卫生医疗、教育、住房等领域,并且政府承担了上述领域的全部责任。由于在第二次世界大战时期荷兰曾经被德国占领过,这使得荷兰的社会保障理念深受德国社会保障和公共服务理念的影响。但是,随着欧洲公共服务领域改革的不断推进,荷兰也吸收了其他国家,特别是英国在社会保障、公共服务领域的一些理念。将民众的健康护理权视为与社会权同等重要的权利,这也是荷兰推行长期护理保险制度的重要因素之一。

自20世纪70年代初以来,德国对长期护理的需求已被公认为一个社会问题。德国政坛上的基督教联盟党、社会民主党、自由民主党以及绿党四个主要政党也非常关注长期护理问题。但在认同该问题的前提下,四个政党提出的长期护理模式几乎没有什么共同之处。1986年由社会民主党和绿党联合主政的黑森州提出了《黑森邦草案》,建议长期护理对象不限定人群,实行社会保险模式,联邦政府财政补助30%。同年,由基督教联盟党和社会民主党主政的巴伐利亚州提出了《巴伐利亚州草案》,建议将长期护理对象限于老年人群,也实行社会保险模式,同时医疗保险可负担重度患者的费用,为其提供长期护理津贴,费用由相关方共同承担,联邦政府提供部分补助。1986—1990年,由基督教联盟党和自由民主党主政的莱茵兰普法尔茨州提出的《莱茵兰普法尔茨草案》,同巴伐利亚州一样,也认为应将长期护理对象限定为老年人,不过要实行税收方式筹资,联邦政府支付一般性的长期护理补贴。经过近10年的讨论,到20世纪80年代末90年代初,各政党的观点都发生了一定的变化。1988年,德国联邦政府颁布《健康改革法》,法案规定由健康保险提供长期护理服务支付,但仅限于重度居家护理人员。德国统一后,德国国会加快了长期护理制度的立法步伐。一贯对长期护理保险模式持不同见解的四大政党也逐渐统一观点,向"社会保险"模式靠拢。1992年,基督教联盟党与自由民主党联合组阁,在基督教联盟党的压力下,自由民主党有保留地赞同了"社会保险"模式的护理保险制度。四大政党之间对护理保险的分歧基本消除,于是,经过一年的立法准备,1993年6月,联邦议院通过了《护理保险法草案》。1994年4月22日,德国联邦议会通过

《长期护理保险法》，决定在全国建立强制性的长期护理社会保险，将全体国民纳入参保范围，1995年1月1日正式实施，1996年起开始待遇支付。《长期护理保险法》被纳入德国《社会法典》第11篇，正式成为德国社会保险体系的一个组成部分。

1989年7月，日本厚生省事务次官召集了非官方性质的研讨会——护理对策研讨会，对社会保险可作为筹资的一种模式进行讨论。1992年2月，厚生省举办"老年人综合计划研究会"，明确了引入社会保险的模式。1995年日本政府提出了"关于创设介护保险制度"的议案，试图通过改革将护理制度由原来的面向低收入老年人口的"行政措施"制度转变为面向全体护理服务需求者的一种"社会契约"的社会保险制度，以减轻政府在社会保障方面的财政压力。1996年1月，自民党党首桥本龙太郎与社会党、新进党在党首会谈中，讨论的核心主旨为"对应少子化、高龄社会的介护（即长期护理）保险制度"。桥本内阁明确了该政策的目标。通过政治斡旋，自民党、新进党以及社会党三政党达成共识，在厚生省将消费税从3%提高到5%的前提下，介护保险正式进入政策议题，1996年11月《介护保险法草案》提交至国会。1997年12月分别在参议院和众议院获得通过，1999年6月，日本社会保障制度审议会确定该法案于2000年4月实施。2000年4月1日起日本开始实施介护保险制度。

2000年上半年，韩国政府建立长期护理和老年人保护委员会，对长期护理需求进行调查。2001年8月，金大中总统正式向全民公布要引入老年人长期护理保险制度，长期护理保险制度进入公众视野。2002年卢武铉竞选第16届韩国总统时，在竞选纲领中明确提出要"引入老年人长期护理保险制度"。随着老龄化进程的加快，老年人的需求在政治、经济和社会生活等各个方面都得到体现，老年人的政治集团化趋势逐年增强，因此韩国各个政党为了争取老年人的选票，在推进老年福利方面达成共识。2003年韩国保健福祉部设立了以副部长为团长的"老年长期护理保障制度促进企划团"，确定了老年长期护理保险政策的基本方向和制度框架。2004年3月，为了具体设计老年护理保险政策方案，保健福祉部设立了"老年长期护理保险制度实行委员会"，讨论和研究制度的运营方式、筹资模式、支付范围和管理体系。2005年10月，保健福祉部向社会公开征集意见。2006年2月，保健福祉部把政府议案提交到国会。政府发出立法预告后，各党派国会议员、市民团体、劳动者团体、医生协会等举行听证会、讨论会，纷纷向国会提交议案。国会从2006年开始对7个议案进行审议，并在2006—2007年进行了试点，最终于2007年4月正式出台《老年人长期护理保险法》，于2008年7月1日开始实施。

第四节 文化因素

一个民族的传统文化虽然是这个民族"骨子里"的东西,但是随着工业化的发展和自由主义思想的冲击,它也会或多或少地发生一些变化。文化因素在较大程度上影响着主要国家长期护理保险制度的制定和实施。

一、家庭观念日渐淡薄

相对其他欧洲国家来说,德国的个人主义色彩比较浓厚,人们比较注重自己的隐私和独立的生活空间。在德国,人们并不普遍认为子女照顾父母责无旁贷。所以有困难时家庭成员往往不能互相帮助,血缘关系相对来说没有个人或者自己的婚姻关系重要。因此也导致了与地中海国家相比,德国的家庭观念比较淡薄,亲族互动关系较弱。[①] 随着经济的发展,有不少德国人在年老时具备了独立生活的经济条件。因此,许多老年人可能并不愿意与成年子女同住或成为子女的负担。这些也导致许多老年人可能并不愿意接受子女的照护,而更加倾向于让政府负责,由专业机构或者雇佣专人来照顾自己。

法国在历史上是一个比较重视家庭的国家。但在20世纪60年代后,法国人的家庭观念也逐渐淡薄。一些调查表明,法国的老年人因得不到应有的关怀,自杀率居高不下。据有关材料,法国老年人自杀率位于欧洲第五。65岁以上的老年人每年有3 000多人自杀,占法国自杀总人数的1/3,平均每天有9名老年人亲手结束自己的生命。鉴于此,法国政府修订了法律,要求青年人给老年人更多的精神关怀。新法律规定:"若父母与子女不住在一起,子女必须随时让父母了解自己的行踪,也必须随时掌握父母的身体状况,否则就是违法。"[②]

二、自由主义思想浓厚

受哈耶克和弗里德曼为代表的新自由主义思想影响,美国人对"自由"的热爱与追求远超过"平等"。反映在社会福利体系上,美国作为一个发达的工业国家,却没有形成全国性的统一的社会保障体系,反而是针对性极强的各种各样的社会保障和社会服务项目。20世纪70年代美国商业长期护理保险出台前,公立、私营医疗保障计划所提供的服

---

① DAVID S R. Family ties in Western Europe: persistent contrasts [J]. Population and Development Review, 1998, 24 (2): 203-234.
② 王家宝. 法国人口与社会 [M]. 北京: 中国青年出版社, 2005: 66.

务和资金等方面均受到一定限制，供给不足，如针对老年人的医疗照顾计划。对医疗服务费用的支付主要表现在三个方面：低收入家庭的医疗救助、普通人群的重症（住院）特别护理和急性护理。显然，这三项健康保险计划都不支付老年人的长期护理服务费用。20世纪70年代中后期，美国推行市场化的商业长期护理保险则充分地体现了个人责任的自由主义思想在社会政策上的成功。

当传统的家庭照料功能逐渐丧失主体地位的时候，国家和政府就要承担起保障国民生存安全的责任。否则，社会就会不稳定，从而威胁执政者的统治地位。

第五节 其他因素

除了上述的社会因素、经济因素、政治因素和文化因素，还有一些其他因素也促成了主要国家长期护理保险法的出台。

一、慈善传统的推动

以色列是一个宗教历史悠久的国家，绝大多数居民信仰犹太教，少数居民信仰伊斯兰教和基督教。"奉行慈善"是犹太人的传统信条。三大宗教所提倡的施舍和互助合作的精神，深深积淀在各民族的传统文化中。著名的古代犹太哲学家玛伊穆奈兹认为，贫困会给社会和情感带来影响，所以，对贫困者应该给予救助，使他们不至于因生活窘迫而感到耻辱。他还提出，最好的施舍是创造社会和个人的条件，使得人们不再需要外部的帮助。在犹太人中，古老"义举"的对需要帮助的人采取"仗义行为"是一种美德。"库帕"和"坦胡伊"是早在中世纪就已普遍存在于犹太人中的用钱款救济和食物救济的两种社团救济方式。在犹太教中，慈善是人生的三大义务之一。可见，"慈善"这个具备传统社会保障思想的价值观，对以色列立国后的长期护理保险等社会经济制度建设有着潜移默化的影响。

二、政策僵化的倒逼

德国在长期护理保险制度实施之前，由于护理需求者无力负担高额的护理费用，主要依靠社会救助体系的护理补助，因此导致接受机构护理服务的人数较多。在人口老龄化的趋势下，护理津贴领取人数不断增长，从1973年的33万余人攀升到1992年的67万余人，20年间增加了一倍。这种情况给地方政府的社会救助造成了极大的财务压力。1990年前，联邦德国约有80%的机构护理需求者接受护理津贴，而民主德国几乎100%的护理需求者都需要依赖社会救助。两德统一后，地方政府社会救助费用支出急速上升，将近70%的费用开支用于护理救助，导致地方财政不堪重负。

  第二次世界大战后，日本社会保障制度取得了长足的发展。20世纪40年代的"福利三法"到60年代扩展为"福利六法"，基本上奠定了战后日本的社会保障体系。此后，日本社会保障的各种制度日渐丰富，财政支出大幅度增加，由于1973年用于社会保障的财政预算多于往年，这一年在日本被称为"福利元年"。但是，好景不长，同年发生的石油危机使得日本的经济进入低速发展期，国家与地方都出现了严重的财政赤字，财政危机成为社会保障发展的障碍。尤其在20世纪80年代后期至90年代初期，日元大幅升值，日本经济开始出现泡沫，而到了90年代中后期，泡沫经济的崩溃又使日本经济陷入长期不振的状态。经济萧条而引发老年人贫困剧增和社会保障财政危机，社会保障费用支出在GDP中所占的比重，1975年为8.9%，1990年为12.2%，1997年增长到16.9%，呈现出缓慢增长趋势。在社会保障费用支出中，老年福利支出快速增长，1975年老年福利支出占社会保障费用支出的比重为33%，1997年为65%，在20多年间增长了32个百分点。再加上人口高龄化日趋严重，在世纪之交的2000年，日本政府较为集中地出台了一系列"社会保障结构改革"的政策措施，以破除旧的高福利性质社会保障政策的束缚。其中第一步就是建立长期护理保险制度，以缓解"社会性住院"现象导致的医疗保险基金严重超支的状况。为此日本有舆论认为，护理保险制度的实施是"一场规模宏大的实验"。

  总结本章几个方面的影响因素，正如我国著名社会保障学者郑功成教授所指出的那样，"无论是社会保障活动的起源，还是现代社会保障制度实践的发展，都可以发现影响与制约社会保障的因素是多方面的，尽管在多数情况下经济的因素可能发挥着更大的作用，但也不能排除一定时期内政治的、社会的或道德的因素等能够起支配作用"。[①] 主要国家长期护理保险制度的建立也莫不如此。

【阅读材料1】 福利治理的兴起：对福利国家危机的反思

  在西方，福利治理是作为应对福利国家危机，或者说"去福利国家"的一个环节。在福利国家出现以前，政府扮演着"守夜人"的角色，基本上不提供社会福利。只有当市场无法满足社会生存和发展的一些基本条件时，政府才会对市场进行干预。第二次世界大战后，得益于经济的持续增长，西方资本主义国家普遍建立了"贝弗里奇-凯恩斯干预主义"式的福利国家。"贝弗里奇-凯恩斯干预主义"式的福利国家也称为社会民主主

---

 ① 郑功成. 社会保障学——理念、制度、实践与思辨[M]. 北京：商务印书馆，2000：112.

义福利国家、斯堪的纳维亚福利国家,以北欧国家为代表。它的典型特征是,政府与公民之间是一种契约关系,公民获得社会福利并非政府的恩赐和慈善,而是公民社会权利的体现,公民有权利要求政府提供社会福利、履行契约责任。正如安德森所指出的,福利国家首先必须包括社会权利的授予,这个权利带有非商品化的性质,即公民在必要时可以自由地选择不工作,而无须担心会失去工作、收入和一般福利。在这些福利国家,政府以普遍主义为原则,向其公民提供统一、均等、"从摇篮到坟墓"的高水平社会福利,扮演"保姆式政府"或"家长式政府"的角色。

然而,随着20世纪70年代石油危机的爆发,这些福利国家经历了前所未有的经济危机。由于福利国家的建立是以繁荣发展的经济和政治民主为基础的,并且福利供给具有不可逆性和刚性增长的特点,经济的滞胀直接影响政府的财政能力,福利支出困难,公民的福利需求得不到有效满足,那些政府承担"从摇篮到坟墓"全责的福利国家普遍陷入危机,以普遍主义为原则的"社会民主主义共识"基本宣告瓦解。

福利国家危机实际上是政府社会福利责任的危机。它昭示人们,过分依赖政府承担和提供高福利的社会福利制度不具有可持续性。一方面容易造成政府机构臃肿,财政压力过大,另一方面导致社会福利供给的高度垄断、定位模糊、不均衡等现象发生。人们开始对福利国家制度进行反思:提供社会福利究竟是谁的责任?政府在其中应承担何种责任?除政府供给社会福利之外是否有其他替代选择?什么类型的福利管理方式最能应对福利危机?

西方福利国家率先开启的是福利私有化和国家福利紧缩的改革。以哈耶克和弗里德曼为代表的崇尚市场机制的新自由主义是这场改革的理论基础。在他们看来,政府普遍干预是福利危机产生的原因,因此他们反对政府承担过多的社会福利责任,反对国家普遍干预。认为要解决福利危机必须依靠市场,实行福利私有化,而且市场能有效克服政府提供福利过程中存在的浪费、低效、腐败和福利依赖等问题。英国撒切尔政府和美国里根政府是福利私有化的积极支持者和实践者。他们提高对弱势人群的救助审查标准,鼓励个人自我依赖和购买,强调工作的重要性,目的在于通过市场化和私有化减少国家的福利支出、紧缩政府福利规模。

但是,这种改革摒弃了政府作为社会福利的主体地位,过度强调了社会成员的福利责任,把社会成员重新抛回到充满不确定性和竞争性的自由市场面前,使得成员的社会权利被消解成市场运作的商品。这种以充分市场竞争为前提的福利私有化,剥夺了那些在市场竞争中遭到淘汰的"失败者"的社会福利获取权,而且社会福利的不可分割性以及非排他性,也使得单纯的市场机制无法将资源配置达到最优状态。事实上,撒切尔政府推行的福利改革对社会福利项目的紧缩效用是很有限的，福利开支并没有得到有效削减，相反，失业率一直居高不下，贫富差距和收入不平等进一步拉大。要在社会福利领域确立纯粹市场机制是不可能的，新自由主义的药方并不能解决福利危机。

自20世纪90年代以来，治理理论方兴未艾，成为西方学术界研究的热点。从政治学的角度，治理意味着"政府放权和向社会授权，实现多主体、多中心治理等政治和治理多元化，强调弱化政治权力，甚至去除政治权威，希望实现政府与社会多元共治、社会的多元自我治理"。梅里安认为，福利国家危机反映的是治理问题。他认为，福利治理中，福利服务的供给主体不仅仅是政府，还可以是其他的私人企业或社会组织，政府仅是福利服务供给系统和主体之一而不是唯一，只要各种组织机构供给福利服务的资质得到公民认可，都可以成为不同层面的福利供给主体。弗拉姆和马丁则认为，基于政府角色、权威与决策过程、体系结构、焦点、民主过程、问责、政策等方面的改进，运用治理的理论和方法来解决福利危机问题比政府范式更有绩效。

在这种背景下，愈来愈多的人热衷于以治理机制应对市场和政府协调的失败，企图重新界定政府与市场、社会和家庭的关系。更具体地说，对福利供给加以某种程度的"公民的"或"社会的"市场化和去管制化，经由四者之间的协同合作，来解决福利国家危机。作为既重视发挥政府的功能，又重视与社会力量相互合作的福利治理，相应地成为西方福利国家应对社会风险、解决福利危机的一种选择模式。福利国家后期进行的福利改革，强调政府、市场、社会和家庭共同参与、共担责任、协同合作，实质就是治理理论在社会福利领域的应用，而所谓"善治"，即是其追求的理想目标。亨曼和芬格从福利治理的角度探讨政府角色的转变，认为政府提供福利服务的角色已经从早期"官僚统治"转变为"新公共管理"，进而再发展为"治理"，其中涉及的电子政务、国家与公民关系的调整，再如绩效指标、消费者条款、架构协议等新管理技术的运用，皆采用了新的福利治理模式。

西方国家从传统福利国家到福利治理，变革的不仅仅是理念和方式，更重要的是政府职责的重新定位，政府在福利治理中，承担的是"有限"责任而非"全责"。但是，政府仍然是社会福利的主要责任主体，这是因为，政府是社会唯一具有总决策权的政治力量，是社会福利资源的拥有者和支配者。

资料来源：雷雨若，王浦劬. 西方国家福利治理与政府社会福利责任定位 [J]. 国家行政学院学报，2016（2）：133-138.

【阅读材料2】　　　　哈耶克的自由主义观

弗里德里希·奥古斯特·冯·哈耶克是奥地利出生的英国知名经济学家、政治哲学家，1974年诺贝尔经济学奖得主。哈耶克是当代新经济自由主义最具代表性的理论家。他从伦理学角度探讨自由与平等的含义，反对国家干预，倡导实行货币主义制度下的自由市场经济。哈耶克认为，国家干预只能减少自由，政府应该将自己所能拥有的权力用于提供社会服务，比如某些在市场上还没有或是提供不足的服务（反抗社会暴力、对抗自然灾害等所需要的保护措施），再比如某些提高生活质量的服务（维修道路桥梁、提供各种公共信息）。政府对于服务性活动并不需要具备排他性的责任，而且也不应该对这些活动进行直接干预。

哈耶克坚持认为，人们考虑道德方面的问题，比如平等、福利和社会保障等是必须以自由优先为前提的。为了能够给不能被预见的事物留下发展空间，自由是不可或缺的。当然，自由对个人来说也有不好的一面，但是在哈耶克看来，自由不是为我们确定某些肯定的可能性，而是使我们能够拥有权利去决定如何处理所遇到的情况。

哈耶克对于平均主义持强烈的批判态度，在他眼中，对绝对平等的追求最终只能导致个人自由与权利更加被侵犯。他认为，平等地待人与试图使他们平等这两者之间是不同的，前者是作为自由社会的前提而存在，而后者更像是一种新的奴役形式，是政府为了实现其他目的而在从事的所有活动中都必须根据同样的规则对待所有公民的情形，这和政府为了把不同的公民置于平等地位而采取的行动存在着很大不同。这两个目标会发生严重的冲突，首先，如果要使在体能、智力或是自然环境、社会环境等方面具有巨大差距的人获得相同的地位，那么政府就必须以不一样的方式分别对待他们。但是，如果政府遵循的是绝对平等原则，那么这种做法就会导致人们在物质地位上的不平等。事实上人们的知识水平、潜力是不尽相同的，所以难以保证每个人的结果都是平等的。如若我们通过人为强制的手段去保证人们之间的绝对平等，最后只会不断侵犯个人的自由。

资料来源：卞振.新自由主义社会福利思想评述：以哈耶克弱势群体生存权保障思想为例［J］.才智，2018（10）：247-248.

【阅读材料3】　　　　晚年危机：日本社会的长寿隐忧

近日，世界卫生组织发布"长寿排行榜"，日本蝉联世界第一，预期平均寿命达到

84.2 岁。然而，长寿，这个幸福社会的象征，在经济衰退、收入减少、物价上涨的日本，却成为许多老人的噩梦，一种被称为"老后破产"的现象正在蔓延。日本 NHK 特别节目录制组曾陆续推出《无缘社会》《女性贫困》等反映日本社会现实问题的书籍，《老后破产：所谓"长寿"的噩梦》一书是 NHK 对日本贫困老人的采访过程全记录，他们真实的生活困境引人深思，对已步入老年社会的中国也有所启示。

"我根本不想要什么长命百岁"

选择养老院"安度"晚年，貌似是不错的选择，现实却不是想象中那么简单。私立养老院昂贵，公立养老院依照老人的收入来收费，即便收入不多的人也可放心入住，可毕竟日本老龄人口数量太多，床位有限，等待入住的人数一直保持在 50 万人以上。

日本福利水平相对较高，1961 年就制定了发挥家庭功能的国民养老金制度，但如今，曾经支撑起社会的家庭结构正在瓦解，三世同堂的比例从 1980 年的 60% 降到 2013 年的 10%，养老金的角色从"零用钱"逐渐变成主要生活来源。

只要身体健康，养老金还足以维持孤身一人的生活。但若患上严重疾病、需要手术治疗的疾病或因伤住院，即便有存款，一旦花光，便陷入了"老后破产"的境地。

如今的日本，可以花钱买护理服务，为的是让行动不便的独居老年人放心地生活下去。金钱中断之日就是服务中断之时，对经济上本已捉襟见肘的高龄独居老年人来说，他们没有能力享受到充分的服务。

不少老年人为省钱而减少看病次数，停止使用空调，过着极为艰苦俭朴的生活。"没钱去医院啊，只能忍着。""靠养老金生活，一日只吃一餐，一餐费用缩减到 100 日元（约合 6 元人民币）。"因为身体有病不能独自行动，又不舍得为外出护理服务花钱，便利店里的一小袋豆沙面包、到阳台上看看月亮，对一些贫困老年人来说都是件极其奢侈又幸福的大事。

被困住的生活保护制度

日本政府为保障国民享有最低限度的健康和文化生活，对援助对象采取名曰"生活保护"的最低保障救助措施。如今，日本孤身生活的老龄人口已经逼近 600 万人，且约有一半人的年收入低于生活保护标准，即月收入不足 10 万日元，但享受生活保护的只有 70 万人。剩下的，除去有足够积蓄的老年人之外，粗略估算，约有 200 余万独居老年人没有享受生活保护，只靠养老金生活，日子过得非常拮据。一旦生病、受伤，医疗费、护理费便成为沉重的负担，再也无法依靠自己的收入生活下去。

相比之下，每月领取 6 万日元养老金、拥有 200 万日元存款的老年人，晚年生活要比"低保户"还要艰难。"低保户"可以免费享受医疗费、护理费，仅靠养老金生活的老年人却要自己负担这些费用，用剩下为数不多的钱生活。

制度规定，拥有房产就无法享受生活保护，有积蓄的老年人也要等积蓄花光，才有可能享受生活保护。而老年人更担心存款没了，真的能立刻享受到生活保护吗？要是享受不了，不就饿死了吗？现实中，没有老年人会有"那就让我花光存款去申请生活保护吧"这样的想法，至少送终的钱要留在手里。

除存款外，房产等不动产也是申请生活保护的一个障碍。很多老年人养老金收入虽少，却拥有自己的房子，他们不愿放弃处处都是回忆的家，所以拒绝生活保护。"想在已经住惯的自己家里过世"，这是很多老年人的愿望。

采访中的多数老年人，并非一下子就陷入破产状态中，而是一点一点被逼入绝境。即便到后来生活无以为继申请到了生活保护，医疗和护理都可以免费享受了，但老年人的健康状况却已经在之前的硬撑中一落千丈。为什么不可以早一点让他们享受到这些呢？节目组在书中一次次发问。

资料来源：曲鹏. 晚年危机：日本社会的长寿隐忧［N］. 齐鲁晚报. 2018-09-01（A10）.

【本章小结】

本章主要介绍了不同国家长期护理保险制度的背景因素，重点归纳为社会因素、经济因素、政治因素、文化因素及慈善传统、政策僵化等其他因素。

长期护理保险制度建立的社会因素主要包括人口结构老龄化、家庭结构小型化和妇女劳动职业化，国内外一系列数据现状和实证预测均验证了这三类社会因素的存在。

经济基础也是长期护理保险的必要条件之一。本章介绍了经济因素主要包括国民经济增长、医护成本巨大和老年经济贫困。本章描述了荷兰、以色列、德国、卢森堡、美国等发达国家的 GDP 增长值，说明这些实行长期护理保险制度的国家均处于较为明显的经济增长期。但是，伴随国家经济整体增长的是医疗护理成本上升和老年群体的贫困，这也是促成长期护理保险的另一个重要因素。

国家内部政党之间的政治因素也是长期护理保险制度诞生的重要因素，主要体现在福利国家理念的确立、社会主义思想的体现和政党之间博弈的结果。

文化因素在主要国家长期护理保险制度的实施过程中也扮演了重要角色，如德国和法国淡薄的家庭观念，以及美国的自由主义思想等。在文化因素的作用下，传统的家庭照料功能逐渐式微，国家和政府就要承担起保障国民生存安全的重任。

另外，慈善传统推动和政策僵化倒逼也是促成长期护理保险制度出台的重要因素。

慈善传统主要作用在以色列这样宗教历史悠久的国家，人们信奉的宗教思想中体现出的施舍和互助合作精神，对长期护理保险制度的建设有着潜移默化的作用。政策僵化因素在德国和日本的体现较为明显，旧的社会保障政策导致严重的财政赤字和危机推动了长期护理保险制度的诞生。

【关键概念】

人口老龄化　家庭结构小型化　妇女劳动职业化　老年经济贫困　个人主义　自由主义　家庭观念　慈善信仰　社会保障财政改革

【思考题】

1. 长期护理保险制度诞生的社会因素与经济因素的内涵是什么？
2. 长期护理保险制度诞生的政治因素有哪些表现？
3. 长期护理保险制度诞生的文化因素和其他因素各有哪些特征？
4. 我国为什么要进行长期护理保险制度试点？

【本章延伸阅读材料】

陈诚诚. 德日韩长期护理保险制度比较研究［M］. 北京：中国劳动社会保障出版社，2016.

高春兰. 老年长期护理保险制度：中日韩的比较研究［M］. 北京：社会科学文献出版社，2019.

沈越. 德国社会市场经济评析［M］. 北京：中国劳动社会保障出版社，2002.

王家宝. 法国人口与社会［M］. 北京：中国青年出版社，2005.

杨光，温伯友. 当代西亚非洲国家社会保障制度［M］. 北京：法律出版社，2001.

郑功成. 社会保障学：理念、制度、实践与思辨［M］. 北京：商务印书馆，2000.

BRENDA M, SARIT B M, ALLAN Z. Long-Term Care Insurance in Israel：Three Years Later［J］. Ageing International，1993（6）.

IKEGAMI N. Public Long-term Care Insurance in Japan［J］. Journal of the American Medical Association，1997，278（16）.

LITWIN H, LIGHTMAN E. The development of community care policy for the elderly：a comparative perspective [J]. International Journal of Health Services, 1996, 26 (4).

ÖSTERLE A. Equity Choices and Long-term Care Policies in Europe: Allocating Resources and Burdens in Austria, Italy, the Netherlands and the United Kingdom [M]. Aldershot: Ashgate, 2001.

第三章 长期护理保险的立法规范

> ● 学习重点
> 1. 长期护理保险制度立法。
> 2. 长期护理保险制度的责任部门及其主要职能。

立法是制度的保障。各个国家在推行长期护理保险制度之前，都经过了反复、长期的论证才出台了相关的法律，并对责任部门做了明确的规定。这使得长期护理保险制度在运行时有法可依。

第一节 长期护理保险的立法类型与进程

从内容来看，立法类型可以分为综合立法与单行立法。综合立法不受法律规范层级的限制，而是将各个层级的综合性法律规范作为整体看待。单行立法只涉及某一领域或者某一方面的内容。考察主要国家长期护理保险立法，将其包含于高层次法律之中还是作为一部专门法律是一个重要的标准。本教材中，我们将长期护理保险法包含于法典或其他法律之中称为综合立法，作为一部专门法律颁布称为单行立法。

一、综合立法

长期护理保险法以内含于法典或其他法律等形式来立法的国家，主要包括法国、以色列、荷兰和美国。其中，法国和以色列的长期护理保险立法体现在社会保障法典以及国家保险法中，而荷兰长期护理保险立法依附于社会医疗保险法，美国商业长期护理保险立法则依附于商业健康保险法。

1956年法国议会通过《社会保障法典》，正式建立了法国的医疗社会保险制度。1975年1月30日，法国医疗社会部建立，专门管理慢性病损伤的相关问题。医疗社会部是法国社会保障系统的重要组成部分，其服务对象主要包括残疾人和失能老年人。医疗社会保险在长期护理方面的责任主要是支付失能者在家庭和疗养院里接受医疗保健服务的费用，不过一般情况下，在疗养院接受医疗保健服务者需自付住宿费用。支付标准为国会立法通过的全国统一的标准，这个标准就是"老年人健康保险支出的国家标准"。在法国，商业长期护理保险于1985年作为健康社会保险的补充来解决老年人的长期护理服务问题。

以色列国家立法委于1976年开始关注老年人的长期护理服务问题，70年代末颁布了《长期护理津贴法》，授权政府向没有收入而且需要他人日常照料护理的失能者发放护理津贴。1980年4月，国会通过了《长期护理保险缴费法案》，该法案奠定了以色列长期护理保险制度的基础。1986年4月，国会通过《国家保险法》第61号法案，即《为增加护理机构人数发展服务和将护理服务扩展到社区而融资法案》，规定了在社区接受长期护理服务的资金支付的来源渠道，并正式开始缴费。1988年4月又颁布《长期护理保险个人待遇支付法》，这标志着以色列正式实行长期护理保险制度。这三部基本法律奠定了以色列长期护理保险制度的基础，逐步完善了以色列国家保险法。

荷兰是欧洲较早进行长期护理保险立法的国家。最初，荷兰关于长期护理保险的法律规定是医疗保险立法的一个组成部分，并且法案的覆盖范围非常有限，仅覆盖了因身体残疾和精神残障进入护理院的患者，保险费主要用于支付相关设施使用的费用。1967年12月，荷兰国会正式通过了有关长期护理的法案——《特殊医疗成本法案》，并从1968年1月1日起开始正式施行。

美国早在1975年就在商业健康保险法律框架内建立了商业长期护理保险制度，是最早建立商业性质长期护理保险制度的西方国家。但该制度在初始的很长时间并未受到消费者青睐，即使在20世纪80年代，政府实施很多政策进行推广，但其市场渗透力仍然很低。1996年美国出台了《联邦健康保险可转移及说明责任性法案》，长期护理保险制度在美国才真正开始发展。2000年，美国又实施了由保险监督管理协会制定的《长期护理保险示范法案》，扩大了长期护理保险的覆盖范围。此后，美国商业长期护理保险制度才得以迅速发展。

二、单行立法

以单行法的形式专门推行长期护理保险制度的国家，主要有德国、卢森堡、日本以及韩国。

1994年4月德国颁布了《长期护理保险法》，1995年1月1日《长期护理保险法》正式生效实施，成为继养老保险、医疗保险、工伤保险、失业保险四大险种之后的第五大支柱险种。

1998年6月，卢森堡效仿德国，专门颁布了《长期护理社会保险法》，并于1999年1

月正式生效。卢森堡法律认为,长期护理是一项社会保障风险,其风险承受能力与疾病、工伤事故、永久丧失工作能力和老龄相同,为此,需要建立一个义务性的社会保障制度。

1997年12月,日本国会众议院通过了《介护保险法》草案,1998年政府颁布了该法案,最终国会于1999年12月通过并决定实行。2000年4月1日起日本开始实施长期护理保险制度,与此同时,在20世纪90年代初期得到迅速发展的商业长期护理保险(1985年启动)规模逐渐萎缩,不及美国和法国的商业长期护理保险的增速和覆盖面。

2001年5月,老年人长期护理保险在韩国被正式提出。2002年7月保健福祉部的国务会议报告《老年人口保健福祉综合对策》中提出要构建和实施老年人口的长期护理公共制度体系。2005年7月—2008年6月是试点期间,2006年2月通过听证会。2007年4月韩国国会全票通过《老年人长期护理保险法》,并于同月公布。2008年7月1日,《老年人长期护理保险法》正式生效。[①]

综上,以上国家都是立法先行。以单行立法形式来推行长期护理保险,这不仅说明这些国家对长期护理保险制度的审慎态度,而且也说明该险种与其他保险相比具有自身的特殊性。

三、主要国家的立法进程

长期护理保险制度在主要国家的立法进展大都较为缓慢,因为不仅要考虑借鉴先进国家的经验,而且更要立足本国的国情。这也说明人口老龄化国家对失能这个新的社会风险的高度重视。主要国家长期护理保险立法进程如表3-1所示。

表3-1　　　　　　　　　主要国家长期护理保险立法进程

国家	提议年份	通过年份	实施年份	立法时长(年)
荷兰	1962	1967	1968	6
以色列	1976	1980、1986	1988	12
德国	1974	1994	1995	21
卢森堡	1994	1998	1999	5
日本	1995	1997	2000	6
韩国	2001	2007	2008	7
美国	1975	1985	1996、2000	21

---

① 林宗浩. 韩国老年人长期疗养保险立法的经验与启示[J]. 法学论坛, 2013 (3): 36-43.

第二节 长期护理保险的责任部门与分工

主要国家在建立长期护理保险制度时都设置了责任部门来负责运行。虽然责任部门名称不尽相同，但一般地，责任部门都负责资金筹集、服务提供、待遇支付、申请认定以及质量保障等诸多方面的工作。

一、社会保险模式国家的责任部门及其职能

在推行社会长期护理保险的国家，法案中都规定了由中央政府的有关部门作为主管部门，具体职能部门负责长期护理保险的业务。有的国家还规定了地方政府在长期护理保险制度中的职责，如日本、韩国等。

1. 荷兰

在荷兰，健康福利体育部和健康保险局是长期护理保险的主要责任机构。健康福利体育部承担着长期护理保险的主管、政策制定、立法等工作；健康保险局是介于政府与被保险人、保险人、服务提供者之间的独立机构，主要的任务是对长期护理保险基金及其预算提供咨询意见，对政府的计划与保险政策、立法提供建议，接受服务提供者或机构认证并对其服务质量进行核查。对于被保险人而言，健康保险局的责任在于保障所有的公民都能得到应有的健康护理权利。

另外，成立于 1968 年的中央管理中心，其主要职能是通过政府的预算对服务提供者进行管理、资料记录及费用支付。中央管理中心承担三项法定任务：（1）代表保险人付费给服务提供机构；（2）登记机构内护理的部分费用；（3）1997 年起负责管理居家护理的部分费用。

2. 以色列

以色列的福利与社会事务部，主要负责向生活半自理、身心脆弱的人群提供机构服务、个人服务以及家庭服务，同时，也提供日间照料和流浪人士的庇护所。卫生部主要为生活难以自理者和精神病患者提供治疗，国家保险局则负责向那些生活在社区里的生活半自理者、身体不便者、重度残疾者以及精神病患者分担其个人和家庭服务的费用。

3. 德国

德国《社会法典》第 11 册第 46 条规定，长期护理保险的营运机构是长期护理保险基金会，在每一个法定医疗保险机构中都有设立，它在法律上是独立运作的团体，并有自己的章程，由它来实施长期护理保险制度。长期护理保险基金会的组织设在医疗保险

基金会内部，长期护理保险机构雇员的雇主是医疗保险基金会，由此可以避免建立新的组织和产生过高的管理费用。医疗保险基金会的管理费用由长期护理保险基金会以待遇支出与保费收入的差额中间值的3.5%给予补偿。

医疗保险基金会掌握着医疗保险和长期护理保险参保者的档案资料，负责审查长期护理保险服务的申请者，而且长期护理保险受益者购买的服务也只能从医疗保险基金中的长期护理保险基金得到补偿，采用的是现收现付式的资金管理方式。

4. 卢森堡

卢森堡长期护理保险是强制性社会保险的一个分支，即效仿德国"参加医疗保险的所有人群均同时参加长期护理保险"。疾病基金联合会和按职业分布划分的9家私人公司负责管理并提供法定医疗保险基金。

长期护理保险行政运营机构负责做出所有申请者资格认定的决定，并管理长期护理保险的预算。递交申请书之日起，申请者就可以接受护理网络和护理机构的服务。当长期护理保险行政运营机构做出的资格认定书发放后，如果申请者获得准许，就可以得到从申请之日起的全部护理费用的保险支付；反之，就需要自己承担。服务提供者必须获得监督部的批准，该批准规定了服务提供者为履行职责所必须满足的条件。质量委员会定义对服务所要求的质量标准。

5. 日本

日本《介护保险法》规定，长期护理保险责任机构是厚生省、都道府县、市町村。厚生省主要负责整个制度框架的制定和护理程度的审定、保险支付，以及民间组织和设施等方面的标准，保证市町村的财政正常运转等；都道府县主要负责指导制度的运行，计划必要的财政基金，确保提供护理服务的设施和服务人员等；市町村的主要职责是征收保险费、办理申请手续、决定必要的护理服务、监督是否进行了支付等。国家负责对护理设施的促进，以及其他改进护理保险的必要措施。

6. 韩国

韩国的保健福祉部起草《老年人长期护理保险法》并负责该法的试点与推广。按照《老年人长期护理保险法》，韩国长期护理保险的管理责任主体是国民健康保险管理公团和市、道自治团体，如图3-1所示。国民健康保险管理公团负责管理监督有关机构提供的护理服务费用支付，在不断提高服务水平的同时完善制度设计。通过调查护理保险制度的实施与费用支付情况，审核申请对象等方面的公正性，并随时向公众公布调查结果。市、郡、区的基础自治团体负责弥补护理保险制度实施的不足。这些责任部门负责选定和管理护理服务的供给机构，同时，有权撤销那些违反法律规定提供护理服务的机构，以及没有合法理由拒绝提供服务的护理机构的资质。

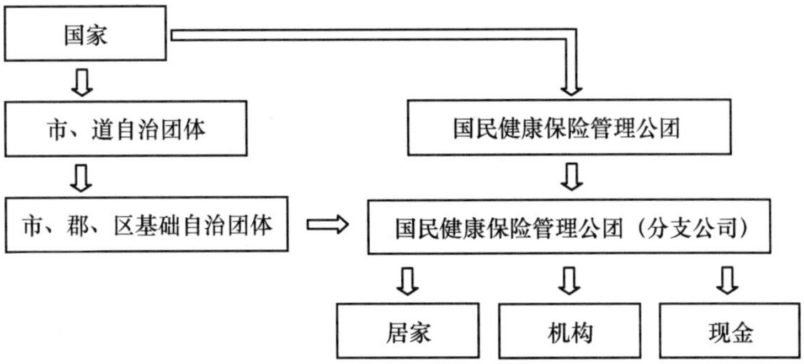

图 3-1　韩国长期护理保险管理责任主体

7. 法国

医疗社会部是法国社会保障系统的重要组成部分，其服务对象主要包括残疾人和失能老年人。急性病（住院）护理则属于卫生保健部门事务。

法国长期护理服务体系由国家自治团结基金会①与地方部门共同管理。（1）国家自治团结基金会负责向失能老年人和残疾人提供长期护理服务的资金支持。主要表现在两个方面：一是个人护理津贴，来源于地方政府财政。二是残疾人补偿津贴，该项津贴主要向 60 岁之前就已经残疾的人发放，津贴水平一般比个人护理津贴要高。（2）省和市镇政府是长期护理领域的主导者。它们肩负着长期护理政策的制定、计划的实施、部门的协调以及个人护理津贴的承担的责任。省政府负责制定长期护理服务内容和疗养院、家庭医疗保健服务的价格，有权决定疗养院的营业和延期，有权在护理保健价格（医疗保险认定的）、长期护理价格（省政府认定的）和住房价格中确定其中之一作为服务价格。此外，省政府还有权决定公共疗养院的膳食价格。还可以给家庭医疗保险服务机构发放经营许可证（期限为 15 年），并要求其遵循整个长期护理市场的价格。

二、商业保险模式国家的责任部门及其规则

实际上，德国、法国都是既有社会长期护理保险又有商业长期护理保险的国家，不过，商业长期护理保险在两国都不占主体地位。但是，法国的商业长期护理保险发展较快。美国则是以商业长期护理保险为主的国家。也有实行社会长期护理保险制度却让商

---

① 法国国家自治团结基金会于 2004 年创立。起因是 2003 年夏天炎热的天气夺去了 15 000 多位老年人生命以及残疾人服务需求增加的趋势。这充分说明了老年人和残疾人需要医疗保健服务设施和支持性服务，当然这些设施和服务离不开庞大的资金。

业保险公司来运营的国家，如荷兰、卢森堡和新加坡。商业长期护理保险的责任机构一般都是商业保险公司。但是，主要国家政府对其也有相应的监管法律法规。

1. 德国

德国的社会长期护理保险与商业长期护理保险几乎覆盖了全体国民，前者的参保率已经接近90%，后者覆盖了剩下10%的国民。德国《社会法典》第11册第23~27条规定商业长期护理保险公司的义务，不能排除具有下列特征的被保险人参保，并明确了相关规范：

（1）患有疾病的被保险人；

（2）已经产生护理服务需要的被保险人；

（3）等不及社会长期护理保险较长等待期的被保险人；

（4）不能按照被保险人的性别和健康状况划分保险费等级；

（5）商业长期护理保险的保险费不得高于社会长期护理保险最高档缴费的50%；

（6）参照社会长期护理保险，符合条件的被保险人的子女享有免费的家庭共同保险的权利；

（7）没有收入或者收入微薄的被保险人配偶参加保险，在出示证明之后要降低保险费。

2. 美国

美国的商业长期护理保险主要由保险监督管理协会来规范，由私营保险公司来运营。长期护理保险对投保人有多方面的限制条件，只有符合条件的才可以投保。不同的保险公司有不同的标准，投保人不适合这家公司，可能会被另一家接受，这满足了不同人的需要。但是，通常有下列情形之一的人不可以购买长期护理保险：

（1）当前正在使用长期护理服务；

（2）已经需要日常生活活动帮助；

（3）患有艾滋病或者艾滋病前期综合征；

（4）患有阿尔茨海默病或者任何形式的认知障碍；

（5）患有诸如多发性硬化或帕金森的神经疾病；

（6）在过去的12~24个月中已经中风、有中风病史或者多次脑缺血疾病发作；

（7）患有扩散性肿瘤。

以上是最基本的决定人们是否可以获得保险资格的条件。投保人一旦参加保险，除非实在无法支付保险费或者接受了此项政策中受益更高的项目，否则不得中途取消保险。

与美国的商业长期护理保险相比，德国的商业长期护理保险制度更具人性化与公平性，体现了现代商业保险也应承担社会责任这一特征。

3. 新加坡

新加坡于 2002 年建立了由政府主导、商业保险承办的长期护理保险双连——"乐龄健保计划"，新加坡 40~83 岁的居民大约有 65% 被该计划覆盖。2002 年，新加坡卫生部通过招标，选择大东方人寿保险有限公司和职总英康保险合作社作为合作伙伴，由这两家商业保险公司承办"乐龄健保计划"，合作期限为 5 年。2007 年，又引进英杰华人寿保险有限公司。目前，这三家商业保险公司的保险责任是对 40~69 岁的拥有公积金账户的参保人终生支付护理服务费用，保险受益条件是参保人在六项日常起居活动能力中有三项自理能力丧失。新加坡卫生部下设的护联中心负责推进初级照料、中级照料、长期照料与公共医疗服务之间的协调，相关服务提供者还可以通过护联中心网站获取个人的相关数据和信息，进而提出更为有效的整合服务方案。

新加坡拥有公积金账户的居民在 40 岁后被随机分配给其中一家保险公司，由其承保。政府规定，每家保险公司提供护理保险条款的责任和保险费都相同，如果转换成另一家保险公司，被保险人可以在保单生效前进行（投保后有 60 天犹豫期，在这期间退保由保险公司全额退还保险费）。如果在保单生效后改投其他保险公司，被保险人不仅需要承担保险费损失，而且还要接受新保险公司的核保评估。

新加坡的公积金计划倡导"自我积累，自我保障"的核心理念，主张每一代人对自己负责，在"乐龄健保计划"中也体现了这一原则，该计划实现"选择退出"投保，资金主要来源于保健储蓄计划，通过年轻时的投保为年老时的护理提供储蓄保障，体现了个人负责的原则。

三、小结

从各个国家的实践来看，无论是社会长期护理保险还是商业长期护理保险都由一系列的管理机构来负责运营。除美国基本上由私营保险机构负责运营之外，其他国家大都由公共部门来负责，或由公、私部门合作运营。具体情况如表 3-2 所示。

表 3-2　　　　　　　　　　主要国家长期护理保险制度的责任部门

国家	责任部门
荷兰	健康福利体育部、健康保险局、中央管理中心
以色列	福利与社会事务部、卫生部、国家保险局
德国	医疗保险基金会、长期护理保险基金会、私营保险公司（商业长期护理保险）
卢森堡	疾病基金联合会、私营保险公司、行政运营机构

续表

国家	责任部门
日本	厚生省、都道府县、市町村
韩国	市、道自治团体和国民健康保险管理公团
法国	医疗社会部、国家自治团结基金会、省和市镇政府、私营保险公司（商业长期护理保险）
美国	保险监督管理协会、私营保险公司（商业长期护理保险）
新加坡	卫生部、卫生部护联中心、私营保险公司

【阅读材料1】　　　　　　　日本《介护保险法》

"介护"是介于"照顾"和"护理"之间的一种服务。日本政府于1997年制定了《介护保险法》（即《长期护理保险法》），并于2000年4月正式实施。

根据该法律的条文，所谓"需要介护的状态"，主要是指入浴、排便、饮食等需要照顾，需要机能训练和护理，需要疗养及其他医疗，以及为其提供必要的保健医疗服务和福祉服务，才能使其能够有尊严地度过与其具有的能力相适应的自立生活。

40岁以上的日本人和在日外国人都是介护保险的筹资对象。通常65岁以后可以享受介护服务。此外，40~65岁的参保人若罹患早期阿尔茨海默病、脑血管疾患等并被鉴定为需要接受介护服务时，即使未满65岁也可享受介护服务。

由于这一制度在设计原理上是以保费和税金各50%的比例作为保险的财源，而"介护保险"又与"国民健康保险""国民年金保险"等全民性保险一样，是以国家颁布法律形式来实施的一种社会保障制度。因此，其社会性和法律权威性正是日本"介护保险"制度的重要特征。

介护保险的缴费额度根据每个人的收入不同而异。需要介护服务的人可向政府部门申请，相关部门和专业医生会根据调查认定制度，为其确定需要介护服务的等级。介护等级从最低的"需要援助1（能够独立如厕、进食）"到最高的"需要介护5（卧床不起）"，一共被分为7个等级。针对每一等级，都设有由介护保险支付费用的上限。在上限范围内的部分，由个人支付10%，国家承担90%；超过上限的部分，由个人全额承担。

介护服务的类型大体上分为居家介护服务和设施介护服务两种。居家介护服务包括上门护理、上门康复诊疗、居家疗养指导、日间介护护理、日间康复诊疗等多种形式。设施介护服务是指老年人入住专门的介护保险设施来接受介护服务。

介护保险制度实施十余年来，在很大程度上推动了日本社会养老模式由家庭化向社会化的转变，也在一定程度上缓解了高度老龄化所带来的各种社会问题。然而，说到底，该制度不过是把过去的"年轻人养老年人",转变成了"年轻人和不需要介护的老年人共同来养需要介护的老年人"。面对老龄化这一历史性难题,介护保险制度未来的路该如何走,也许还需要包括中国在内的进入老龄化的所有国家来继续探索。

资料来源:谢宗睿. 介护保险制度:日本社会养老的缓兵之计 [EB/OL]. 2017. http://japan.people.com.cn/n1/2017/0712/c35421-29400366.html.

【阅读材料2】 《中华人民共和国老年人权益保障法》
(2018年12月第三次修正)节选

第一章 总 则

第二条 本法所称老年人是指60周岁以上的公民。

第三条 国家保障老年人依法享有的权益。

老年人有从国家和社会获得物质帮助的权利,有享受社会服务和社会优待的权利,有参与社会发展和共享发展成果的权利。

禁止歧视、侮辱、虐待或者遗弃老年人。

第五条 国家建立多层次的社会保障体系,逐步提高对老年人的保障水平。

国家建立和完善以居家为基础、社区为依托、机构为支撑的社会养老服务体系。

第七条 保障老年人合法权益是全社会的共同责任。

国家机关、社会团体、企业事业单位和其他组织应当按照各自职责,做好老年人权益保障工作。

第八条 国家进行人口老龄化国情教育,增强全社会积极应对人口老龄化意识。

第二章 家庭赡养与扶养

第十三条 老年人养老以居家为基础,家庭成员应当尊重、关心和照料老年人。

第十四条 赡养人应当履行对老年人经济上供养、生活上照料和精神上慰藉的义务,照顾老年人的特殊需要。

第二章 社会保障

第二十八条 国家通过基本养老保险制度,保障老年人的基本生活。

第二十九条 国家通过基本医疗保险制度,保障老年人的基本医疗需要。享受最低生活保障的老年人和符合条件的低收入家庭中的老年人参加新型农村合作医疗和城镇居民基本医疗保险所需个人缴费部分,由政府给予补贴。

有关部门制定医疗保险办法,应当对老年人给予照顾。

第三十条　国家逐步开展长期护理保障工作，保障老年人的护理需求。

对生活长期不能自理、经济困难的老年人，地方各级人民政府应当根据其失能程度等情况给予护理补贴。

第三十一条　国家对经济困难的老年人给予基本生活、医疗、居住或者其他救助。

老年人无劳动能力、无生活来源、无赡养人和扶养人，或者其赡养人和扶养人确无赡养能力或者扶养能力的，由地方各级人民政府依照有关规定给予供养或者救助。

对流浪乞讨、遭受遗弃等生活无着的老年人，由地方各级人民政府依照有关规定给予救助。

第三十五条　国家鼓励慈善组织以及其他组织和个人为老年人提供物质帮助。

资料来源：中国政府网，http://www.gov.cn/guoqing/2021-10/29/content_5647622.htm.

【阅读材料3】《中华人民共和国残疾人保障法》（2018年修正）节选

第一章　总　则

第一条　为了维护残疾人的合法权益，发展残疾人事业，保障残疾人平等地充分参与社会生活，共享社会物质文化成果，根据宪法，制定本法。

第四条　国家采取辅助方法和扶持措施，对残疾人给予特别扶助，减轻或者消除残疾影响和外界障碍，保障残疾人权利的实现。

第十二条　国家和社会对残疾军人、因公致残人员以及其他为维护国家和人民利益致残的人员实行特别保障，给予抚恤和优待。

第二章　康　复

第十五条　国家保障残疾人享有康复服务的权利。

各级人民政府和有关部门应当采取措施，为残疾人康复创造条件，建立和完善残疾人康复服务体系，并分阶段实施重点康复项目，帮助残疾人恢复或者补偿功能，增强其参与社会生活的能力。

第六章　社会保障

第四十六条　国家保障残疾人享有各项社会保障的权利。

政府和社会采取措施，完善对残疾人的社会保障，保障和改善残疾人的生活。

第四十七条　残疾人及其所在单位应当按照国家有关规定参加社会保险。

残疾人所在城乡基层群众性自治组织、残疾人家庭，应当鼓励、帮助残疾人参加社会保险。

对生活确有困难的残疾人，按照国家有关规定给予社会保险补贴。

第四十八条　各级人民政府对生活确有困难的残疾人，通过多种渠道给予生活、教育、住房和其他社会救助。

县级以上地方人民政府对享受最低生活保障待遇后生活仍有特别困难的残疾人家庭，应当采取其他措施保障其基本生活。

各级人民政府对贫困残疾人的基本医疗、康复服务、必要的辅助器具的配置和更换，应当按照规定给予救助。

对生活不能自理的残疾人，地方各级人民政府应当根据情况给予护理补贴。

第四十九条　地方各级人民政府对无劳动能力、无扶养人或者扶养人不具有扶养能力、无生活来源的残疾人，按照规定予以供养。

国家鼓励和扶持社会力量举办残疾人供养、托养机构。

残疾人供养、托养机构及其工作人员不得侮辱、虐待、遗弃残疾人。

资料来源：民政部网站，https://www.mca.gov.cn/article/gk/fg/shsw/202004/20200400026402.shtml。

【本章小结】

本章主要介绍了有关国家长期护理保险的立法类型和相关责任部门。

长期护理保险立法主要有综合立法和单行立法两种形式。综合立法的典型代表国家是法国、荷兰、以色列和美国，主要指的是将长期护理保险法包含于法典或其他法律之中。单行立法的典型代表国家主要有德国、卢森堡、日本、韩国等，单行立法是将长期护理保险作为一部专门法律颁布。

主要国家在立法之外，还设置了相关责任机构来负责长期护理保险制度的运行，这些责任机构的主要职能包括资金筹集、服务提供、待遇支付、申请认定以及质量保障等。其中荷兰、以色列、德国、卢森堡、日本、韩国、法国主要实施社会长期护理保险，责任机构一般是政府有关部门；美国则是以商业长期护理保险为主；也有实行社会化长期护理保险制度让商业保险公司来运营的国家，如荷兰、卢森堡和新加坡。

【关键概念】

综合立法　单行立法　长期护理保险责任部门

【思考题】

1. 长期护理保险制度立法规范的主要形式和代表性国家有哪些?
2. 长期护理保险制度的主要责任部门及其职责范围是什么?
3. 你对我国长期护理保险制度立法有什么建议?

【本章延伸阅读材料】

郑秉文. 中国养老金发展报告2017：长期护理保险试点探索与制度选择［M］. 北京：经济管理出版社，2017.

BRODSKY J, HABIB J, MIZRAHI I. Long-Term care laws in five developed countries: A Review［M］. Geneva：World Health Organization, 2000.

第四章　长期护理保险的保障对象

> ● **学习重点**
> 1. 不同国家长期护理保险制度的参保对象及其特点。
> 2. 长期护理保险制度受益对象的审核规则。

保障对象①包括参保对象与受益对象，其中，参保对象是指法律规定的应参加保险的人群，或商业保险的自愿投保人；受益对象一般都需要满足特定的条件，通常情况下，社会保险的受益对象是以相应风险的产生为前提，而商业保险的受益对象则要符合理赔的相关前置条款。

就长期护理保险而言，不同的国家和险种由于经济、政治、社会、文化等方面的因素制约，在参保对象人数和受益对象审核的规则上也有所不同。

第一节　长期护理保险的参保对象

根据保险覆盖人数的多少，这里将参保对象分为普惠性与选择性两种类型。顾名思义，普惠性保险是将全体国民都纳入参保范围，而选择性保险在参保对象上则有年龄和收入等方面的限制。

一、普惠性

在实施长期护理保险的国家中，参保对象具有普惠性特征的国家主要有荷兰、以色列、德国、卢森堡以及韩国。

荷兰长期护理保险的参保对象包括所有的合法居民，不论其是否拥有荷兰国籍，在有护理服务需求时都有资格享受特殊医疗费用支出保险。获得长期护理保险是居民的法定权利，这项权利被赋予所有年龄段的人。此外，如果年龄在 15 岁以下，以及不需要纳

---

① 现有一些文献将"覆盖对象"混用，有的指参保对象，有的指受益（或待遇支付）对象。严格地说，覆盖对象是指保障对象，或者准确地说是指参保覆盖对象或受益覆盖对象。一般用参保率、受益率的高低来表示参保人数、受益人数的多少。

税的居民，其保险费由国家负担。

以色列长期护理保险的参保对象为普通雇员、雇主，自雇者和其他参保者，以及政府雇员及其自雇者。各种人群的缴费率略有差别，但与养老和遗属保险、失业保险、工伤保险、生育保险、儿童保险以及一般伤残保险相比，以色列长期护理保险的缴费率较低。其中原因可能在于以色列长期护理保险建立的时间较晚，在个人和企业可负担的总缴费率空间较小的情况下，长期护理保险很难制定较高的缴费率。这也可以解释为什么以色列长期护理保险的经费中有很大一部分是来自其他险种（儿童保险和生育保险）的补贴，而且补贴比例在不断上升。这种通过其他险种补贴的筹资方式是比较独特的。

德国《长期护理保险法》规定所有参加社会医疗保险的对象都要参加长期护理保险。国家官员、法官和职业军人由国家负责，他们患病和需要护理时由专门人员负责并由国家财政承担有关费用。德国长期护理保险的参保对象为 18 岁以上的全体国民，连同被保险人的赡养家属，1995—2007 年参保人数分类情况如表 4-1 所示。

表 4-1　　　　　　　　　　德国参保人数分类情况　　　　　　　　单位：千人

年份	参保人数		
	男性	女性	总计
1995	33 674	38 227	71 901
1996	33 846	38 417	72 263
1997	33 644	38 049	71 693
1998	33 499	37 903	71 402
1999	33 523	37 901	71 424
2000	33 489	37 830	71 319
2001	33 326	37 673	70 999
2002	33 232	37 621	70 853
2003	33 009	37 413	70 422
2004	32 933	37 347	70 280
2005	33 045	37 433	70 477
2006	33 007	37 326	70 333
2007	33 031	37 311	70 343

数据来源：Federal Ministry of Health.

卢森堡的长期护理保险是强制性社会保险的一个分支，即效仿德国"参加医疗保险的所有人群均同时参加长期护理保险"。法律规定，承担法定社会保障缴费义务的国民能够无条件地享受长期护理保险服务，无须考虑其财力及年龄。卢森堡法定医疗保险覆盖了全国 99% 的人口，未参加法定医疗保险的主要是欧洲和国际机构的公务员以及一些既没有失业救济金又没有公共养老金的失业者。

韩国依据普遍主义原则，把20岁以上的国民作为实施长期护理保险制度的对象，事实上实现了全民参保，因为参与国民健康保险的公民也必须被纳入长期护理保险制度范围。韩国全民参保的立法理念体现了"老年长期护理应由整个社会共同解决，由社会共同承担所需费用"的社会连带思想。

二、选择性

相对于普惠性参保对象的国家来说，日本和新加坡的长期护理保险制度在年龄上就具有选择性的特征。

日本《介护保险法》规定，参保对象是在市町村有住所的40岁以上的全体居民，其中，第1号参保对象为65岁及以上的居民，不论其性别、年收入等情况；第2号参保对象为40~64岁的医疗保险参保人。第1号参保对象只要有护理需求，保险权自然产生；而第2号参保对象的护理需求则限制在阿尔茨海默病、脑血管病等16种特定疾病范围之内。但是，如果参保对象是不满40岁的年轻残疾人，根据《残疾人福利法》的规定，可以实行公费方式按照残疾人护理计划享受护理服务。如果进入残疾人护理服务机构，即使年龄在40岁以上，也不能适用长期护理保险，而应该是残疾人福利制度的服务对象。

新加坡的"乐龄健保计划"是一项为年长的公积金会员设立的、人人负担得起的长期护理保险计划，旨在为失去生活能力的人提供基本的护理保障。2002年6月，所有拥有公积金账户、年龄介于40~69岁的新加坡公民和永久居民，均收到一份自动受保的邮件，"乐龄健保计划"从2002年9月30日开始，除非他们在此之前选择退出。在"乐龄健保计划"推出后，满40岁的公积金会员都享受自动受保。如果当时退出，65岁之前想投保，可能会因健康问题而被拒保。对于未自动受保者参保，相关部门设置了90天的等待期，在这期间，对于非意外事故造成的严重残疾，保险公司不予赔偿，只退还保费。自动受保后有60天犹豫期，在这期间退保将退还全额保费。因为"乐龄健保计划"是非强制参保，为避免高风险承保人群集中导致保费过高从而影响对健康人群的吸引力，针对"乐龄健保计划"推出前的"既往失能"人员以及70岁以上的新加坡公积金会员，政府推出了财政负担的"暂时性乐龄残疾援助计划"。

此外，商业长期护理保险的投保对象即便在同一个国家不同的保险公司之间也有较大的差别。美国各保险公司对投保人年龄的规定并不一致，包括50~84岁、55~79岁、40~79岁以及20~74岁。有些保险公司的长期护理保险仅面向40岁以上的客户群，这主要是出于对艾滋病的担心。也有公司规定只要符合条件，所有年龄均可投保。但是，年龄不同，保费也不同，一般情况下年龄越高，失能风险越大，投保费率相应就越高。

第二节　长期护理保险的申请评定

主要国家的长期护理保险受益对象的认定条件都规定申请者的获准资格及其可以接受的相应等级的护理服务。当然，主要国家的长期护理保险申请者的资格评估和服务等级也不尽相同。商业长期护理保险公司一般内设一个专门机构来负责审查投保人的理赔资格和支付标准。

一、申请程序

在长期护理服务的申请程序方面，制度设计比较有特色的国家有德国、日本、韩国和荷兰。

1. 德国

德国长期护理服务申请程序分为三个阶段，从受理到评定结果通知主要由保险机构和委托的第三方健康保险医事服务中心 MDK 和 Medicproof 来负责。

第一阶段：申请。由参保人或家属向保险机构提交申请书。

第二阶段：访问调查。负责社会长期护理保险服务的 MDK 和负责商业长期护理保险服务的 Medicproof 分别派出各自的专业工作人员对参保人或投保人进行调查。工作人员用量表测试后，再按照鉴定指导原则完成个案鉴定并附上所评估的个案护理需求等级，拟订护理服务计划。

第三阶段：保险机构负责二次评定。保险机构根据第二阶段的资料进行第二次评估核查，并将最后的审核结果书面通知给申请者。护理评定从申请日开始应控制在 60 日内完成。

2. 日本

日本护理服务的申请程序主要有以下五点。

（1）老年人提出申请。由本人或家属向所居住的市町村护理保险机构提出申请，也可以由护理保险代办处来完成申请。市町村接到申请后，原则上在 30 天之内向申请者发出通知，告诉其申请结果。市町村接到护理申请之后，派调查员访问老年人的家庭，对老年人的身心状况进行调查。调查员可以是市町村护理保险机构的职员，也可以是受市町村委托的介护支援专门员。调查员在访问申请护理服务的老年人时，要对老年人的视力、步行能力、能否自己翻身等 85 项情况进行调查，填写统一的调查表。其中，有 73 项为基本调查项目，主要涉及申请者的基本信息、现在的生活状况、健康方面的问题、自理的程度、接受外界服务的状况，以及家中主要护理提供者的状况等；另外12项是特别医疗调查项目，主要涉及申请者的疾病及医疗状况。此外，还需对调查老年人时现场看到的特殊健康情况做记录，以便为最后确定是否有受益资格做参考。然后把调查表（选项回答多以划"○"或"×"的方式）输入计算机，用统一的特定软件进行分析，并推算出需要护理的时间。这是第一次申请判定。

（2）在第一次申请判定之后，由护理认定审议会继续做第二次判定。护理认定审议会由5名左右的保健、医疗、福利方面的专家组成，在第一次计算机判定的基础上，参考医师意见书及访问调查时的记录，进行审查，做出判定，并将判定结果以书面形式通知申请者。判定结果为两种，分别为"符合"和"不符合"。第二次判定即为最终判定。

（3）若判定结果为"不符合"，则申请者被认定为具备自理生活能力，不能接受护理保险所提供的服务。申请者对判定结果有异议，可以向都道府县的护理保险审查会提出申诉。

（4）法律还规定，对老年人的护理判定，原则上每6个月为一周期。

（5）如果审查判定结果，申请者"符合"接受护理保险所提供的护理服务的条件，则需对其护理程度做出"符合六个等级中哪一个等级"的认定。

3. 韩国

韩国长期护理的申请程序主要有以下五个步骤。

第一步，递交申请。参加医疗保险的需要接受长期护理服务的老年人，必须向当地护理保险机构提交申请书。

第二步，家庭访问调查。国民健康保险管理公团分支公司的工作人员（一般由社会福利师、护士组成）直接访问申请者的家庭，按"长期护理认证调查表"所列52项进行详细调查，通过认证分数的统计，对申请者是否处于需要长期护理状态及需要何种护理进行评定，写出调查结果报告，再附加医生诊断书提交每个市、郡的长期护理保险评定委员会。

第三步，资格审核。申请者满足法律第12条的申请资格条件，并且至少在6个月以上的时间无法维持正常生活，这种情况下才能通过长期护理保险评定委员会的资格审批，成为长期护理保险支付护理服务费用的对象。获批后，由医疗保险机构通知申请者。一般只提供服务支付。

第四步，申请者选择。获批的申请者可以选择护理服务的级别、类型以及护理服务机构。

第五步，签约接受护理服务。依据护理计划，获批的申请者与服务提供机构签约接受护理服务。

4. 荷兰

荷兰专门的护理服务评估中心的申请审核程序分为以下五个步骤。

第一步，评估申请者身体失调或依赖程度。此外，还考虑申请者的其他社会条件，包括正常护理和非正规护理的可获得性，以及其他已获得的福利、教育、护理服务和居住等待遇。其中，正常护理是指护理持续期少于3个月且每周少于8小时的护理服务，护理服务评估中心认为这些护理服务完全可以依靠家庭成员或亲戚等非正规护理获得，并且不会给对方带来压力。

第二步，解决申请者遇到的问题。护理服务评估中心首先考虑通过治疗、医疗设备或改变环境等方式，是否可以解决或缓解申请者的问题。如果不能，再看能否从以下三个渠道解决问题：接受正常护理；使用其他公共筹资渠道提供的服务；使用每个人都能获得的普通服务。在此之后，再考虑是否提供正规护理服务。

第三步，志愿护理服务者的角色。除了考虑家庭成员可以提供的正常护理服务，护理服务评估中心在评估过程中也考虑志愿护理服务的数量和质量。

第四步，决定居家护理还是机构护理。当护理服务申请者需要在保护性环境中居住、治疗性居住或者永久性监护时，护理服务评估中心才会做出机构护理的决定。如果申请者偏好居家护理，在符合一定条件的情况下，比如临终护理或儿童护理，护理服务评估中心也会同意提供居家护理服务。

第五步，护理服务评估中心做出正式的护理服务决定，并通知申请者。一般申请者的护理服务评估有效期为5年，如果申请者在此期间认为服务类型和质量无法满足自己的需求，可以向护理服务评估中心提出重新评估申请。提供居家服务和机构服务的护理机构受荷兰卫生保健监督局的监管。

综上可以看出，德日韩荷四国的长期护理申请都有专门的管理部门和严格的评估程序，专门的评估人员对申请者的失能状况进行深入调查，评估获批后再评估相应的护理服务等级。其中，德日韩三国的评估都设置二次判定环节，以保证评估结果的客观公正，特别是日本的85项和韩国的52项家庭入户调查，充分体现了制度设计的严谨性和科学性。

二、评估机构

1. 由多专业人员组成的评估机构

荷兰《特殊医疗成本法案》规定，受益资格在地区一级的护理服务评估中心进行。

地区护理服务评估中心由参保人、消费者组织、服务提供者、医生、保险人和地方政府等方面的代表组成。地区护理服务评估中心负责组建专业评估团队，一般包括护士、社会工作者、精神病和老年医学专家。该机构没有任何绩效激励，保证拥有完全、独立、客观的评审权。如果申请者要求入住护理机构，那还需要经过专家团队的进一步评估，确定是否达到入住机构接受护理服务的标准。

日本《介护保险法》规定，所有初次资格评定都由介护支援专门员来执行。介护支援专门员必须是有5年以上工作经验的专业人士（如医生、护士、社会工作者、物理治疗师等）或有10年以上护理服务经验的非专业人士（如居家护理服务工作者）。他们要通过都道府县的资格考试，合格后还要接受32小时的从业强化训练，然后才能获得介护支援专门员资格证书。介护支援专门员参与护理对象等级认定、护理服务需求分析以及制订、实施和评估服务计划的整个过程。每位申请者接受85项问卷调查后，输入计算机判定初步结果，最终的护理等级认定需要由护理保险下属的护理认定审议会做出。每个市町村都设有护理认定审议会，一般由护士、保健师、药剂师、理疗师、社会工作者、介护支援专门员等来自保健、医疗和福利方面的5名专家担任。

韩国护理服务等级评定机构是国民健康保险管理公团设置的长期护理等级评定委员会。该委员会按地区（直辖市、市、郡、区）来设立，根据各地人口数量，直辖市等大城市可以设立2个以上的等级评定委员会，或者2个以上市、郡、区合并设立1个等级评定委员会。委员会由包括委员长1人在内的15名委员组成，委员受各地保险管理公团理事长委托，从依据《医疗法》取得资质的医生、市郡区所属的公务员和有丰富的法学或长期护理经验的人中产生（委员中须包括由市长、区长推荐的7人和医生或韩医师1人）。委员任期三年，公务员委员可以连任。

法国由专业的医疗社会机构对申请者进行评估，由至少包括一名医生和一名社会工作者在内的医学-社会学专业组负责评估申请者的生活自理丧失程度。在此基础上，其他人员，尤其是辅助医疗人员①可成为评估团队成员。

卢森堡的评估机构是评估和倾向小组，由一名医生和一名健康专业人员（心理医生、护士、物理治疗师、职业治疗师、社会工作者）组成。它的职责包括对申请者进行体格检查，并与申请者面谈。这种面谈的目的是描述影响申请者日常生活基本活动的各种限制。评估通常在申请者的生活环境中进行。

---

① 有老年病评估中心（CEG）为居家养老的失能老年人服务，通常由家庭医生建议老年人去CEG。CEG依托老年病网格化协调机制，在上游依赖家庭医生的推介而为居家老年人提供急救服务；在下游安排住院机构和短期的老年病治疗。

2. 以医护人员为主的评估机构

德国负责长期护理保险等级评估的机构只有两家：MDK 和 Medicproof。其中，MDK 是由公立保险协会牵头成立、为法定长期护理保险提供评估的机构，资金来源是医疗保险和护理保险（两者各出资 50%），主要职能是依据《社会福祉法》履行护理服务评级，同时负责认定失能者是否需要护理保险基金提供辅助器具和康复训练；Medicproof 是由商业保险协会成立、为商业保险公司服务的机构。二者在运营上具有较大的差异：MDK 在每一个联邦都作为独立机构存在，而 Medicproof 在全国范围内调配医生和护士资源；MDK 通常由有资质的护士核定护理等级，而 Medicproof 仅通过医生核定；MDK 负责护理服务的质量监控，而 Medicproof 并不进行直接的质量管控；MDK 的资金由法定保险提供，而 Medicproof 则由商业保险提供资金。这两家机构的服务网点遍布全德国，其评级标准依据政府的法律法规，全国统一。它们在评估过程中严格秉承中立原则，独立于任何一家长期护理保险服务或管理机构，具体操作不受外界干涉，以避免长期护理服务供给方"自我审核"引致的寻租现象；而且医生和护士必须为评估工作保证一定的时间，并以委员会的名义集体做出等级评定决议，借助先进的信息系统平台接受上门指派，并传回评级鉴定结果，以避免医生和护士单独审核形成垄断。

以色列长期护理保险由地方专业委员会负责，成员包括一名国家保险局的工作人员、一名社会工作者以及一名公共卫生护士。国家保险局工作人员代表国家保险局地方分支机构，社会工作者代表地方福利局，公共卫生护士代表全科疾病基金会负责失能评估。地方专业委员会负责制订申请者的护理计划，决定由哪些机构为特定的申请者提供保健护理；负责从劳动和社会事务部批准的服务供给商名单上选择具体的服务供给商，与其拟订服务合同，并且代表政府和申请者签订合同。合同签订后，地方专业委员会负责跟进和监督服务供给商提供的护理服务质量。国家保险局负责向服务供给商支付相关费用。

三、资格评估

一般情况下，主要国家长期护理保险的资格评估包括失能判定与家计调查两大方面。由长期护理保险法律规定评估机构按照申请程序，依据评估标准对申请者的家庭收入、失能程度等进行全面审核。符合条件的申请者进入下一步护理等级认定，不符合条件的申请者则不能享受长期护理保险费用支付。

1. 失能判定

几乎所有国家都是根据申请者的日常生活能力（ADL）、日常生活利用器具能力（IADL）来判定其失能程度，如德国。推行商业护理保险的美国、新加坡也是如此。但是，具体的国家在失能依据上有些差异。

荷兰采用的是世界卫生组织发布的"国际功能、残疾和健康分类"（ICF）来确定一个人的长期护理需求。这些评估标准包括申请者的总体健康状况、疾病造成的失能程度、心理和社会功能、家庭和生活环境、是否得到以及继续得到正式和非正式护理服务的可能性。荷兰政府强调在评估护理服务类型和水平上的专业判断，甚至将非正式护理的可用性作为一个指标。

以色列规定，受益人必须通过失能测试。失能测试包括 ADL 测试、是否需要监护、是否单独生活三部分。综合这三项测试，失能得分在 0~11 分方可获得受益资格。年龄在 90 岁及以上的申请者可以提交由老年学医生签署的申请书，而不用进行 ADL 方面的评估鉴定。

日本针对申请者专门制作了一个包含 85 项内容的调查问卷，包括身体和精神状况的 7 个维度的 73 项调查，以及医疗状况的 12 项调查。其中，7 个维度的主要指标包括瘫痪和关节活动受限 11 项、运动和平衡 7 项、复杂运动 4 项、需特殊服务的情况 9 项、ADL 和 IADL 共 13 项、交流和认知 10 项、行为问题 19 项；医疗状况的 12 项指标包括过去两周内使用的特殊医疗服务。

韩国老年长期护理保险等级评定工具开发委员会根据 ADL、IADL 量表，确定的失能等级认定调查表包括身体功能（12 项）、认知功能（7 项）、行为变化（14 项）、护理需求（9 项）、肢体障碍（10 项），共计 5 大领域 52 项。同时把 52 项调查与相应的服务联系起来，计算调查对象的身心功能状态和服务提供时间之间的关系，确定服务种类及所要提供的服务数量。

2. 家计调查

除了对申请者的失能程度进行调查，有的国家规定要获得长期护理保险的支付还必须对申请者进行家庭财产和收入方面的调查。

荷兰《特殊医疗成本法案》规定，对于那些经过经济审查确认其收入水平低于规定标准的人，自付费用通常可以全部或部分豁免。2007 年出台的《社会支持法案》将家庭帮助服务等从《特殊医疗成本法案》制度中分离出来，由各地政府经营，覆盖家政服务、轮椅租借服务、交通服务、餐饮服务、住房调节等在内的各种援助项目。在《社会支持法案》中，市政府也将申请者的财务状况作为是否审核通过的决定性因素，因此经济状况较好的申请者可能无法获得相应的照料服务权利。

以色列规定护理服务的申请者，个人收入不能超过平均工资的 1.5 倍，夫妻二人的收入不能超过平均工资的 2.25 倍。对于需要抚养儿童的个人，每增加一个小孩，在原有基础上再提高 0.75 倍。高收入的老年人不能享受法律规定的长期护理保险服务，只能选择私人护理保险公司提供的服务。

韩国长期护理保险针对自雇者的缴费率要根据其资产、收入、年龄、性别等因素综合确定。低收入者不参加该保险,主要通过收入调查型的救助和福利制度得到保障。

法国接受长期护理保险补贴的公民虽然不需要经过家计调查,但随着收入增加,津贴发放数量实行累进性减少(0%~80%),月收入2 622欧元以上的人就不再享受补贴。

四、等级认定

长期护理保险申请者通过评估机构的受益资格判定后,随之将进行资格分级的认定,即每一级别的长期护理服务都规定有相应的服务内容和服务时长,避免浪费有限的护理服务资源。

1. 三个等级的划分及其服务

以色列的长期护理保险法案规定,按申请者每天需要护理时间2.5小时或6.5小时为标准分为2级。1级的受益价值为平均工资的25%,大约可以购买每周10小时的个人生活服务。2级的受益价值为平均工资的37.5%,大约可以购买每周15小时的个人生活服务。个人生活服务内容包括家务帮助、日间照料、洗衣服务、更换尿布、安装紧急呼叫系统装置等。该制度后来发展为每周提供9.75小时、16小时、18小时的个人生活服务,对于选择后两个等级的失能者,服务机构规定每周还可以再另外提供3~4小时的护理服务。

美国商业保险公司对申请者常用的评定方法为巴塞尔指数分级法①。巴塞尔指数分级法共有10项内容,分3级:总分大于60分为良好,有轻度功能障碍,能独立完成部分日常生活活动,需要部分帮助;41~60分为中,有功能障碍,需要极大的帮助方能完成日常生活活动;小于40分为差,有重度功能障碍,依赖较明显或完全依赖。

2. 三个等级扩展到五个等级的划分及其服务

德国和韩国在长期护理保险立法时,根据失能级别将长期护理服务分为三个等级,但在后来改革过程中都将三个等级扩展到五个等级。

1995年,德国长期护理由轻到重分为1、2、3级,护理级别不同,接受护理服务的内容和花费的时间也不同。1级的基本失能者每日至少获得1次ADL帮助,每周数次

---

① 巴塞尔指数评定由美国人多罗斯·巴塞尔及弗洛伦斯·马哈尼于1965年设计并应用于临床,是国际康复医疗机构常用的方法。Barthel指数评定简单,可信度高,灵敏度也高,使用广泛,并可预测治疗结果。巴塞尔指数计分为0~100分。100分表示患者基本的日常生活活动功能良好,不需他人帮助,能够控制大、小便,能自己进食、穿衣、床椅转移、洗澡、行走至少一个街区,可以上、下楼。0分表示功能很差,没有独立能力,全部日常生活皆需帮助。根据Barthel指数计分将日常生活活动能力分成良、中、差三级,计分大于60分为良,有轻度功能障碍,能独立完成部分日常生活活动,需要部分帮助;计分41~60分为中,有中度功能障碍,需要极大的帮助方能完成日常生活活动;计分小于40分为差,有重度功能障碍,大部分日常生活活动不能完成或需他人服务。

IADL 帮助；用时 90 分钟，其中至少 45 分钟用于提供 ADL 方面的服务。2 级的重度失能者每日至少获得 3 次 ADL 服务，每周多次 IADL 帮助；用时 3 小时，其中 2 小时用于 ADL 服务。3 级的极重度失能者则需要日夜 ADL 服务，每周多次 IADL 帮助；用时 5 小时，其中 3 小时用于 ADL 服务。2015 年，德国再次细化失能评定标准，新标准综合了精神正常的失能人员和失智人员的评定标准，将三个等级扩展为五个等级，并于 2017 年正式实施（见表 4-2）。新的失能等级评定量表总分为 100 分，最低等级为 1 级 "生活自理能力轻微受损"，不需要大量的日常护理服务，分值为 12.5~27 分，长期护理保险主要为他们提供护理规划设计、住房无障碍改造等辅助服务；最高等级是 5 级 "有特殊护理需求的生活自理能力最严重受损" 的 "困难案例"，主要包括社交、心理、精神障碍的失智患者，分值为 90~100 分。

表 4-2　　　　　　　　　　　德国新失能等级的评定

级别	失能程度	评定分数
1 级	生活自理能力轻微受损	12.5~27 分
2 级	生活自理能力显著受损	27~47.5 分
3 级	生活自理能力严重受损	47.5~70 分
4 级	生活自理能力很严重受损	70~90 分
5 级	有特殊护理需求的生活自理能力最严重受损	90~100 分

资料来源：作者整理。

2014 年 7 月前，韩国长期护理失能等级由最重度、重度到中度划分为 1 级、2 级和 3 级，认定分数依次是 95 分以上、75~95 分和 51~75 分。1 级失能者为终日躺在病床上，无法行动，提供 ADL 方面 6 项以上的完全帮助。2 级失能者为白天主要在病床上，依赖轮椅维持日常生活，需要提供 ADL 方面 5 项以上的部分帮助。3 级失能者为使用步行辅助器等移动，由他人陪同才能外出活动，需要提供刷牙、洗漱等 ADL 方面 3 项以上的部分帮助。2014 年 7 月起，韩国开始将阿尔茨海默病患者纳入长期护理保险制度中，当年就有 10 456 名该类患者通过保险享受了长期护理服务。新的五级失能标准中，3 级定义为日常生活一部分需要他人帮助（得分在 60~75 分），4 级定义为身心机能障碍，日常生活需要他人帮助（得分在 51~60 分），5 级定义为阿尔茨海默病患者（得分在 45~51 分）。

3. 六个及以上等级的划分及其服务

荷兰由护理服务评估中心负责确定被保险人的服务等级。总共分为 10 个等级，但一般失能者根据每周接受服务的时间划定 8 个服务等级。1 级为 0~1.9 小时/周，2 级为 2~3.9 小时/周，3 级为 4~6.9 小时/周，4 级为 7~9.9 小时/周，5 级为 10~12.9 小时/周，

6 级为 13~15.9 小时/周，7 级为 16~19.9 小时/周，8 级为 20~24.9 小时/周。9 级和 10 级只适用于特殊人群，即 9 级是短期内需要 24 小时护理者；10 级是身患绝症者的安宁疗护，他们已经完全无法在家中居住，须进临终关怀中心。一般申请者的护理服务评估有效期为 5 年，如果申请者在此期间认为服务类型和质量无法满足自身需求，可以向护理服务评估中心提出重新评估申请。

日本护理服务分为要支援 1、2 级，以及要护理 1~5 级共 7 个等级。要支援 1 级，能够完成日常生活基本动作，工具性日常生活能力受限，需要一定帮助。要支援 2 级，工具性日常生活能力比要支援 1 级低下，需要帮助。要护理 1 级，每天可以使用访问护理师的定时上门服务。要护理 2 级，每天可以使用某种服务，包括每周 3 次的日间服务在内。要护理 3 级，每天可以使用 2 次服务，包括深夜或早晨的访问护理等；如需要医疗时，每周可以使用 3 次访问看护；阿尔茨海默病患者每天可以使用护理服务，包括每周 4 次的日间服务。要护理 4 级，每天可以使用 2 次或 3 次服务，包括深夜或早晨的访问护理等；如需要医疗时，可以使用每周 3 次的访问看护；阿尔茨海默病患者每天可以使用服务，包括每周 5 次的日间服务。要护理 5 级，每天可以使用 3 次或 4 次服务，包括早晨、深夜的访问护理；如需要医疗时，可以使用每周 3 次的访问看护。

法国针对在服务机构和社区中老年人失能程度的一个测量标准是 AGGIR（即生活自主、老年医学、ISO 组、收入等词的首字母缩写）。① AGGIR 标准将老年人失能分为 6 个级别：GIR 1 级，老年人离不开床或轮椅，心智功能严重损伤，时刻需要医疗保健人员的服务。GIR 2 级，一种情况是老年人虽然离不开床或轮椅，且日常生活大都需要帮助才能完成，但心智功能没有受到严重损伤；另一种情况是老年人心智功能损伤，但通常情况下还能走动。GIR 3 级，老年人心智功能正常也能走动，但需要他人帮助才能行动自如，譬如上厕所。GIR 4 级，老年人吃饭没有困难，但穿衣和洗澡需要帮助。GIR 5 级，老年人吃饭、穿衣都没问题，也能室内走动，但偶尔需要帮助洗衣、备餐和做家务。GIR 6 级，老年人的日常生活能够自理。只有达到 GIR 1~4 级的失能者才能领取长期护理津贴，GIR 5 级或 GIR 6 级的人将收到一份包含建议的访问报告，他们可以从养老金机构获取帮助。

另外，也有的国家不设定申请者接受长期护理服务的等级。如卢森堡《长期护理社会保险法》规定，依赖状态的定义是"因身体或者精神疾病或者同样性质的缺陷，表现为个人日常生活的基本活动明显并经常需要他人协助的状态"。接受长期护理服务的最低限度是必须每周至少 3.5 小时，这个时间设定是准入门槛，少于这一规定时间，保险公司

---

① AGGIR 评估基于 17 个不同指标，其中 10 个指标衡量的是身体和精神自主能力丧失水平，用于计算 GIR（ISO-收入群）；7 个指标衡量家庭和社会自主能力丧失水平，不计入 GIR 计算，但其数据用于建立扶助计划。

不予受理支付。失能者生活依赖的需求必须延续一个规定的时长或者处在一种不可逆转的健康状况,并且必须呈现时间上的规律性。这一时长被设定为 6 个月。

第三节 长期护理保险的受益对象

从前面的介绍中可以看出,长期护理保险的参保对象需要先递交申请,通过有资质的评估机构进行失能等级评定,在确定相应等级的护理服务计划后才能获得保险提供的护理服务,这样的参保人才是长期护理保险的受益对象。换而言之,受益对象的第一前提条件是参保对象,第二前提条件是通过失能评估。

在以色列,1988 年法律规定女性在 60 岁、男性在 65 岁开始享受护理保险服务。由于甄别原则,大约 45% 的申请者能够享受护理服务,主要是低收入和中低收入的老年人。法国长期护理对象也主要针对老年人群,依据法律规定和统计工具使用标准,一般确定 60 岁及以上的人群为老年人。但事实上,根据 ADL 只有失能 1~4 级的老年人才有资格享受长期护理津贴。其他主要国家具体情况参见表 4-3。

表 4-3　　主要国家长期护理保险的参保对象与受益对象

国家	参保对象	受益对象
荷兰	全体居民(包括外国人)	失能人口
以色列	全体国民	退休(2015 年规定男性 67 岁,女性 62 岁),且通过家计调查的失能老年人
德国	18 岁以上的国民	失能失智人口
卢森堡	全体国民	失能人口
日本	40 岁以上的国民	65 岁以上老年人,以及 40 岁以上患有 16 种特定疾病之一的人(不包括残疾人)
韩国	20 岁以上的国民	65 岁以上老年人,以及不满 65 岁患有 24 种老年性疾病之一的人(不包括残疾人)
新加坡	有公积金账户、年龄在 40~69 岁的国民和永久居民	40 岁以上失能人口
法国	社会医疗保险的参保人; 商业保险的自愿投保人	失能人口; 失能的投保人
美国	商业保险的自愿投保人	失能的投保人

资料来源:作者整理。

【阅读材料1】 韩国长期护理保险制度保障对象的决策讨论

围绕老年长期护理保险的保护对象,韩国有两个争议焦点。

一、残疾人是否应该纳入长期护理保险保护体系

在是否把残疾人纳入长期护理保险保护体系的问题上,在政府案与大国家党、开放党、残疾人团体、市民团体之间形成了鲜明的对立。除政府案和联合请愿议案外,所有的议案都纷纷主张残疾人也应该享受长期护理保障。残疾人团体和市民团体通过听证会、讨论会等途径,强烈要求把残疾人纳入长期护理保护范围之内。他们认为,部分残疾人也丧失生活自理能力,需要他人照顾,同失能老年人一样需要长期护理服务,把残疾人置于长期护理保险保护之外,这是对残疾人的歧视。对此保健福祉部认为,在护理需求和护理等级上,残疾人和老年人是有区别的,对残疾人应该制定专门的、独立的政策,提供有别于老年护理的综合性服务。因此保健福祉部提出将制定"支援残疾人综合对策",针对残疾人的特点提供相应服务。

国会通过审议和讨论,最终把残疾人排除在长期护理保险保护之外,但在《老年人长期护理保险法》中追加了"关于长期护理支付的国家政策方向"的条款,规定未来将制定和实施包括老年人和残疾人在内的护理服务政策。

二、轻度失能老年人是否应该纳入长期护理保险保护体系

在政府案中把轻度失能老年人(护理评定等级为4、5级)排除在长期护理保护对象之外。保健福祉部认为,把轻度失能老年人纳入长期护理保险保护范围并由中央财政负担,实际上超出了政府能力。由此,政府主张在2008年7月政策实施之初,把1级和2级的护理评定对象纳入制度之内,到2010年逐渐扩大到3级。

对政府提出的方案,有些国会议员特别是在野党议员表示强烈反对。他们认为所有国民缴纳保险费,但只有少数老年人享受待遇,这是不公平的,会引起老年群体的不满。民主党议员认为"政府案是仅仅为了8万人享受待遇而让85%的国民缴费,这是不合理的"。护士协会和医生协会认为,长期护理保险是为老年人提供照护、护理、功能训练等服务的,如果把轻度失能老年人排除在护理保险保护之外,只能用医疗保险费来支付患有慢性疾病的老年人护理费,这不能改善医疗费用日益增长的局面。市民团体和学术界也认为政府案过于限制适用对象,主张扩大服务对象,提供普惠性服务。

国会最终通过的决议是在2008年制度实施之时,长期护理保险享受对象是护理评定等级为1级至3级的老年人,但考虑到护理服务机构的扩充状况,只有1级和2级可以申请机构护理服务,而1级至3级可以选择居家护理服务。国会讨论时也考虑到轻度失能老年人的护理负担不重，地方政府及社区通过保健服务和居家护理可以提供比长期护理保险更加合理有效的服务。

资料来源：高春兰. 韩国老年长期护理保险制度决策过程中的争议焦点分析 [J]. 社会保障研究，2015（3）.

【阅读材料2】世界卫生组织"国际功能、残疾和健康分类"

"国际功能、残疾和健康分类"（ICF）修正自1980年的"国际功能损伤、身心功能障碍与残障分类"（ICIDH）与1997年的"国际功能损伤、活动与参与分类"（ICIDH-2），经过世界卫生组织的协调，在2001年5月22日批准了国际通用的版本。ICF分类系统提供了统一的框架，对组成健康要件的功能性状态与失能程度进行分类。它补充了世界卫生组织的国际疾病与相关健康问题统计分类第十版（ICD-10）的不足，因为ICD-10中只包含了疾病诊断与健康条件的信息，没有功能性状态的描述。ICF分类系统的最终目的是要建立一种统一的、标准化的术语系统，为健康状态的结果分类提供参考性的理论框架。该分类系统所依据的是在身体、个体和社会三个层面的健康状态发生的功能变化及出现的异常。ICF提供了一种新的理论与应用模式，它不仅可以对疾病进行诊断，注意健康状态的结果，并且建立了一种国际性的术语系统。这将促进国际性的比较研究与制定国际性的政策。

传统医学模式认为残疾是个人问题，并将它视为由疾病、创伤或健康状态导致，从而以个人治疗的形式提供医疗保健。而ICF则基于"生物-心理-社会"理论模式，从残疾人融入社会的角度出发，将残疾作为社会性问题，不再仅仅是个人特性，而且也是由社会环境形成的一种复合状态。因此，对残疾问题的管理要求有社会行动。强调社会集体行动，要求改造环境以使残疾人充分参与社会生活的各个方面。因此，这种问题是一种态度或意识形态的问题，要求社会发生变化。

ICF将人类功能分为三个层次：身体或身体部分、整体人以及在社会环境中的整体人。残疾也因此包括一个及以上层次的功能失调：损害、活动限制和参与限制。ICF分类体系的一个基本假定是：人类个体在特定领域的功能状况是健康状况（疾病、失调和损伤）和背景因素交互作用和复杂联系的结果。干预一个方面可能导致一个或多个方面的改变。这种交互作用是独特的，不是一一对应的关系。同时它也是双向的，残疾的存在可能改变健康状况本身。不能简单地从一种损伤或多种损伤的角度去推测能力受限或活动表现的局限。

1. 身体功能和结构：身体功能指身体各系统的生理或心理功能。身体结构指身体的解剖部位，如器官、肢体及其组成部分。身体功能和身体结构是两个不同但又平行的部分，它们各自的特征不能相互取代。

2. 活动：是由个体执行的一项任务或行动。活动受限指个体在完成活动时可能遇到的困难，这里指的是个体整体水平的功能障碍（如学习和应用知识的能力、完成一般任务和要求的能力、交流的能力、个体的活动能力、生活自理能力等）。

3. 参与：是个体参与他人相关的社会活动（家庭生活、人际交往和联系、接受教育和工作就业等主要生活能力，参与社会、社区和公民生活的能力等）。参与限制是指个体的社会功能障碍。活动与参与的区别在于：活动是指可由单独的个人执行的工作或任务；参与是指存在有两人以上的生活情境的参与。

4. 背景因素：包括环境因素和个人因素两个方面。前者指与人的日常生活和居住相关的自然、社会和态度的环境，包括某些产品、工具和辅助技术，其他人的支持和帮助，社会、经济和政策的支持力度，社会文化等。有障碍或缺乏有利因素的环境将限制个体的活动表现；有促进作用的环境则可以提高其活动表现。个人因素包括性别、种族、年龄、健康情况、生活方式、习惯、教养、应对方式、社会背景、教育、职业、过去和现在的经验、总的行为方式、个体的心理优势和其他特征等。按照这种方式，它使处于不同文化背景下的不同使用者在各个领域，就个体"功能、残疾和健康情况"分类和记录方面而言有一个共同工具。这个模式把健康状况、功能、残疾以及背景因素表述为双向互动的统一体系。

ICF 为综合分析身体、心理、社会和环境因素提供了一个有效的系统性工具。它可以应用于保健、保险、社会保障、就业、人权、科学研究、制订计划和政策、教育和训练以及经济和人类发展等各个领域。具体体现为：(1) 它提供了研究健康状态结果的一种框架，这种框架是依据科学知识和各个领域专家的经验而建立的；(2) 它确定了说明健康状态的术语，这套术语有助于改进卫生保健工作者、其他领域的人员和残疾人之间的交流，是一种可在不同领域内共同使用的术语系统；(3) 它为认识残疾对个体生活及参与社会的影响提供了理论基础，这一点有着十分重要的意义，人们不仅要对疾病作出诊断，还要对其影响作出分析；(4) 它对健康状态的结果进行定义，有利于提供更好的保健，并为残疾人参与社会生活提供更好的服务，这是提高残疾人生活质量并促进其自立的关键；(5) 它可以对不同国家、不同卫生服务领域的数据进行比较，这是国际上早就期待实现的愿望；(6) 它为卫生信息系统提供一种系统化的编码方案；(7) 它促进对健康状态结果的研究，该系统可以建立更有效的数据收集方法，以收集促进或阻碍残疾人参与社会生活的数据。

资料来源：①中国康复研究中心.《国际功能、残疾和健康分类》中文版简介［EB/OL］.［2017-01-12］. https://www.crrc.com.cn/Html/Mobile/Articles/19466.html.
②王茂斌. 更新观念：关于"国际功能、残疾和健康分类（ICF）"[J]. 中华物理医学与康复杂志，2002，24（4）：196-198.

【阅读材料3】 以、日、韩三国失能等级评定指标

以色列长期护理保险的失能测试包括日常生活能力测试、是否需要监护、是否单独生活三部分。综合这三项测试，失能得分在0~11分方可获得受益资格。以色列长期护理保险的失能等级评估标准见表4-4。

表4-4　　以色列长期护理保险的失能等级评估标准

评估标准		分数值/范围
（一）ADL		0~8.5（以0.5分划等级）
	摔倒发生的情况	0~1
	家中行动情况	0~1
	穿衣	0~1
	洗澡	0~1.5
	吃饭和做饭	0~1.5
	大小便控制情况	0~1，2~3
（二）监护需要		0，4（部分；直到2011年12月31日），9（常数）
（三）独居		0.5（其他部分得分0~4）
		1（85岁的独居盲人）
		2（其他部分得分4.5~9）
总分		0~11

资料来源：SHARON A. The Long-Term Care Insurance Program in Israel：solidarity with the elderly in a changing society[J]. Israel Journal of Health Policy Research，2013（2）：3.

日本介护保险等级认定调查是全国通用的调查表，主要内容有概况调查、基本调查和特殊事项记录，一共包括85项测试。概况调查是了解申请失能等级认定者的个人信息，基本调查包括身体功能、生活功能、认知功能、精神或行动障碍、社会生活适应等方面，以及特别医疗服务项目。特殊事项主要是在基本调查中难以把握"部分需要帮助""全部需要帮助"等内容时，由调查员直接记录的情况。日本介护保险的失能等级评估标准见表4-5。

表 4-5　　　　　　　　　　日本介护保险的失能等级评估标准

维度	项目
A. 身体和精神状况（7 个维度）	
1. 瘫痪和关节活动受限（11 项）	身体不同部分存在瘫痪和关节活动受限
2. 运动和平衡（7 项）	床上翻身、床上举起、脚着地保持坐姿、脚不着地保持坐姿、双脚站立、步行、移动
3. 复杂运动（4 项）	由坐姿站起、保持单脚站立、进出浴缸、洗浴
4. 需特殊服务的情况（9 项）	褥疮、其他皮肤病、吞咽、将一手臂放置胸前、排尿意识、排便意识、排尿后的处理、排便后的处理、进食
5. ADL 和 IADL（13 项）	个人卫生保健（漱口、洗脸、洗头、修剪指甲），穿衣（系纽扣，穿脱外套、裤子、袜子），打扫房间，吃药，管理财务，对体验有严重的记忆问题，对环境无意识
6. 交流和认知（10 项）	视力、听力、交流意识、对指令的响应、理解每日安排、短期记忆、记得自己的姓名、出生日期、季节和地点
7. 行为问题（19 项）	经常性感觉被迫害、编造故事、视力或听力上的幻觉、情绪不稳定、黑夜白天颠倒、口头或身体暴力、重复动作或大声喊叫、抗拒帮助或护理、神志恍惚、不安、焦躁、迷路、收藏癖、收拾物品不合理、无法掌控火、破坏性行为、不卫生行为、食用不能吃的东西、健忘症
B. 使用的医疗方法	
过去两周内使用的特殊医疗服务（12 项）	静脉注射、静脉高能输液、透析、造口护理、氧气治疗、人工呼吸机、气管造口护理、疼痛护理、胃管喂食、监控（血压、心率、氧饱和度等）、褥疮处置、失禁护理

资料来源：刘柏惠. 老年照料服务体系发展国际经验及启示 [J]. 社会保障研究（北京），2015（2）：166-175.

韩国长期护理保险在确定等级时建立了与身体状况相关的指标，通过综合一系列指标，将其加权计算，最终得出申请者的身体状况，并对应到相应的护理等级中。失能等级指标共包括 5 大类 52 小项。韩国长期护理保险的失能等级评估标准见表 4-6。

表 4-6　　　　　　　　　韩国长期护理保险的失能等级评估标准

5 大类	52 项	选项
身体功能（12 项）	穿衣、洗脸、刷牙、吃饭、洗澡、床上翻身、床上起身、从床上移动到椅子上、进出房间、上厕所、大便控制、小便控制	独立/部分依赖/完全依赖
认知功能（7 项）	短期记忆障碍、日期记混、场所记混、年龄和生日记混、指示无反应、状况判断力减退、沟通障碍	是/否

续表

5大类	52项		选项
行为变化（14项）	妄想、幻觉和幻听、悲伤甚至哭泣、昼夜混淆、大小便不洁行为、抗拒帮助、坐立不安、离家出走、迷路、言语粗暴及身体暴力、无意义或不适宜的行为、暴躁摔东西、藏钱或物品、不合适的穿着		是/否
护理需求（9项）	气管切开插管、吸气管、氧气疗养、胃管进食、褥疮处置、癌症疼痛控制、尿道导管护理、结肠手术切口护理、透析		是/否
肢体障碍（10项）	运动障碍（4项）	关节受限（6项）	没有残疾/部分残疾/残疾；没有限制/一侧关节受限/双侧关节受限
	右侧上肢、左侧上肢、右侧下肢、左侧下肢	肩关节、股关节、肘关节、膝关节、手腕及指关节、足关节	

资料来源：CHANG W W. Elderly Long-Term Care in Korea [J]. Journal of Clinical Gerontology & Geriatrics, 2013 (4): 5.

【本章小结】

本章主要介绍了长期护理保险参保对象和受益对象的相关概念。长期护理保险制度的参保对象主要分为普惠性和选择性两种，其中普惠性指的是将全体国民（居民）都纳入参保范围，代表性国家有荷兰、以色列、德国、卢森堡以及韩国，选择性指的是参保对象在年龄和收入等方面有限制，代表性国家有日本、新加坡以及美国。

长期护理保险的受益审核是指申请者要接受资格评估和服务等级认定，评估机构一般由专业人员或医护人员组成。资格评估包括失能评估、收入评估。等级认定在长期护理服务申请者通过了审查机构的受益资格判定之后，依据失能程度和护理级别的不同分为三等级、五等级和六等级及以上服务等多种。

【关键概念】

保障对象　普惠性　选择性　受益审核　失能等级　家计调查　护理级别

【思考题】

1. 实施长期护理保险选择性参保对象的国家中，参保对象需要满足哪些针对性要求？

2. 主要国家长期护理保险制度的申请流程有哪些不同？
3. 主要国家失能等级和护理级别认定的差异有哪些？
4. 你认为中国长期护理保险制度的参保对象与受益对象应该如何确定？

【本章延伸阅读材料】

陈诚诚. 德日韩长期护理保险制度比较研究［M］. 北京：中国劳动社会保障出版社，2016.

戴卫东. 中国长期护理保险制度构建研究［M］. 北京：人民出版社，2012.

裴晓梅，房莉杰. 老年长期护理导论［M］. 北京：社会科学文献出版社，2010.

［韩］元奭朝. 韩国老人护理保险的批判性检验［J］. 社会保障研究，2008（1）.

郑秉文. 中国养老金发展报告2017：长期护理保险试点探索与制度选择［M］. 北京：经济管理出版社，2017.

HILLEL S. The Israeli long-term care insurance law: selected issues in providing home care services to the frail elderly［J］. Health and Social Care in the Community，2005.

SCHNEIDER U. Germany's Social Long-Term Care Insurance: Design, Implementation and Evaluation［J］. International Social Security Review，1999.

WHO Regional Office for Europe, Government of Norway, Government of Spain, European Investment Bank, World Bank, et al. Luxembourg Health Care Systems in Transition 1999［R］. European Observatory on Health Care Systems，1999.

第五章　长期护理保险的基金管理

> **学习重点**
> 1. 长期护理保险制度的筹资模式和资金来源。
> 2. 长期护理保险制度的待遇支付方式和标准。

在长期护理保险制度中，资金筹集和待遇支付是非常重要的组成部分。如果这两者运行不畅，那么长期护理服务的供给就无从谈起。主要国家长期护理保险的实践说明法律授权的资金筹集是多元的，包括雇主和雇员的社会保险缴费、个人自付的服务使用费，以及国家的财政补贴，或者这几种资金来源的不同组合。长期护理保险支付的服务使用费在不同的国家、同一个国家的不同地区以及同一个地区的不同服务等级之间都有所不同。

第一节　长期护理保险的资金筹集

一、筹资模式

长期护理保险的筹资模式主要是社会保险模式与商业保险模式，或者二者的组合，但有主次之分。涉及具体国家，筹资模式有所区别，具体如表 5-1 所示。表 5-1 表明，实际上每个国家长期护理保险制度都是社会保险与商业保险的混合制度，只不过以其中一种制度为主导。

表 5-1　　　　　　　　　主要国家长期护理保险筹资模式

国家	筹资模式（建立年份）
荷兰	社会保险（1968，主体）、商业保险（1991）
以色列	社会保险（1988，主体）、商业保险（1989）
德国	社会保险（1995，主体）、商业保险（1985）
卢森堡	社会保险（1999）
日本	社会保险（2000，主体）、商业保险（1985）

续表

国家	筹资模式（建立年份）
韩国	社会保险（2008，主体）、商业保险（1992）
法国	社会保险（1975，主体）、商业保险（1985）
美国	商业保险（1975）
新加坡	商业保险（1992）、政府主导下商业保险运作（2002）

资料来源：作者整理。

二、资金来源

1. 三方付费

所谓三方付费，一般是指由雇主、雇员缴纳保险费，以及政府给予一定的财政补贴。具体到主要国家，长期护理保险筹资方式各有不同。

荷兰长期护理保险的资金主要通过三个渠道筹措，即强制性保险费、一般性税收和服务受益人的合作付费。（1）强制性保险费是收入税的一个部分，参加长期护理保险者收入的一定比例用于缴纳保险费，由雇主和雇员分担，其中，雇主承担大部分，雇员负担其余部分。强制性保险费是长期护理保险的重要资金来源，约占70%。（2）一般性税收即每年随保险费收支情况进行的政府财政补贴，该补贴直接拨到长期护理保险基金组织。一般性税收占比约为22%。（3）合作付费，即服务受益人自费，它取决于需求的服务类型和受益者的收入水平。受益者每年向一个护理机构缴纳规定数额的注册费，这个机构就会代表受益者合作支付其服务费用。如果受益者所需的服务超出这个服务机构的服务范围，服务机构就会在第一年收取近三倍于注册费的会员费，然后再代表受益者进行合作付费。因为合作付费只占整个服务费用的一部分，所以它会有支付的上下限。合作付费收取以后就会转交给中央管理中心，再由中央管理中心付费给服务提供者。合作付费的金额也取决于受益者的收入，即使那些选择"现金支付"的受益者也需要根据其收入状况缴纳相当于实物支付的服务使用费。使用者支付的合作付费占比约为8%。荷兰政府每年依据"最低两组所得级距"的征税标准来制定长期护理保险费率，1968年费率为0.41%，1998年费率为9.6%，2008年费率是12.15%，雇主开始不需分担缴费。2015年改革建立专门的《长期护理法案》，缴费率从2014年《特殊医疗成本法案》规定的12.7%下降为2015年《长期护理法案》规定的9.65%，最高缴费额为每年3 241欧元，主要支付护理院和护理服务费用。

以色列长期护理保险的筹资主要来自三个部分：一是雇主和雇员缴纳的保险费，二是财政部门的补贴，三是国家保险局从其他险种（儿童保险和生育保险）提取的给予长期护理保险的补贴。前两个筹资来源的比重不断下降（大约占比35%），第三个来源的比重越来越高（65%左右）。1980年，以色列《长期护理保险缴费法案》规定，雇主和雇员每月各缴纳工资的0.1%作为长期护理保险基金，合计为0.2%。自雇者和其他参保者的缴费率都是0.21%，政府雇员及其自雇者的缴费率为0.02%。但是，随着政府关于减轻雇主负担和降低劳动成本的考虑，社会保险总缴费率相对有所下降。1990年4月，法律规定雇主缴费率减少到雇员工资总额的0.04%，政府补偿原应由雇主负担的其余的0.06%。从2011年4月1日开始，雇主缴费率上升到雇员工资总额的0.19%，雇员缴费率则提高到工资的0.14%，合计为0.33%。政府补贴为0.02%，用于充实护理保险基金。总体来说，与以色列的养老保险、生育保险、儿童保险、工伤保险和失业保险等其他险种相比，长期护理保险的缴费率较低。

在卢森堡，长期护理保险有三种筹资渠道。（1）工作或退休的每一个人都要缴纳他们全部收入的1.4%作为长期护理保险税，没有最低和最高缴款水平。这笔缴款的计税基础包括职业收入、替代收入和资本收入，其中，职业收入和替代收入的每月计税基础要减去受保障最低工资的一笔免税额。（2）国家财政预算拨款14亿欧元，约占所有费用的45%。从2004年开始，为了减轻国家财政支付的压力，国家参与资助长期护理保险的总费用从45%减少到40%。（3）最大的电力消费部门支付的一笔特别供款。

日本参保人所缴纳的保险费占保险费总额的50%，其中，2000年时，65岁以上的第1号参保人每月从退休金中扣除保险费（见表5-2），占比为17%；40~64岁的第2号参保人的保险费由雇主与雇员分担工资的0.9%，占比为33%。后来，对第1、2号参保人的筹资结构进行了改革（参见第八章第一节中的"结构性改革立法"的相关内容）。另外，公共财政负担50%，其中，中央政府占25%，都道府县和市町村各占12.5%。其中，中央政府负担的25%费用中的5%为调剂金，用来缩小市町村之间的财政差距。服务使用者（受益人）在限额内自付费用10%，超额的费用全自费。2000年日本《介护保险法》规定，65岁以上的第1号参保人的长期护理保险费，一年的年金（老龄及退休年金）额在18万日元（月额在1.5万日元）以上时，可以从各种相应支付的年金中直接扣除。市町村在定期支付年金时（一般是两个月支付一次）每次扣除2个月的额度。这种从年金中直接扣除护理保险费的征收方式叫作特别征收。而对于一年的年金额不满18万日元的第1号参保人来说，可以根据市町村发出的缴费通知书各自以转账等方式向市町村有关部门缴纳，这种方式就叫作普通征收。护理保险费的计算标准根据收入等级的不同而不同，第1等为不缴住民税的家庭，而且是老龄福利年金的领取者以及生活保护的对象，基准额×0.5；第2等为不缴住民税的家庭，基准额×0.75；第3等为参保人本人不缴住民税，基准额×1.0；第4等为参保人本人缴纳住民税（合计收入不满250万日元的），基准额×1.25；第5等为参保人本人缴纳住民税（合计收入250万日元以上的），基准额×1.5。40~64岁的第2号参保人长期护理保险费，根据其加入的医疗保险，在该医疗保险费的基础上追加征收护理保险费。护理保险费额＝医疗保险每月保费总额×护理保险费率（护理保险支付待遇总额÷医疗保险第2号参保人每月保费的总额），护理保险费由雇主与雇员各承担一半。缴纳的保险费上缴给各医疗保险机构，实行全国统筹，专设护理保险基金账户来支付。

表5-2　　　　　　　　日本65岁以上老年人长期护理保险的月缴费额度

年份	月均额度（日元）	年份	月均额度（日元）
2000—2002	2 911	2009—2011	4 160
2003—2005	3 293	2012—2014	4 972
2006—2008	4 090	2015—2017	5 514

资料来源：日本厚生劳动省。

根据韩国《老年人长期护理保险法》的规定，其资金主要来源于长期护理保险金、国家财政以及服务受益人自付三个部分，比例分别为60%、20%和20%。长期护理保险费与医疗保险费一起征收，由雇主和雇员各自负担保险费的50%（见表5-3）；受益人自付部分表现在承担机构护理费用的20%、居家护理费用的15%。如果是低保户则免费接受服务；如果是低收入者，自付费用减免50%。

表5-3　　　　　　　　韩国长期护理保险费率（2008—2016年）

时间	医疗保险费率（%）	系数	长期护理保险费率（%）
2008.1—2009.12	5.08	4.05	0.21
2010.1—2010.12	5.33	4.78	0.25
2011.1—2011.12	5.64	6.55	0.37
2012.1—2012.12	5.80	6.55	0.38
2013.1—2013.12	5.89	6.55	0.39
2014.1—2014.12	5.99	6.55	0.39
2015.1—2015.12	6.07	6.55	0.40
2016.1	6.12	6.55	0.40

注：长期护理保险缴费＝参保对象的缴费工资×医疗保险费率×系数。
资料来源：陈诚诚. 韩国长期护理保险概述[J]. 中国民政，2016（17）：38-41.

法国负责支付长期护理费用的国家自治团结基金会基金来自雇主和雇员的医疗保险缴费以及税收，其中，雇员缴纳个人工资的6.8%，雇主缴纳雇员工资总额的12.8%。普通社会保险税税率为 0.1%。

2. 双方付费

双方付费是指由雇主和雇员来共同承担长期护理保险费,政府财政没有给予补贴。德国《长期护理保险法》规定,护理保险资金通过保险费以及其他收入筹措。① 保险费标准是:自 1994 年起,个人收入的 1% 必须用于支付护理保险;自 1996 年 7 月 1 日起,有缴纳保险费义务的成员,其收入的 1.7% 用于支付护理保险费。法定医疗保险机构的有保险义务雇员的保险费用由雇员和雇主各承担一半。2008 年 7 月 1 日《长期护理保险结构改革法》正式生效,规定此后长期护理保险费率提高到个人收入的 1.95%,无子女者多缴纳收入的 0.25%。依据德国《社会法法典》第 11 篇第 58、59 条条文,不同人群的费率标准不同。2015 年之后,德国长期护理保险费率仍在不断提高之中,具体参见第八章第一节的相关介绍。

三、费率概览

上文对主要国家长期护理保险的费率大致做了介绍,为便于更清晰地了解其费率的高低情况,下面列出表 5-4 供大家比较。

表 5-4　　　　　　　主要国家长期护理保险的筹资来源与费率变化

国家	筹资来源(占基金总额的比重)	费率
荷兰	1. 雇主雇员缴费(70%) 2. 财政补贴(22%) 3. 服务受益人自费(8%)	1998 年:雇主、雇员共担 9.6% 2008 年:雇员 12.15%,雇主不需分担缴费 2015 年:雇员 9.65%(《长期护理法案》)
以色列	1. 雇主雇员缴费(约 15%) 2. 财政补贴(约 20%) 3. 其他险种(儿童保险和生育保险)的补贴(65%)	1980 年:雇主、雇员各 0.1%,自雇者和其他参保者均为 0.21%,政府雇员及其自雇者均为 0.02% 1990 年:雇员 0.1%,雇主 0.04%,政府 0.06% 2011 年:雇员 0.14%,雇主 0.19%,政府 0.02%
德国	20 岁以上国民缴费(100%);政府财政责任主要体现在成立风险调剂金	2008 年:工作者 1.95%,无子女者 2.2% 2015 年:工作者 2.35%,无子女者 2.6% 2017 年:工作者 2.55%,无子女者 2.8% 2019 年:工作者 3.05%,无子女者 3.3% (雇主、雇员平均分担缴费,退休人员完全自付)

---

① 事实上,德国联邦政府也参与了长期护理保险基金筹集,只不过不是每一个州都受益。在柏林的联邦保险事务所,德国中央财政设立了调剂基金,以平抑地区之间长期护理保险支付所产生的过大差距。

续表

国家	筹资来源（占基金总额的比重）	费率
卢森堡	1. 全民缴费（含退休人员） 2. 财政补贴（40%） 3. 电力部门的特别供款	固定税率：雇员、退休者全部收入的 1.4%
日本	1. 40岁以上国民缴费（50%，其中，2014年起65岁以上缴费占22%，40~64岁缴费占28%） 2. 财政补贴（50%，其中，中央政府占25%，都道府县和市町村各占12.5%）	2015年： 第1号参保人，根据收入不等，缴费系数分为九档（0.3~1.7），从养老金扣除； 第2号参保人，雇主、雇员共担1.58%，随社会医疗保险一同缴费
韩国	1. 18岁以上国民缴费（60%） 2. 财政补贴（20%） 3. 使用者付费（20%）	2008年：雇主、雇员共担0.21% 2012年：雇主、雇员共担0.38% 2015年：雇主、雇员共担0.40%

注：筹资来源方后面没有标注百分比的，表示据现有资料尚不明确。
资料来源：作者整理。

第二节　长期护理保险的减免政策

主要国家长期护理保险制度在实施过程中，对贫困者和收入低于一定标准的国民都实行了保险费、所得税以及自付费等减免政策，以彰显社会公平。

日本介护保险2009—2011年第四期缴费规定，第1号65岁及以上参保人第一档接受生活保护或老龄及退休年金的群体，缴费率为0.5%；第二档全家免缴税，年金收入80万日元以下者，缴费率为0.5%；第三档全家免缴税，年金收入80万日元以上者，缴费率为0.75%；第四档本人免缴税，但家庭成员需缴税的，年金收入80万日元以下者，缴费率为0.95%。2015—2017年第六期对此缴费做了改革，第一档接受生活保护人群、家庭全免税且本人年金收入80万日元以下者，缴费率为0.3%（650万人，占比19%）；第二档家庭免缴税、本人年金收入在80万~120万日元者，缴费率为0.5%（240万人，占比7%）；第三档家庭免缴税、本人年金收入超过120万日元者，缴费率为0.75%（240万人，占比7%）；第四档本人免缴税，但家庭成员有缴税的，且本人年金收入在80万日元以下者，缴费率为0.9%（540万人，占比16%）；第五档本人免缴税，但家庭成员有缴税的，且本人年金收入超过80万日元者，缴费率为1.0%（440万人，占比13%）；第六档需缴税、合计年收入不到120万日元者，缴费率为1.2%（410万人，占比12%）；第七档需缴税、合计年收入在120万~190万日元者，缴费率为1.3%（370万人，占比11%）；第八档需缴税、合计年收入在190万~290万日元者，缴费率为1.5%（270万人，占比

8%);第九档需缴税、合计年收入在 290 万日元以上者,缴费率为 1.7%(270 万人,占比 8%)。参保缴费率的调整,有效地降低了低收入人群的负担。

德国《长期护理保险法》规定,社会医疗保险的家庭联保制①同样适用于社会长期护理保险制度。无能力缴费的群体可以在政府的资助下加入法定长期护理保险,也可直接免费参保,失业者的保险费由失业保险基金负担,无收入者由政府资助参保或直接免费参保。例如,工作时间不超过两个月的劳动者,或者每星期工作不足 15 小时,并且在原联邦州工作仅为 15 小时、月收入在 610 马克以下,或者新联邦州月收入 520 马克以下的劳动者,均不需缴纳保险费;学生和临时性工作从业者也不需缴纳保险费。未成年子女可以随父母免费参保,如果夫妻双方中一方收入较低,也可以免费随另一方参加长期护理保险。

法国的失能者,在雇人帮助其 ADL 和 IADL 活动时,所得税减免政策规定每年最多可以减免 10 000 欧元。对于年龄在 70 岁以上的失能者,在机构接受长期护理服务时,不仅可以免除其健康保险纳税,而且还可以减免每年达 2 500 欧元的所得税。对于照料家庭成员的人,也有特定税收减免政策。

荷兰的服务受益人自费制度,自 2013 年开始,个人账户在国家规定门槛的下限(约为 21 000 欧元)者,其自付费的一部分就会被豁免。韩国也规定,低收入者的个人负担部分减少 50%(设施服务费用自付 10%,家中服务费用自付 7.5%),国民最低生活保障受助老年人不用自付,无偿享受护理保险。

第三节 长期护理保险的待遇支付

长期护理保险待遇支付包括支付方式和支付标准。支付方式一般是指实物(服务)支付、现金支付以及兼有现金和服务的混合支付三种。支付标准则是根据被保险人接受服务的等级和时间长短来给予相应的费用补偿。

---

① 德国社会医疗保险的家庭联保政策的参保人必须符合一定的条件:一是家庭成员不是社会医疗保险成员,且从事工作的收入不能超过每月 450 欧元,如果超过 450 欧元门槛线则有义务单独参加社会医疗保险。二是如果家属、配偶为自雇就业者或自由职业者,那么自雇工作收入不应超过社会平均月工资的 25%,自由职业者的全部收入不超过每月 450 欧元,或每月工作小时数不超过 20 小时。三是家庭联保覆盖的孩子不仅包含亲生子女,也包含继子女和收养子女。0~18 岁的子女自动被纳入家庭联保,18~23 岁的子女如没有正式就业,也被家庭联保所覆盖。残疾或终身残疾孩子则不受年龄限制,可以终身参加家庭联保。

一、支付方式的类型

1. 两种支付方式

长期护理保险采用混合支付方式的国家主要有德国、卢森堡、法国以及美国。在这些国家，现金支付与提供服务并行，现金支付一般有严格的条件限制。

在德国，长期护理保险支付方式大致可以分为现金补贴、护理服务两大类，在这两大类之外还提供护理辅助器械、技术帮助以及举办护理培训班等其他方式。其中，现金补贴可分为给家庭护理人的津贴[①]、接受护理者的津贴，以及给提供上门服务的专业机构的津贴。《社会法典》第11册第37条规定，失能者为自己找到护理人员的，长期护理保险提供护理津贴，津贴标准依据护理级别来支付。

卢森堡允许提供服务和现金补贴两种支付方式。但现金补贴有严格的使用标准（参见下文"支付标准分类分级"中的相关内容）。当失能者待在家中时，可以用现金补贴来部分或全部替代专业人员提供的实物服务。这样做的目的是让受益人购买自己喜欢的护理方式，如要求亲戚或朋友或长期护理保险服务的专业提供者提供长期护理服务。

法国国家自治团结基金会负责向失能老年人和残疾人的长期护理服务提供资金与服务支持。其中，个人护理津贴用于那些在家中或疗养院里失能的老年人雇人帮助其日常生活自理（ADL和IADL）所需费用的补偿；残疾人补偿津贴，主要面向60岁之前就已经残疾的人，津贴水平一般比个人护理津贴要高。服务提供主要有疗养院、医院服务、家庭护理服务、家庭医疗保健服务、日间护理中心以及非正式照料支持等。

美国商业长期护理保险一开始一般采用保险金支付方式直接支付费用。但随着长期护理保险制度的完善，护理设施机构增多，护理人员增加且专业技术水平提高，管理式看护迅速发展，许多保险公司介入护理服务提供市场，而不再是之前单一的保险金支付方式。在被保险人满足支付条件的前提下，保险公司直接向被保险人提供长期护理服务来代替费用上的补偿。

2. 三种方式并行

在荷兰，符合条件的受益者，可以选择实物支付（含医疗服务支付）、现金支付

[①] 作者曾在2007年中国人民大学中国社会保障研究中心举办的"长期护理保险国际研讨会"上咨询德国社会法专家乌里克希·贝克尔教授"德国为什么要对家属护理老年人给予津贴"，他指出是基于三点考虑：一是家属护理老年人，亲情服务有利于提高老年人生活质量；二是家属因护理老年人而全部或部分地减少了工作时间，家属履行了国家照料老年人的责任，所以国家应给予补偿；三是家属因护理老年人而放弃了工作岗位或缩短工作时间，间接地为其他劳动者创造了就业岗位或增加工作时间，因此国家给予的津贴相当于对这种行为的奖励。德国的这种立法理念值得我们思考。

(1995年开始实施），或服务和现金的混合支付。实物支付是指由健康护理提供者直接提供服务，现金支付则是允许受益者用现金购买服务，而且不限于向健康护理提供者购买服务，其他愿意提供服务的朋友、邻居及亲戚都可以。混合支付的比例不高。若是家庭护理，申请人可以选择实物支付或现金支付两种方式；如果选择机构护理，只能接受实物支付形式。选择现金支付的申请人，可通过"个人预算"的形式获取用于购买既定数量服务的资金，由其在市场上购买相应的服务，或用以支付给为其提供非正规护理的家庭成员或其他非正规护理者。这种方式获得的资金金额要比机构护理服务支付少25%。

根据荷兰健康福利体育部统计数据，长期护理保险三大目标人口（老年人、失能者、精神疾病患者）选择现金支付方式的人数在逐年增加，而选择实物支付的人数并没有显著减少（见表5-5和表5-6）。可见，现金支付是较受参保人欢迎的支付方式。

表5-5　　　　　　　　荷兰长期护理保险三大目标人口数量

护理需求人口	人数（截至2008年11月）
老年人	39.1万人
失能者	11.3万人
精神疾病患者	8.4万人
需求人口总计（18岁以下人数）	58.8万人（6.3万人）
占总人口（1 630万）比例	3.6%

表5-6　　　　　荷兰长期护理保险三大目标人口选择支付方式统计

（截至2008年11月，单位：千人）

目标人群	实物支付	现金支付	混合支付
失智老年人	70	1	1
身体退化的老年人	295	19	5
失能者	85	19	9
精神疾病患者	50	32	2
总计	500	71	18

资料来源：Ministry of Health, Welfare and Sport. Host Country Report-Long-term care in the Netherlands [EB/OL]. 2009, http://www.minvws.nl/includes/dl/openbestand.asp?File=/images/host-country-paper-_tcm20-177820.pdf.

3. 以服务方式为主

在以色列、日本和韩国，长期护理保险的支付方式主要是服务提供。只有在特别的条件下才允许现金支付。其实，这种支付方式真正符合长期护理保险制度建立的本质。通过保险方式支付现金是长期护理保险目标达成的一种途径，但最终要解决的问题是参保人的长期护理服务需求，这正是全球长期护理保险制度建立的初衷。

以色列长期护理保险规定不提供现金支付，也不提供现金支付的选择权（非常有限的情况除外），只提供专业服务，包括个人生活服务、家务帮助（比如准备食物和清洁）、监护、日间护理服务、洗衣服务、为失禁者更换一次性内衣、安装报警装置等。地方专业委员会是由国家保险局资助的，它对精准的服务组合与服务提供进行决策选择。护理服务费用由国家保险局直接支付给护理服务机构。2008年3月以来，一项试验性计划在以色列的三个区域展开，该计划持续两年，这三个区域的老年居民根据ADL测试以及其他条件，在达到某一水平的生活依赖程度后，可以选择接受现金支付，而且只能得到保险金的80%。

日本《介护保险法》明确规定只提供护理服务。这一模式的选择，主要源自立法准备过程中针对现金支付的多种反对意见。立法审议会的女性成员提出，如实施现金支付，将导致女性更容易被家庭护理工作束缚，很难走向社会。私营部门提出，现金支付将会抑制家庭对市场护理服务需求的释放。政府财政部门考虑到进行新的现金支付将会导致财政负担迅速增加，且一旦实施很难终止，因此也持反对意见。在上述多重反对声音之下，日本的护理保险最终采用了只提供服务、不支付现金的方式。只有在一些偏远、海岛地区没有护理机构，不得已由家庭等提供护理服务的情况下，才可以申请获得现金补助。

韩国在立法之时也对是否要借鉴德国的现金支付方式进行讨论，最终在《老年长期护理保险法》中规定以提供服务为原则，只有在支付家庭护理费、特定医院护理费以及特别护理费时才可以采用现金支付。其中，家庭护理费领取的三种情况：一是护理对象居住在边远地区，当地没有护理机构；二是因身体、精神或性格原因难以接受机构护理，须由家庭成员护理；三是由于自然灾害以及相似的原因，不能利用机构服务。特定医院护理费是指护理对象居住在依据《医疗法》成立的疗养医院时，可以支付疗养医院的照料护理费。特别护理费是指护理对象在非定点的护理机构（如养老院、残疾人福利设施等）接受机构护理和居家上门护理时，依据《护理保险实施令》可以申请照料护理服务的部分费用。

此外，新加坡虽然是由商业保险公司支付失能者的"乐龄健保计划"保险金，但被保险人可以用这笔款项购买市场的各种护理服务，如居家上门护理、社区的日间康复中心服务、护理疗养院等机构护理。

二、支付标准分类分级

1. 社会保险模式

实施社会长期护理保险模式的国家，基本上按照被保险人接受护理服务的等级来设定支付水平的上限。对居家护理、社区护理和机构护理的支付标准也做了规定。

(1) 荷兰

护理保险支付标准：对个人护理（如提供淋浴、穿衣等服务）、简单医疗护理（换药、注射）、支持性陪同指导（如协助生活管理、日托等）、积极主动性陪同指导（如协助行为改变或心理辅导等）以及入住机构等服务方式提供的现金支付标准如表5-7所示。对于提供临时性居所服务的可以100欧元/天的标准向其支付现金。

个人付费标准。根据收入水平、年龄、家庭情况、护理需求级别等，个人承担一定比例的服务费用。居家护理服务，个人自付每小时最高为12.6欧元。机构护理费用分摊分为高、低两个标准，如护理对象最初的6个月或者配偶也需要护理的，按照低标准付费，每月支付个人税后收入的12.5%，最低为141.2欧元，最高为741.2欧元。如需按照高标准自付，个人每月最高不超过1 838.6欧元。护理对象的个人付费由中央管理中心负责征收，资金进入特殊医疗支出基金，该基金由健康保险理事会管理。

表5-7　　　　荷兰不同服务类型长期护理保险支付标准（2009年）

个人护理			简单医疗护理		
等级	小时/周	欧元/年	等级	小时/周	欧元/年
1	0~1.9	1 471	0	0~0.9	1 269
2	2~3.9	4 414	1	1~1.9	3 787
3	4~6.9	8 089	2	2~3.9	7 570
4	7~9.9	12 502	3	4~6.9	13 877
5	10~12.9	16 914	4	7~9.9	21 450
6	13~15.9	21 327	5	10~12.9	29 017
7	16~19.9	26 474	6	13~15.9	36 589
8	20~24.9	33 092	7	16~19.9	45 421

支持性陪同指导						
等级	小时/周	欧元/年	无交通工具		有交通工具	
			等级（日托）	欧元/年	等级（日托）	欧元/年
1	0~1.9	1 837	1	2 387	1	2 676
2	2~3.9	5 512	2	4 776	2	5 352
3	4~6.9	10 105	3	7 163	3	8 028
4	7~9.9	15 617	4	9 552	4	10 705
5	10~12.9	21 126	5	11 939	5	13 381
6	13~15.9	26 639	6	14 327	6	15 481
7	16~19.9	33 066	7	16 715	7	18 158
8	20~24.9	41 335	8	19 103	8	20 544
			9	21 491	9	22 933

续表

积极主动性陪同指导						
等级	小时/周	欧元/年	无交通工具		有交通工具	
			等级（日托）	欧元/年	等级（日托）	欧元/年
1	0~1.9	2 818	1	2 745	1	3 034
2	2~3.9	8 452	2	5 491	2	6 068
3	4~6.9	15 498	3	8 235	3	9 102
4	7~9.9	23 951	4	10 982	4	12 134
			5	13 727	5	15 168
			6	16 473	6	17 627
			7	19 217	7	20 661
			8	21 963	8	23 407
			9	24 708	9	26 151
陪同服务						
等级	小时/周	欧元/年	无交通工具		有交通工具	
			等级（日托）	欧元/年	等级（日托）	欧元/年
1	0~1.9	1 952	1	2 404	1	2 641
2	2~3.9	5 855	2	4 809	2	5 281
3	4~6.9	10 734	3	7 213	3	7 922
4	7~9.9	16 589	4	9 617	4	10 562
5	10~12.9	22 444	5	12 022	5	13 203
6	13~15.9	28 299	6	14 426	6	15 607
7	16~19.9	35 129	7	16 830	7	18 011
8	20~24.9	43 912	8	19 234	8	20 415
			9	21 639	9	22 820

资料来源：戴卫东. 长期护理保险：理论、制度、改革与发展 [M]. 北京：经济科学出版社，2014：76-77.

（2）以色列

长期护理保险金的数额取决于被护理人的生活依赖程度，大部分依赖者的待遇为全国平均工资的25%，完全依赖者为37.5%。护理保险待遇分为三个等级，分别相当于以色列伤残保险金的91%、150%和168%。这三个等级对应提供大约每周9.75小时、16小时和18小时的家庭护理服务。享受低等级待遇（91%）的受益人占比为57.4%，享受高等级待遇（150%）的受益人占比为25%，享受非常高等级待遇（168%）的受益人比例为17.6%。

(3) 德国

加入欧元区后，德国法定护理保险的每月资金数额如表5-8所示。

表5-8　　德国长期护理保险支付标准（2009年）　　单位：欧元/月

护理等级	居家护理		全住院护理
	护理服务机构的实物支付	自己解决护理时的护理金	
一级	420	215	1 023
二级	980	420	1 279
三级	1 470	675	1 470
	可以组合（机构护理+家属护理）		
三级以上	1 918	—	1 759

- 用于护理辅助工具的支出（先由医疗保险机构承担）；
- 消费用品的支出为31欧元/月；
- 住房改造一次性支付，最多2 557欧元；
- 护理人员的社会保障缴费。

资料来源：蓝淑慧，鲁道夫·特劳普-梅茨，丁纯. 老年人护理与护理保险[M]. 上海：上海社会科学院出版社，2010：48.

2017年德国进行失能评定标准改革，将失智人员纳入长期护理保险，这样，失能评定标准就由原来的三等级扩展为五等级，并正式颁布实施。五等级护理费用的支付标准如表5-9所示。

表5-9　　德国长期护理保险五等级护理支付标准（2017年）　　单位：欧元/月

	一级	二级	三级	四级	五级
津贴标准	125	316	545	728	901
居家护理	—	689	1 298	1 612	1 995
机构护理	125	770	1 262	1 775	2 005

资料来源：ESPN Flash Report 2016/43：Reform of the long-term care insurance in Germany.

德国《社会法典》第11册第44条专门规定了有关护理人员的待遇。该条明确规定，非职业护理人如果对一个需要护理者每周提供14~30小时的护理，就视为一个有社会保障权利的护理人。对于那些由于从事护理而不能进行工作，或者由于从事护埋致使每周工作时间少于30小时的护理人，护理保险除了为他们提供护理津贴外，还为他们缴纳法定养老保险费。其标准由被护理人的护理需求程度和护理人员的护理工作范围来确定。

(4) 卢森堡

法律规定，申请人只要有一项护理依赖，就能获准长期护理保险的待遇支付。失能等级认定工作由公共服务部门的第三方评估和倾向小组执行。

《长期护理社会保险法》规定的使用现金补贴的情形如下：提供 7 小时以内的协助和护理可以完全支付现金；提供 7~14 小时的，用现金替代实物支付的最大值为每周 10.5 小时；服务时长在 14 小时以上的，则不允许用现金支付替代实物支付。在住房改造方面，长期护理保险支付上限为 26 欧元。保险受益人可以免费使用辅助技术设备。

（5）日本

当护理申请者得到认定后，根据认定的护理等级可以得到护理保险给予的相应的补偿金额（见表 5-10）。每年的护理保险金支付限额实行浮动性调整，一方面保证失能者的福利水平不下降，另一方面确保长期护理保险基金收支基本平衡（见表 5-11）。从表 5-11 中可以看出，由于各档设置的标准都较高，使用者中超过基准额度的情况相对较少。

表 5-10　　　　　　　　日本介护保险支付标准（2000 年）

类别	居家护理		机构护理		
	千日元/月	千日元/周	护理之家	康复机构	老年病医院
要支援	62	14	—		
要护理 1	166	38	242	286	342
要护理 2	195	45	256	283	356
要护理 3	268	62	269	298	369
要护理 4	306	71	283	313	382
要护理 5	358	84	296	329	395

资料来源：JAPAN MINISTRY OF HEALTH, LABOR AND WELFARE. Notification for the Maximum Payment for the Services of Long-term Care Insurance（Notification No. 33）［DB/OL］.（2000-02-10）［2008-03-01］. http://www1.mhlw. go. jp/topics/kaigo99_4/kai-go58-c. htm#33.

表 5-11　　　　　日本各护理等级的支付限额与使用情况（2015 年）

	支付限额（日元）	使用者人均费用（日元）	人均费用占支付限额比例（%）	超过支付限额的人数（人）	使用者中超过支付限额的比例（%）
要支援 1	50 030	19 695	39.4	1 034	0.2
要支援 2	104 730	35 879	34.3	529	0.1
要护理 1	166 920	70 771	42.4	8 355	1.0
要护理 2	196 160	98 464	50.2	16 858	2.2
要护理 3	269 310	148 145	55.0	7 863	1.7
要护理 4	308 060	180 352	58.5	7 490	2.4
要护理 5	360 650	223 054	61.8	5 861	2.9
合计	—	—	—	47 990	1.3

资料来源：日本厚生省平成 27 年护理支付费实态调查（5 月审查分）。

(6) 韩国

在长期护理保险待遇支付方面，并不是由被护理者直接申请护理保险金支付，而是由护理服务机构向健康保险管理公团提出保险支付请求。健康保险管理公团根据长期护理委员会的审议及老年护理报酬的计算标准向护理服务机构支付相关费用。至于护理保险金支付额，入住专门护理设施的，实行以护理时间和护理评定等级为基准的定额制，参见表5-12、表5-13。

表5-12　　　　　　　　韩国长期护理保险支付标准（2008年）

类别	护理等级	支付上限标准（韩元/月）
居家护理	1级	975 120
	2级	796 260
	3级	707 480
机构护理	1级	40 850
	2级	37 610
	3级	31 890
特别现金津贴	1级	150 000
	2级	120 000
	3级	110 000
疗养医院		200 000

资料来源：[韩]郑载旭，[日]白泽政和.对作为介护保险制度的韩国老人疗养保险制度的内容及构造的考察[J].海外社会保障研究，2007（158）.

表5-13　　　　　　　韩国长期护理保险支付标准（2016年）　　　　　　　单位：韩元

类别	价格							
上门照料	30分钟	60分钟	90分钟	120分钟	150分钟	180分钟	210分钟	240分钟
	11 390	17 490	23 450	29 610	33 650	37 200	40 470	43 500
上门护理	30分钟以下		30~60分钟		60分钟以上			
	32 630		40 940		49 250			
上门洗浴	使用洗澡车（车内/次）		使用洗澡车（在家/次）		未使用洗澡车			
	72 540		65 410		40 840			
短期护理	44 900 （1等级）	41 590 （2等级）	38 410 （3等级）		37 390 （4等级）		36 380 （5等级）	
机构护理	老年人疗养机构	57 040 （1等级）		52 930 （2等级）		48 810 （3~5等级）		
	老年人共同生活之家	51 290 （1等级）		47 590 （2等级）		43 870 （3~5等级）		

资料来源：韩国健康保险官网，http://www.nhis.or.kr/menu/retriveMenuSet.xx? menuId=B3500.

（7）法国

法国国家自治团结基金会向失能老年人和残疾人（GIR 1~4 级）长期护理服务提供的个人护理津贴每年不同，并有逐年上升的趋势，如表 5-14 所示。

表 5-14　　　　　　　　法国失能等级支付标准　　　　　　　　单位：欧元

	GIR 1	GIR 2	GIR 3	GIR 4
2007 年	1 189.8	1 019.8	764.9	509.9
2010 年	1 235.0	1 059.0	794.0	530.0

资料来源：①BARBARA D R, BLANCHE L B, ÖSTERLE A. Long-term Care Policies in Italy, Austria and France：Variations in Cash-for-Care Schemes [J]. Social Policy and Administration, 2007, 41（6）：653-671.
②France Long-term Care [EB/OL], http://www.oecd.org/dataoecd/11/62/47902097.pdf.

2. 商业保险模式

推行商业长期护理保险的国家主要是美国和新加坡，在德国商业长期护理保险不占主体地位（2014 年覆盖率为 11.7%）。顾名思义，商业保险的支付标准按照市场法则，遵循商业保险的运营原则。

美国长期护理保险在支付水平上，一般保险公司会规定一个每日最高支付金额，被保险人可以自由选择，一旦选择，被保险人所获得的每日护理费用补偿不能超过规定的支付限额。除此之外，部分长期护理保险也有采用同时规定整个支付期内总支付限额和日支付限额的做法，即当日支付限额累计达到整个支付期内的总限额时，也就是每天发生的护理费用累计达到该保单的总额度时，保险责任终止。对于独立签发的保单，被保险人可以根据自己的实际需要和财产状况自由选择其中的条款，被保险人可以自由选择最高支付金额。保险公司已经包装好的计划中可供选择的有每日 100 美元、150 美元、200 美元等 8 种，当然投保人也可根据自己的需要自由选择。①对于终身寿险的保单，美国长期护理保险支付方式一般以按月支付居多。每月支付的金额相当于终身寿险保单保额的 1%~2%，并从寿险保单保额中相应扣减。当护理费用支付额累计达到寿险保额的 50%时，保险人停止支付，余下的寿险保额部分在寿险保单到期时支付给保单受益人。等待期一般规定为 90 天。同时还规定，在被保险人获得护理保险支付之前，终身寿险保单必须至少已生效一年。

新加坡"乐龄健保计划"在 2002 年推出时，每月赔偿额为 300 新元，最长期限 5 年。考虑到费用上涨以及基本护理保障程度较低，卫生部在 2007 年进行改革，推出了"乐龄健保 400 计划"。从 2007 年 9 月开始，每月赔偿额从 300 新元提高到 400 新元，赔偿年限

---

① The Federal Long Term Care InsuranceProgram [EB/OL]. [2018-12-25]. http://www.LTCfeds.com/.

从 5 年延长到 6 年（见表 5-15）。

表 5-15　　　　　　　　　新加坡"乐龄健保计划"改革措施

	乐龄健保 300 计划	乐龄健保 400 计划
赔偿额（每月）	300 新元	400 新元
赔偿期	5 年	6 年
赔偿限额	18 000 新元	28 800 新元

资料来源：作者整理。

在法国，个人购买商业长期护理保险，每年需缴纳保费 400~500 欧元（2008 年），只有 60 岁以上的被保险人，严重或非常严重失能者才能获得保险公司支付的每月 600 欧元的赔付金，中度失能者的赔偿金额为每月 200~400 欧元。一般而言，保险公司赔偿金下发前要有 3 个月的等待期。长期护理保险可以提供通货膨胀保护，每月津贴数额和红利水平通常会逐年增加。

【阅读材料 1】　　日本介护保险的居家支付和住院支付

在日本，护理需要者获得居家支付和住院支付，支援需要者获得居家支付。未规定直接的货币支付和志愿护理人员的支付。

居家支付涉及护理计划和居家护理支付的支出以及用于购买辅助设备和用于住房改造的补贴。居家护理支付包含门诊护理以及家政照料、门诊洗浴照料、门诊病人护理、门诊康复、医生和牙医照料、日间护理和日间康复、短时护理和康复、在所谓的群体家园对阿尔茨海默病患者的照料、特定设施（老年人公寓、照料性住房）照料以及辅助设备的出借。从 2005 年改革以来，在等级 1 和 2 中的支援需要者（他们和至今的支援需要者划分的等级不同）可以获得预防支付。

支援和护理需要者可以要求抵偿居家支付的费用，但只在按照厚生劳动省规定的有限数额以下（《介护保险法》第 43 条、第 55 条），居家护理支付的最高界限（不包括短时护理和康复）取决于地方的条件。费率分为 7 个等级。据此适用的是：

支援等级 1　每月 4 970 单位
支援等级 2　每月 10 400 单位
护理等级 1　每月 16 580 单位
护理等级 2　每月 19 480 单位
护理等级 3　每月 26 750 单位
护理等级 4　每月 30 600 单位

护理等级5　每月35 830单位

为了获得货币款项，必须把相关计算单位乘以当前一个单位10日元至10.72日元的币值。

除了用于护理计划的支出，支援和护理需要者必须为居家支付承担10%的自付比例，而护理保险抵偿90%的支付费用。支援和护理需要者与一家经许可的护理设施签订一份协议，向市町村申报，后者把这些信息登载入投保人证明中。如果未在投保人证明中登载，投保人必须在每次支付时预先垫款，然后才能在主管的市町村申请费用的偿还。

厚生劳动省想要通过护理计划实现的目标是，使得居家护理支付考虑到支援和护理需要者的愿望并专业性地加以选择，此外还应节约行政支出。护理计划由一名病例经理编制。根据内阁规定，每个受过主要职业培训并在所述支付领域至少工作5年且通过录取考试的人，可以在都道府县接受培训，成为一名病例经理。病例经理的主要职业各不相同，例如护士、社会工作者、医生、理疗师或脊柱按摩治疗师。病例经理不是一种独立的职业，而是在一个经许可的设施那里的雇员型工作。厚生劳动省规定，只有那些证明拥有最低数量病例经理的病例管理设施，才能被许可。

住院支付（《介护保险法》第7条第20款和第48条）包括护理计划、食宿、照料、病人护理和治疗。护理需要者只能在护理保险的设施中获得这些支付。病例经理（他是一家住院设施的职员）制订用于确定支付的护理计划，这个程序与居家支付时的程序没有什么区别。

护理保险区分三种设施。首先是老年人福利护理设施，其中有老年人护理院，它们按照《老年人福利法》借助于国家补贴由社会福利机构建造和经营，用来照料护理需要者。其次是老年人卫生事业护理设施，它们借助于国家补贴由医学团体或法人建造和经营，以便向从医院出院的病人提供康复措施，并由此使他们的日常生活成为可能。因此，人们在那里只能短暂地停留，原则上短于6个月。最后是用于护理和治疗的医学设施，其中有专门针对老年人的医院、医院中带有护理床位的科室，以及类似的、作为医疗保险的设施加以建造和经营的设施，目的在于对无法治愈的生病老年人进行长期医疗。

资料来源：蓝淑慧，鲁道夫·特劳普-梅茨，丁纯．老年人护理与护理保险［M］．上海：上海社会科学院出版社，2010．

【阅读材料2】　　　　　法国个人护理津贴的支付

法国的老年津贴主要有老年团结津贴、居家照顾津贴、居家服务津贴、住房补助和个性化的丧失自理能力补助金（个人护理津贴）等几种。

老年团结津贴提供给通过家计调查的65岁及以上的低收入老年人，由全国养老保险基金会支付。

居家照顾津贴一般提供给由于养老金缴费不足而没有资格享受任何养老金的老年人（65岁以上，特殊情况下60岁以上），以确保其收入水平相当于老年团结津贴，补助金额和封顶标准与老年团结津贴相同，只补齐低于老年团结津贴的部分，由地方政府管理和提供。

居家服务津贴提供给由于健康原因需家政服务的老年人，金额不超过家政服务价格的60%。隶属社会救助体系的老年人由市（镇）社会行动中心负责，隶属社会保险体系的由养老保险负责。

住房补助主要发放给在机构养老的老年人，补助金额根据老年人的收入、养老机构住宿费以及养老院所在地等几项条件确定，由全国各地的家庭补助基金负责发放。

个性化的丧失自理能力补助金（个人护理津贴）的补助对象为残疾人和60岁以上、丧失日常生活自理能力（有关机构把失能由高到低分为6级，其中1~4级可以申请）的老年人，居家和寄住养老机构均可。无收入限制，任何人都可以申请，补助金额依申请者的收入状况和失能程度而定，部分费用自理，收入越高，自理部分越高；月收入低于规定标准者费用全免。申请者根据自己所属的社会保险系统提出申请：隶属社会救助系统的向省议会、居住地所在市（镇）政府的社会救助中心提出申请；隶属社会保险系统的向社会保险机构或互助会提出申请。机构养老者可用个人护理津贴支付因丧失自理能力而产生的看护费。在养老机构中，个人护理津贴占到自理费用的67%。

资料来源：王延中. 中国社会保障发展报告（2014）[M]. 北京：社会科学文献出版社，2014.

【阅读材料3】中国长期护理保险试点的资金筹集和待遇支付

关于资金筹集。2016年6月，人力资源社会保障部办公厅发布的《关于开展长期护理保险制度试点的指导意见》规定："试点阶段，可通过优化职工医保统账结构、划转职工医保统筹基金结余、调剂职工医保费率等途径筹集资金，并逐步探索建立互助共济、责任共担的长期护理保险多渠道筹资机制。筹资标准根据当地经济发展水平、护理需求、护理服务成本以及保障范围和水平等因素，按照以收定支、收支平衡、略有结余的原则合理确定。建立与经济社会发展和保障水平相适应的动态筹资机制。"2020年9月，国家医保局、财政部在《关于扩大长期护理保险制度试点的指导意见》中进一步规定："探索建立互助共济、责任共担的多渠道筹资机制。科学测算基本护理服务相应的资金需求，合理确定本统筹地区年度筹资总额。筹资以单位和个人缴费为主，单位和个人缴费原则上按同比例分担，其中单位缴费基数为职工工资总额，起步阶段可从其缴纳的职工基本医疗保险费中划出，不增加单位负担；个人缴费基数为本人工资收入，可由其职工基本医疗保险个人账户代扣代缴。有条件的地方可探索通过财政等其他筹资渠道，对特殊困难退休职工缴费给予适当资助。建立与经济社会发展和保障水平相适应的筹资动态调整机制。"

关于待遇支付。《关于开展长期护理保险制度试点的指导意见》规定："根据护理等级、服务提供方式等制定差别化的待遇保障政策，对符合规定的长期护理费用，基金支付水平总体上控制在70%左右。具体待遇享受条件和支付比例，由试点地区确定。"《关于扩大长期护理保险制度试点的指导意见》规定："长期护理保险基金主要用于支付符合规定的机构和人员提供基本护理服务所发生的费用。经医疗机构或康复机构规范诊疗、失能状态持续6个月以上，经申请通过评估认定的失能参保人员，可按规定享受相关待遇。根据护理等级、服务提供方式等不同实行差别化待遇保障政策，鼓励使用居家和社区护理服务。对符合规定的护理服务费用，基金支付水平总体控制在70%左右。做好长期护理保险与经济困难的高龄、失能老年人补贴以及重度残疾人护理补贴等政策的衔接。"

资料来源：人力资源社会保障部网站，2016-07-08；国家医保局网站，2020-09-16.

【本章小结】

本章主要介绍了长期护理保险制度的资金筹集和待遇支付两个重要组成部分。长期护理保险的筹资模式主要是社会保险模式与商业保险模式，或者二者的组合，但有主次之分。资金来源则包括雇主和雇员的双方付费，或包含国家财政补贴在内的三方付费，以及投保人自付的单方缴费。此外，主要国家在长期护理保险制度的实施过程中对贫困者和收入低于一定标准者实施了保险费减免政策。

长期护理保险的待遇支付主要包括支付方式和支付标准，支付方式一般指实物（服务）支付、现金支付以及二者兼有的混合支付三种，支付标准则是根据被保险人接受服务的等级和时间长短来给予相应的费用补偿。长期护理保险采用混合支付的国家主要有德国、卢森堡、法国以及美国；三种支付方式并行的代表性国家是荷兰；以提供服务方式为主的代表性国家有以色列、日本和韩国。支付标准同样是根据各国推行的不同的长期护理保险模式，存在一定差异。其中实施社会长期护理保险模式的国家，保险金支付标准基本按照被保险人接受护理服务的等级来设定支付水平的上限，对居家护理、社区护理和机构护理的支付标准也做了相应规定。推行商业长期护理保险模式的国家，保险金支付标准则是按照市场法则，遵循商业保险的运营原则。

【关键概念】

三方付费　双方付费　单方付费　保险费减免　实物（服务）支付　现金支付　混合支付

【思考题】

1. 简述主要国家长期护理保险的资金筹集模式及具体的资金来源。
2. 简述主要国家长期护理保险的待遇支付方式及特点。
3. 简述实行不同长期护理模式国家的支付标准差异。
4. 简述主要国家长期护理保险减免政策是如何实施的。
5. 调查并思考中国长期护理保险制度试点的筹资方式与支付方式的困境。

【本章延伸阅读材料】

戴卫东，顾梦洁. OECD 国家长期护理津贴制度研究［M］. 北京：北京大学出版社，2018.

蓝淑慧，鲁道夫·特劳普-梅茨，丁纯. 老年人护理与护理保险［M］. 上海：上海社会科学院出版社，2010.

［韩］郑载旭，［日］白泽政和. 对作为介护保险制度的韩国老人疗养保险制度的内容及构造的考察［J］. 海外社会保障研究，2007.

郑秉文. 中国养老金发展报告 2017：长期护理保险试点探索与制度选择［M］. 北京：经济管理出版社，2017.

BRODSKY J, HABIB J, MIZRAHI I. Long-Term care laws in five developed countries: A Review［M］. Geneva：World Health Organization，2000.

LUXEMBOURG［EB/OL］. http://ec. europa. eu/employment_social/missoc/2004/012004/

lu_en. pdf.

MARIE-EVE JOËL, SANDRINE DUFOUR-KIPPELEN, CATHERINE DUCHÊNE, et al. Long-Term CareIn France [R]. ENEPRI Research Report NO. 77 Contribution To WP 1 of The ANCIEN Project. ENEPRI, 2010.

第六章　长期护理保险的服务体系

> ● **学习重点**
> 1. 长期护理保险的立法导向。
> 2. 长期护理保险的具体服务内容。
> 3. 长期护理保险的服务提供体系及相应资格待遇。

长期护理保险与其他保险的不同之处，在于被保险人的受益方式是获得长期护理服务。虽然有些国家也实施现金支付，但是有特定条件的限制。而且，长期护理服务的实物支付方式真正与长期护理保险制度推行的初衷相一致。长期护理保险与医疗保险的目的都是获取长期护理和医疗服务，然而，二者之间的区别在于：长期护理保险的被保险人只有在申请审核获批的前提下才能得到相应等级的长期护理服务（或相应的现金）；医疗保险的被保险人接受医疗服务不需要审核，而是在医疗服务结束后由医疗保险管理机构和医疗机构（医院）来共同审核，符合医疗保险范围（医保目录内）的服务或药品等由医疗保险支付费用，目录外的或超额的其他费用由患者支付。可见，对被保险人而言，长期护理保险提供哪些护理服务以及由谁来提供就显得尤为重要。

第一节　长期护理保险的立法导向

一、发挥保险优势

除了美国采取商业长期护理保险模式外，其他各国基本上都推行了社会长期护理保险模式。德国和卢森堡规定参加医疗保险的国民均同时参加长期护理保险。社会保险具有"大数法则"的特征以及基金互济、风险共担的功能，这在很大程度上减轻了各国财政与国民经济的负担。同时，个人缴费和适当比例的自付也是个人责任的体现。日本和韩国等推行长期护理保险的根本动机就是用"契约"形式的社会保险体制代替"措置"形式的老年福利体制；用保险体制提供全面的服务来满足需求，以减少"社会性住院"现象，尤其是日本。

二、倡导居家和社区服务

除了降低机构护理服务的成本外，在家庭和熟悉的社区环境里接受护理服务也有利于失能者尤其是老年人的身心健康和恢复。以色列法律规定，对那些完全或部分依赖别人的帮助才能完成日常生活的体弱老年人给予家庭护理服务，而不考虑老年人家庭提供长期护理服务的水平。德国护理保险法也明确提出减少机构护理的主张，指出要扩大居家护理和社区护理，依赖市场竞争来提高服务质量。在"少子高龄化"的时代，日本希望通过"紧密型社区支援"方式扩大长期护理服务的供给，通过家庭照料负担的社会化来巩固居家护理的地位。韩国保健福祉部则立法指出，老年人愿意在家中受到照料的要优先考虑家庭内照料的补助。世界卫生组织指出，发展中国家应该吸取发达国家的经验教训，不能只盲目建设养老院。[①]

三、重视非正式和民间支持体系

家庭成员、亲戚、朋友以及非政府组织等是长期护理保险制度体系的重要组成部分。就发达国家而言，非正式护理支持体系所覆盖的对象占85%~90%，而正式护理服务仅为10%~15%的失能者提供所需要的服务。[②] 以色列的非政府组织既有营利组织也有非营利组织。日本的长期护理服务供给民间机构主要是株式会社。其他如德国、卢森堡、韩国以及法国等都积极培育家庭保健服务网络，支持非正式护理服务体系。这符合以老年人需求为导向的服务供给机制。

四、以提供护理服务为主

主要国家长期护理制度的支付方式基本上以实物（护理服务）为主。如荷兰规定如果选择机构护理，只提供护理服务。其他国家的护理补贴支付方式同样处于辅助地位，也就是说，领取护理现金只有在规定的条件下才会发生。如日本和韩国严格禁止现金支付，除非是在边远或山区等服务难以到达地区的被保险者才可以获得现金；以色列也规定，只有当地没有护理服务提供时，可以暂时以补贴现金的形式替代。事实上，正是这种以服务为主的支付方式刺激了各国护理产业的迅速发展。

---

① WIENER J. The Role of Informal Support in Long-term Care [A]. From BRODSKY J. Key Policy Issues in Long term Care [M]. Geneva: WHO, 2003: 3-25.

② HIGGINS J. Defining Community Care: Realities and Myths [J]. Social Policy & Administration, 1989, 23 (1): 3-15.

五、实现社会公平

事实上老年人都是每个国家或地区的弱势群体,建立长期护理服务制度让其享受有尊严的生活本身就彰显了社会公平、文明进步的理念。部分国家以社会保险方式来解决老年人长期护理服务的资金来源,也体现了权利与义务对等的公平价值取向。此外,一些国家对低收入的老年人的基本护理需求又进一步地采取了津贴等措施。大部分国家都注重对低收入、生活陷入困境的老年人的保护,对其实行免费的护理服务。

第二节 长期护理保险服务的基础先行

各国在实施长期护理保险制度前,都考虑到长期护理服务的基础设施体系建设。"兵马未动,粮草先行"。正是这种未雨绸缪的顶层设计,使得各国在长期护理保险制度推出后才避免陷入"巧妇难为无米之炊"或"有保险,无服务"的困境。

一、德国:以相关基本法为前提,重视硬件和软件建设

德国在长期护理保险制度推行之前已存在机构服务和居家服务两种方式。在长期护理保险进入政策议题到制度实施的 20 年间,联邦政府开始有所侧重地改善护理服务条件,加强基础设施建设和专业护理人员的培养。与增加护理服务人员数量相比,德国更加注重护理从业人员专业性的提升。1985 年德国颁布了《护士执业法》,明确规定了护理的任务、职业标准、教育训练、护士的职业资格和权利、义务等。德国《长期护理保险法》的法律基础是《社会法典》第 6 册的《联邦照料法》《负担平衡法》《联邦补偿法》等。此外,资料审查制度、护理津贴制度、护理人员考试进修制度、受护理者申诉制度、服务质量检查制度等系列制度的实施,也对提高护理服务水平和护理质量提供了制度约束及动力。

上述的基础法规为德国长期护理保险制度的实施做了充分的准备,发挥了为长期护理保险制度的良性运行保驾护航的功能。

二、日本:推出两个"黄金计划",构筑高质量服务的基础条件

1989 年,日本卫生和福利省颁发了"促进老年人健康和福利服务的十年战略计划",即所谓的"黄金计划"。主要内容包括如下三个方面。(1) 以市町村地方政府为主体,建设居家服务网络。具体目标是,10 年内形成一支由 10 万人参加的家庭护理员队伍,负责

对居家养老的老年人提供家庭访问、护理服务等；10年内建立社区福利保健援助中心10万所，为失能老年人提供健康诊断、身体机能恢复训练、洗澡、饮食等服务，普及托老所，床位达到5万个。（2）扩充老年人福利设施。具体目标是，10年内将特别养护老人院的床位从16.2万张增加到24万张；将老年人保健设施的床位从2.8万张增加到28万张；老年人集体宿舍容量从200人扩大到10万人；山村地区老年人福利综合服务中心发展到400所。（3）设置700亿日元的长寿福利社会基金。该基金主要用于居家福利、老年人的精神文化生活、老年人志愿者活动、老年人福利问题研究、奖励照顾老年人的家属等。

1994年，日本国会通过"新黄金计划"，扩大对居家失能老年人的各种服务。该计划扩大了护理人员的队伍，新设立为老年人提供休息和特别看护的短时服务设施、日间服务等体系化的基础设施。在这一时期，日本许多大学纷纷设置护理福利学院，同时也出现了一大批培养从事护理实务人才的专科学校和学历教育院校，这不仅缓解了护理专业人才匮乏的问题，而且提高了护理服务行业的专业化水平。

总体来看，日本的护理设施和专业护理人才在数量上和质量上都得到了大幅提升，不言而喻，为后续的长期护理保险制度的推行奠定了坚实的基础。

三、韩国：实施"扩充"和"投入"计划，重点推进护理机构建设

2002年11月，韩国实施了"老年人护理服务基础设置10年扩充计划"。该计划出台有一定的背景，2002年韩国接受机构护理服务的老年人为2.5万名，仅占全体老年人数量的0.6%，占机构服务供给总量的31%。此外，1997年亚洲金融危机后，韩国政府希望通过社会保障制度来刺激就业，于是，扩大护理机构建设，提供更多服务岗位的导向得到了决策层的认可。2005年9月，韩国政府支持"老年人护理设施综合投入计划"的落实。

两个计划分别对老年人之家、小规模疗养院、农村居家福利设施和居家护理中心的建设数量提出要求，特别是针对失能老年人，在第一个扩充计划中规定，每年大约增加100家护理机构；在第二个投入计划中规定，除了增加建设容纳60名左右老年人的大中型机构设施外，重点扩建以地域为中心的小规模机构、老年人之家等靠近老年人居住地的护理机构。两个计划的实施，为2008年韩国长期护理保险的实施起到了推进的作用。制度推行的初期，韩国政府仍然鼓励私营机构进入护理服务市场，但是一些小型机构的涌入，导致了护理服务质量普遍不高的状况。

四、以色列：三部法律逐步推进，抓住长期护理服务的三大核心

除了德国、日本和韩国三个国家重视前期的基础建设外，其他国家也积极采取政策措施。如以色列1986年出台的《为增加护理机构人数发展服务和将护理服务扩展到社区而融资法案》，其目的就是鼓励相关机构和组织提供护理服务、建立服务机构和相关设施，这在很大程度上为以色列长期护理保险制度的实施奠定了物质和服务基础。以色列在1980年颁布的《长期护理保险缴费法案》、1986年颁布的《为增加护理机构人数发展服务和将护理服务扩展到社区而融资法案》、1988年颁布的《长期护理保险个人待遇支付法案》三部法案形成了以色列的长期护理保险制度体系。三部法案的逐步推进，分别抓住了长期护理服务体系建设的三大核心——筹资来源、服务供给与待遇支付，其中表现出来的立法稳健性、计划性和前瞻性，成为长期护理保险制度顺利实施的法制基础。

第三节 长期护理保险的服务内涵

一、三种服务类型

在服务提供体系中除了传统的家庭护理外，主要国家都很重视居家护理与社区护理[①]，在"去机构化"的呼声中，这两种服务方式渐渐成为全球绝大多数国家都在倡导的养老服务的主流模式。它既适应了老年人离不开熟悉环境的心理需求，也提供了老年人的护理场所，还避免了住院和护理机构的高昂费用问题。

家庭护理又称非正式护理，是指护理需求者居住在家中，由家庭成员来为其提供主要的护理服务。家庭护理的优点是能让护理需求者继续留在家中，享受家庭的温暖；缺点是会产生性别的不平等，因为家庭护理的重担往往会落在女性的身上，且家庭成员不能为护理需求者提供技术密度较高的服务，有时还会因长期护理产生社会心理上的压力。

居家护理可分为居家医疗护理、个人护理以及家务帮助等，由医护人员或受过专门训练的人员到护理需求者家中提供上门服务。

---

① 社区护理在有些国家和地区被称为"日间护理""日间照料""喘息护理"。日间护理是从"机构式护理"转向"社区式护理"的中转站，现在已成为社区护理的重要组成部分。美国成人日间护理协会对老年人日间护理的定义是"成人日间护理是一种以社区为基础的团体方案，通过个别护理计划的拟订，协助功能受损的成人。它是一种有结构且周延的方案，在保护性的情境中，提供低于24小时的健康、社会等支持性服务"。可见，日间护理协助老弱者所在家庭，使其能够持续提供照顾，减轻照顾者负担。其目标是改善老年人健康状况和生活品质，延长老年人留在社区的时间，继续维持其与家庭的关系。虽然有的国家法律条文中没有明确这种服务类型，但实质上已将其纳入居家护理网络或短期机构护理当中，如德国、卢森堡、日本和韩国等。

日间护理（社区护理）包括日间医院、成人日托中心以及临终护理等，这种模式的护理服务主要是让护理需求者生活在社区里，与家人继续住在一起，或让老年人、年轻失能者继续独立地生活。

机构护理指的是由护理院或养老院提供护理服务，其优点在于可减轻家庭的护理压力，并可为老年人或年轻失能者提供专业的护理服务，缺点则在于往往缺乏人性化管理，护理人员心理压力大，易发生虐待老年人的事件。

主要国家的长期护理服务类型，如表6-1所示。

表 6-1　　　　　　　　　　主要国家的长期护理服务类型

国家	机构护理	居家护理	日间护理
荷兰	√	√	√
以色列	√	√	√
德国	√	√	√
卢森堡	√	√	√
日本	√	√	√
韩国	√	√	√
法国	√	√	√
美国	√	√	√
新加坡		√	√

资料来源：作者整理。

二、康养护全方位服务

从表6-1中可以看出，主要国家都有机构护理、居家护理以及日间护理三种类型。就各种护理方式来说，每个国家实施的具体内容并不完全相同。下面介绍主要国家长期护理保险护理服务的具体内涵，总体来说包括生活照料、健康维持、慢性病康复以及临终护理等康养护的全方位服务。

1. 荷兰

荷兰长期护理服务主要分为家庭护理、居家护理、日间护理和机构护理，但其他类型的护理服务也发挥着重要的作用，这些服务包括提供辅助工具、特殊条件下的康复、门诊和住院、精神病护理、心理治疗、失明和失聪护理、精神失能护理、代谢紊乱检查、儿童疫苗接种、孕期乙肝检查和营养咨询等。

荷兰《特殊医疗成本法案》规定长期护理服务内容主要包括：（1）日常生活能力的个人照料，如洗澡、穿衣、如厕、吃饭喝水等；（2）家庭护理，如伤口处理、打针、应对疾病的咨询等；（3）家庭指导，如帮助失能者组织和管理日常生活，日间护理、生活习惯和行为指导等；（4）机构护理，如需居住在养老院或庇护所等机构接受连续监护服务；（5）慢性病人护理，如阿尔茨海默病患者的照料与护理服务。

2. 以色列

福利与社会事务部主要负责向生活半自理、身心脆弱的人群提供机构护理、个人护理以及家庭护理，同时，也提供日间照料和流浪人士的庇护所。卫生部主要提供生活重度依赖者和精神病患者的治疗。

具体内容体现在以下四个方面。（1）法律给予老年人个人护理和家务支持以优先权。（2）护理服务的标准基于 ADL 测试。护理服务申请者要接受护士和物理治疗师的鉴定。（3）家庭护理服务倾向于那些完全或部分依赖别人的帮助才能完成日常生活的体弱老年人，即只考虑老年人自身的独立生活能力程度，而不考虑老年人家庭能提供长期护理服务的水平。（4）机构专门护理倾向于减轻家庭护理的负担，诸如老年人洗澡、穿衣、营养和在家移动，以及对可能遇到潜在危险的老年人的保护。

3. 德国

按接受护理的地点不同，德国长期护理服务分为居家护理和机构护理两种。机构护理又可细分为完全机构护理和部分机构护理以及介于两者之间的短期机构护理（见表6-2）。按患者需护理的程度将护理分为三个等级（见表6-3）。从表6-3中可以看出，1级护理的护理需要程度最低，3级护理的护理需要程度最高。2015年将失智人群纳入其中，扩大为五个等级，具体内容参见第八章第一节中的"瞄准重点服务对象"的相关内容。

表6-2　　　　　　　　　　德国居家护理与机构护理的服务内容

服务项目	服务内容
居家护理	居家上门服务：护理对象的生活日用品确认、外出等活动以及家务方面的帮助
	专门家庭服务：专业护士的上门护理
	日间或夜间服务：由于家属白班或夜班的原因无法照顾护理对象，护理对象可在机构接受服务
	代理服务：由于家属的疾病或出行等原因无法照顾护理对象时，一年有4周的代理护理服务的申请机会
机构护理	老年人公寓：主要为独居的且能够自理的老年人提供的公寓，上门提供家务帮助
	老年人之家：主要为不能自理的老年人提供，遵守护理人随同老年人的原则
	老年人护理之家：针对一些患有慢性疾病的老年人，为其提供综合的护理服务
	老年人综合服务机构：为老年人公寓、老年人之家和老年人护理之家的综合机构，至少有2名以上专门医师

资料来源：李勇甲. 德国的长期护理保险和日本的介护保险［J］. 韩国社会政策，2000（1）.

表 6-3　　　　　　　　　　德国长期护理保险各等级服务内容

护理等级	服务内容
1 级护理	明显需要护理者。在身体护理、膳食或者活动中对于 1 个或者多个领域中的最少 2 项日常事务每天至少需要 1 次援助和在家庭经济管理中每周必须附加几次援助的被保险人
2 级护理	严重需要护理者。在身体护理、膳食或者活动中每天至少 3 次需要在不同时间给予援助和在家庭经济管理中每周必须附加多次援助的被保险人
3 级护理	最严重需要护理者。这一护理等级只适合于在身体护理、膳食或者活动中 1 昼夜 24 小时都需要援助的人和在家庭经济管理中每周需要附加多次援助的被保险人

资料来源：［德］霍尔斯特·杰格尔. 社会保险入门：论及社会保障法的其他领域［M］. 刘翠霄，译. 北京：中国法制出版社，2000：55.

4. 卢森堡

面向 ADL 功能受损者的服务。(1) 对日常生活的基本活动提供的协助和护理；帮助料理家务，比如清洁和洗涤；以辅助活动的形式（购买或者租用辅助设备、住房改造）给予的帮助，这些活动主要是为了激发老年人和残疾人的自理能力，并防止依赖状态的恶化。(2) 以专业咨询的形式给予的帮助，其目的是防止功能受损者的自理潜力受到限制，并让其亲人朋友学习合适的协助和护理动作。

服务上限。(1) 对于 ADL 方面的协助，每周最多能提供 24.5 小时；如遇到严重的或者例外的情形，这个上限可以提高到每周 38.5 小时。(2) 对于家务，提供标准是每周 2.5 小时；如因生活依赖状态而产生特殊需求，标准可以提高到每周 4 小时。(3) 对于在机构中接受与家务相关的服务，过渡津贴中每周 1.19 小时服务（打扫、购物、洗衣等）的成本由被护理人负担，还有每周 1.38 小时服务（清洁集体的房间、收拾盘子、填写支票等）的成本不直接归被护理人。(4) 对于一些支持性的活动①，限于每周提供 14 小时的服务。(5) 在住房改造方面，长期护理保险支付上限为 26 欧元。接受护理服务的对象可以免费租用辅助技术设备。

5. 日本

日本护理服务项目分为两大类型：一是居家护理，二是专门机构护理。居家护理是以老年人的住所为中心向老年人提供护理性服务；专门机构护理是老年人住在特定的机构内接受护理服务，在专门机构养老的老年人一般为全天 24 小时需要护理的老年人（见表 6-4、表 6-5）。无论是选择居家护理服务还是机构护理服务，都需要有护理个案计划。该计划一般由护理支援专门员来制订。

---

① 支持性活动可能包括让不能独处的某人在家处于专业监督之下，由专门的个人监督，陪同其外出、购物或者支持其参与群体活动，特别是去专门的日托中心。

表6-4　　　　　　　　　　　　日本长期护理保险服务内容

服务种类		服务内容
居家护理	1. 入户护理	由看护士提供做饭、换衣类的护理或生活方面的帮助
	2. 服务中心的护理	在日间护理服务中心进行娱乐活动、接受洗澡服务等
	3. 技能训练	在医疗机构、老年人保健机构等进行机能训练,帮助老年人洗澡、吃饭等
	4. 在外短期小住	当家人暂时无法照顾老年人时,老年人可以在护理设施内短期逗留并得到服务
	5. 入户洗澡服务	利用巡回洗澡车,入户为老年人提供洗澡服务
	6. 入户技能恢复训练	由专业人士帮助老年人在家中进行身心机能的恢复训练
	7. 入户看护	由看护士等入户帮助护理
	8. 入户疗养指导	由医生、牙医、药剂师等入户进行疗养方面的指导
	9. 福利用具借出与购置	借出或帮助老年人购置特制床和轮椅等必需用具
	10. 住宅改造	在家中安装扶手以及改造家中台阶等小规模的住宅改造
	11. 患阿尔茨海默病的高龄老年人养老所的护理	为集体生活的患阿尔茨海默病的老年人提供护理方面的服务
	12. 收费养老所的护理	提供有关的护理服务
专门机构护理	1. 保健设施的全面护理	提供全天候护理和医疗方面的照顾
	2. 福利设施(老年人特别保健所)的医疗护理	提供以机能恢复为主要目的的医疗照顾及护理
	3. 护理疗养型的疗养护理	提供长期疗养的护理服务

资料来源:[日]住广居士. 日本介护保险[M]. 张天民,刘序坤,吉见弘,译. 北京:中国劳动社会保障出版社,2009:65-72.

表6-5　　　　　　　　　　　日本长期护理保险护理服务的时间安排

护理等级	护理服务的时间安排
要支援1级	家务援助,此外,提供"家庭预防护理""家庭预防康复""家庭预防访问"和"预防福利器具出租"等护理预防服务
要支援2级	
要护理1级	每天可以使用访问护理师的定时上门服务
要护理2级	每天可以使用某种服务,包括每周3次的日间服务在内
要护理3级	每天可以使用2次服务,包括深夜或早晨的访问护理等;如需要医疗时,每周可以使用3次访问看护;阿尔茨海默病患者每天可以使用护理服务,包括每周4次的日间服务
要护理4级	每天可以使用2次或3次服务,包括深夜或早晨的访问护理等;如需要医疗时,可以使用每周3次的访问看护;阿尔茨海默病患者每天可以使用服务,包括每周5次的日间服务
要护理5级	每天可以使用3次或4次服务,包括早晨、深夜的访问护理;如需要医疗时,可以使用每周3次的访问看护

资料来源:[日]武川正吾. 21世纪初日本社会政策的动向[J]. 社会保障研究(京),2007(2).

6. 韩国

韩国通过长期护理认定的对象可以得到居家护理（访问照料、访问洗漱、访问看护、昼夜间保护、短期保护等）、机构护理等形式的服务。具体内容如表6-6所示。

表6-6　　　　　　　　　　　韩国长期护理保险服务内容

类别		服务内容
居家护理	访问照料	由护理师或看护士提供帮助就餐、上厕所、洗脸、洗澡和聊天、外出同行、看护、打扫卫生等服务
	访问洗漱	准备洗漱工具，访问老年人，提供服务
	访问看护	得到医生指示的护士访问老年人，提供医疗服务
	昼夜间保护	在一天中的一定时间段，利用昼夜保护设施提供的护理服务
	短期保护	进入短期保护机构接受护理服务
机构护理	老年人疗养机构	机构提供必要的设施、设备以及专门人员长期提供专门护理服务
	老年人团体之家（收容孤儿或残疾人等机构）	

资料来源：高春兰. 老年长期护理保险制度：中日韩的比较研究［M］. 北京：社会科学文献出版社，2019：143.

7. 美国

美国长期护理服务的内容十分广泛，服务的形式和层次也多种多样。长期护理保险承担投保人在符合支付条件的情况下享受护理服务所发生的护理费用。而服务的提供取决于接受服务的投保人，基本疗养院护理一般针对无独立生活能力、需要一直检查的人以及日常生活活动需要辅助的人；家庭和社区护理服务一般提供给那些日常生活活动需要帮助和只有部分独立生活能力的人。这些服务提供可以分为专业的和非专业的长期护理。

长期护理保险服务的提供，最大的一个亮点是其服务场所的多样性，可以是疗养院护理、社区护理或者家庭护理，这满足了不同投保人的要求，投保人可以根据自己的身体状况或喜好选择护理场所。（1）疗养院护理包括专业看护、中等看护和基本看护，它能够提供24小时的从专业健康护理到日常生活照料的全方位服务。疗养院护理往往针对存在严重日常生活能力或认知障碍，无法在家中或社区得到完善照料的投保人。（2）社区护理包括家庭健康护理、成人全天看护、援助护理以及临终看护等，能够满足各个层次的护理需求。（3）社区护理和家庭护理是针对社区中存在日常生活功能障碍的人，为减轻其家庭成员的护理压力而提供的无需24小时专业服务的各类健康和生活护理服务。服务内容依照个人需要而有不同的形式，包括居家护理、日间照顾、家务辅助、送餐服务与其他辅助服务等，非常灵活。此外，家庭成员及亲戚朋友提供的长期护理服务也是社区护理和家庭护理的重要组成部分。

美国有一个代表性的康养护项目"综合护理项目（PACE）"①。PACE 模式是一个针对那些需要护理院级别的照顾但能够在社区生活的老年人的服务模式。PACE 通过多学科小组为参加人在社区提供包括医疗性服务、康复性服务和社会支持性服务在内的医疗护理服务。它成功地将老年人的短期医疗与长期护理结合起来，使高龄患病老年人能够更长时间的在社区中生活。

8. 法国

法国有五类医疗社会服务机构为失能老年人提供专门服务。（1）配备医疗服务的养老院（医养结合型机构）。提供服务包括住宿、专人协助日常起居、全面餐饮服务、个人衣物清洁、医疗监护、护士服务和护工服务、全天候照管、休闲娱乐活动在内的全方位寄宿服务。（2）小型生活单元。不论老年人的生活自理程度如何，可以让他们生活在熟悉的社区环境里。该类型机构包括一些集体宿舍和失能老年人之家（最多容纳 24 人），相当于社区公寓，通常接待 6~12 人。（3）社会福利机构或医疗养老机构。这些机构被称为"太阳之家"，住户在享受集体服务设施的同时，一部分入住者的公寓和房间可以分散在同一座楼房里，或在附近的楼房里。这些机构负责完成"失能防护"任务并"方便入住者享有居家护理和上门医疗服务"。（4）两种类型的"康多"（Cantou）中心：合并运营的医疗式养老院和独立运营的养老院，即展现"老有所为"的自然活动中心。成立这两种机构的初衷是通过把失智老年人和其他相对健全的老年人安排在一起生活，提高前者的生命活力，维持自理能力。后来，该中心还致力于帮助那些有失智老年人居家养老困难的家庭（特别是心智退化但身体其他功能丧失程度较低的情况）。所有接待失能老年人住宿的养老机构都应配有一名负责协调老年人护理的医生。

9. 新加坡

新加坡"乐龄健保计划"提供的服务类型主要有两类。一是机构护理，包括社区医院、慢性病医院、养老院和临终关怀机构。其中，社区医院可提供医疗服务、护理服务和康复服务等项目，对象主要为从医院出院但需要短期护理的患者；慢性病医院则为慢

---

① 这种服务模式最早于 20 世纪 70 年代由"安乐居"所独创。安乐居原来是旧金山中国城里的一个长者日间护理中心，由瑞士裔社工安萨克女士和华裔牙医纪·威廉共同发起。此后，安乐居陆续增加了家庭支持服务、基础医疗服务，并不断完善其服务内容、运营模式，进而为患者提供长期的急性病、慢性病医疗服务。PACE 服务团队人员主要包括全科医生、护士、药剂师、理疗师、营养师、日常护理人员、社会工作者以及负责转运的工作人员。随着不断发展与完善，安乐居这一模式受到了社会的认可，试验发现 PACE 较传统的付费模式节省 15% 的费用。1986 年 PACE 正式建立，政府通过立法在全国建立起多个 PACE 示范项目，并规定医疗保险和医疗救助为其买单。PACE 以年龄在 55 岁及以上的低收入失能老年人为主要服务对象。1997 年，PACE 被确立为医疗保险支付范围内的永久性服务项目。截至 2017 年底，PACE 开展了 122 个项目，美国 32 个州都有 PACE 中心，约 3.8 万老年人参加。

性病患者提供长期的医疗及护理；养老院为无人护理或家人无法提供护理的老年人提供长期护理服务；临终关怀机构可为绝症患者提供疼痛管理和治疗服务。二是社区护理和居家护理。社区护理是以社区日间护理、康复（日托）中心为基础的医疗服务，"乐龄人士"（老年人）可在社区中心获得社区康复服务、阿尔茨海默病患者日间护理服务和社会日托服务等。居家护理包括居家护理机构、居家姑息护理机构和综合诊所提供医疗保健、家庭护理、家庭姑息护理、老年餐桌、护送和居家个人护理等上门服务，服务对象一般为体弱多病的居家老年人。

第四节　长期护理保险的服务供给

除了商业长期护理保险是由市场提供服务外，实行社会长期护理保险的国家大都由政府、非政府组织以及营利组织组成服务提供体系。在长期护理服务供给网络中，护理人员的专业水平差异是影响服务质量高低的一个重要因素。

一、二元与多元的服务机构

1. 多元参与

长期护理保险制度的推行，最初由政府发动，所以政府举办的养老机构等必须参与服务提供。随着长期护理服务的需求增多，单靠政府一方难以解决问题，非政府组织和一些营利组织也逐渐加入其中。多元机构参与服务供给是大多数国家的共同选择。

荷兰《特别医疗成本法案》规定护理服务的提供者包括政府代理机构、非政府组织和营利性机构等。尽管政府一直在努力强化营利性机构的作用，但大部分的护理服务还是由非营利组织提供。

由于《长期护理保险法》的颁布，德国的护理机构快速发展。任何服务提供方只要能够提供价格合理、服务充分的护理服务都有资格进入服务供应网络。这些措施的目的就在于鼓励竞争，从而提升服务质量，降低服务价格。从20世纪90年代初到90年代末，提供长期护理服务的机构数量从约4 000个增加到约11 700个。在这些机构中，大体上可分为非政府组织、营利性组织和公共部门三大类，公共部门不占主体地位。2005年，德国居家护理服务的57.6%由营利组织提供，40.6%由非营利组织提供，公共部门占比仅为1.7%。机构护理中，55.1%为非营利组织，38.1%为营利组织，6.7%为公共部门。2017年，服务机构性质有所变化（见表6-7、表6-8）。从表中可以看出，非营利组织逐渐成为德国长期护理服务供给的主体。

表 6-7 德国不同性质的护理服务机构数量及其比重（2017 年）

	公立机构		私立机构		非营利性机构	
	数量（个）	占比	数量（个）	占比	数量（个）	占比
门诊	192	1.4%	9 243	65.8%	4 615	32.8%
住院	682	4.7%	6 617	42.6%	7 631	52.7%

数据来源：德国联邦统计局"护理统计 2017"（pflegestatistik 2017），www.destatis.de.

在日本，护理服务主要由地方公共团体、社会福利团体、医疗机构、株式会社（民间机构和非营利组织）等提供。服务机构原则上由各都、道、府、县知事来审查指定，由老年人保健设施得到许可的机构来提供服务，而这些机构首先要具备法人资格，同时在人员配备、设施、经营条件上符合厚生劳动省的规定。居家护理服务主体无论身份如何，只要具备一定条件，非营利组织、民间营利组织、农协等多元主体经过都、道、府、县的指定都可以加入护理服务事业中，形成市场竞争。机构护理服务主体通过医疗主管部门、社会福利主管部门的许可后，可以从事护理服务供给活动。总体来说，日本护理服务是以政府公共部门为主体的供给模式（见表 6-8）。

表 6-8 德日韩长期护理服务机构的性质

国家	服务主体	政府公共部门（%）	非营利组织（%）	营利组织（%）
德国	机构护理	8.2	56.0	35.8
	居家护理	18.0	62.0	20.0
日本	机构护理	100.0		0
	居家护理	1.5	49.9	48.6
韩国	机构护理	2.0	27.1	70.9
	居家护理	0.6	15.4	84.0

资料来源：陈诚诚. 长期护理服务领域的福利混合经济研究：基于瑞德日韩四国的比较分析 [J]. 社会保障评论，2018（2）：134-147.

2. 二元主体

以色列长期护理服务提供采取"半市场化"方式，即服务外包方式，将服务外包给权威的自愿性非营利组织和营利组织，地方专业委员会有权选择服务提供方。当然，接受长期护理服务的人如果对地方专业委员会的指派不满意，也可以要求改换。1988 年，护理服务的 70% 由自愿性非营利组织提供，18% 是由营利组织提供，其余的由其他非营利组织提供。2002 年，以色列有 150 家家庭护理机构，分支机构有 420 多家，其中，大约 57% 是营利机构，其余的 43% 是非营利机构。2004 年，全国提供护理服务的非营利机构下降到 37%，而营利机构提升到 63%。2008 年 11 月，非营利组织大约占市场的 30%，提供了 200 万小时的服务；营利性服务组织占 70%，提供了 480 万小时的服务。这一改变反映了以色列服务业私有化进程的加快。

韩国在建立长期护理保险制度之前，提供老年人福利服务的主体大部分是具有准公共部门性质的民间非营利组织，实行长期护理保险制度后，私人营利组织也可以参与，因此扩大了提供主体。总体上，长期护理保险制度实施后韩国长期护理服务的供给主体由原来的公共部门转化为营利组织，到 2015 年全国护理服务供给机构的 70%~80% 是私人营利组织，其余的是非营利组织（见表 6-8）。

新加坡绝大多数的护理院是由志愿福利组织或慈善组织运营，所有护理院的 1.2 万个床位中大约有 2/3 是由志愿福利组织提供的。失能人士只有在志愿福利组织运营的护理院和少数几家私立护理院接受服务时，才能享受政府补贴。这项政策导致志愿福利组织的护理院一床难求、私立护理院高空床率的局面。

二、护理人员的资格与待遇

1. 资格标准

在护理服务机构中从事护理工作的人员，主要国家基本上都将其分为两类：专业护理人员和非专业人员。专业护理人员一般是拥有专门学历或经过专业培训的人员，而非专业人员是指家庭成员、亲戚或朋友及志愿者等。对于专业护理人员，各国都有具体的学历、培训等方面要求。

（1）荷兰

荷兰对长期护理人员的培训，主要包括压力管理、团队工作、沟通技巧和冲突管理等。培训时间分为三个等级：一般照料人员需要 2~3 年，护理人员需要 3~4 年，专业的社会工作者则要经过 4 年以上的训练。从 2000 年开始，又增加了一种新的职业类别，称为助理护理人员。其主要任务是处理护理难度不大的工作，以便让专业的护理人员有更多的时间处理需要专业技巧的长期护理工作。

（2）德国

德国开设老年护理教育专业，培养了大批的护士和助理护士。《社会法典》第 11 册第 71 条规定，居家护理和机构护理的专业人员除培训结业外，在过去 8 年之内还需要有 2 年职业实践经验。在残疾人护理机构中，也做了同样的规定。此外，专业护理人员还要接受不少于 460 小时的高级继续教育。可见，在德国护理人员只有经过培训、实践和继续教育后，才能成为合格的专业护理师。关于家属和志愿者的从业要求，《社会法典》第 11 册第 45 条还规定，为了使护理工作更容易进行、护理质量得到提高、减轻护理人的身心负担，护理保险基金会还应为护理需求者的家属及其他对志愿护理工作有兴趣的人免费举办学习培训班。护理保险基金会可以自己或者与其他护理保险机构合作举办短期培训班，或者将培训工作委托给其他举办短期培训班的第三方机构。

（3）日本

日本护理保险制度的从业人员主要有护理支援专门员、保健医疗专业人员以及社会福利专业人员，也有非专业领域的有关人员，如图6-1所示。

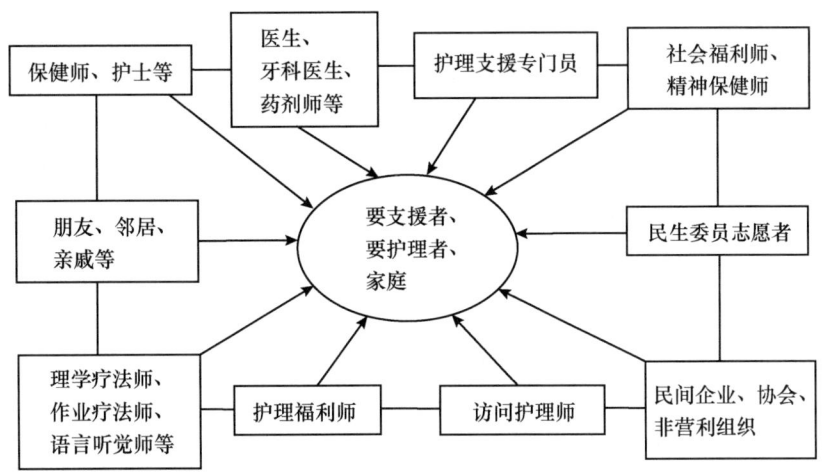

图6-1 日本长期护理保险相关职业与部门

资料来源：［日］住居广士. 日本介护保险［M］. 张天民，刘序坤，吉见弘，译. 北京：中国劳动社会保障出版社，2009：122.

从图6-1中可以看出，长期护理服务主要分为两大类：生活照料和专业护理。生活照料类服务人员对应社会福利专业人员，专业护理类服务人员对应保健医疗专业人员。这两类服务提供的基础在于护理支援专门员的主导作用。

根据法律规定，参加护理支援专门员考试的报名者可以是医生、牙科医生、药剂师、保健师、助产师、护士、准护士、理学疗法师、作业疗法师、社会福利师、护理福利师、视能训练师、假肢安装师、牙科卫生师、语言听觉师、按摩指压师、针师、灸师、柔道整复师、营养管理师和精神保健师21个专业人员以及其他从事咨询援助业务或护理业务工作5年以上的人，当然一部分人则需要10年以上才可以。护理支援专门员在通过国家资格考试并完成44个小时的实务研修后才可持证上岗，具体负责要护理认定的申请和制订护理计划。制订护理计划或提供服务中发生的管理费用全部由护理保险负担，申请者个人无须付费。由于其具备过硬的专业技能，护理支援专门员也是护理认定审议会的认定审查员。

护理员包括护理福利师、家庭助手或访问护理师两种。（1）护理福利师需要2年的正规学习，取得资格后一般在护理设施内就职，从事技术性的护理服务，具体承担老年人照顾工作，1987年制定的《社会福祉师及护理师福祉法》规定护理师必须经过专业知识和技能的培训，到指定机构临床实践，通过国家统一的护理福利师资格认证考试。（2）申请家庭助手或访问护理师资格者，需要本人亲自报名，然后参加政府出资举办的访问护理师培训班，接受50~230小时的培训，考试合格后获得执业资格证书。取得资格后的访问护理师，要到户籍所在地的政府相关部门登记注册，等待上岗。（3）访问护理师一般分为3级，其中，1级负责护理兼管理，安排、管理辖区内护理师的工作，参与对老龄者的护理；2级能做所有的护理工作；3级只能从事简单的家政服务、身体护理等。

（4）韩国

韩国的社会福利师制度教育科目如下：（1）必修科目有社会福利概论、人类行为和社会环境、社会福利政策论、社会福利法制论、社会福利实践论、社会福利实践技术论、社会福利调查论、社会福利行政论、社区社会福利论、社会福利现场实习。10门课30学分（每门课3学分）以上。（2）选修科目有儿童福利论、青少年福利论、老年福利论、残疾人福利论、女性福利论、家庭福利论、产业福利论、精神保健论、矫正福利论、社会保障论、社会问题、志愿者管理、精神保健社会福利论、社会福利督导论、社会福利资料分析论、项目开发与评估、社会福利发展史、社会福利伦理和哲学。4门课12学分（每门课3学分）以上。（3）实习时间为现场实习120小时以上。根据2004年7月修改的《社会福利事业法实施令》第三条的规定，社会福利师国家考试科目有：（1）社会福利基础（人类行为和社会环境、社会福利调查方法）；（2）社会福利实践（社会福利实践论、社会福利实践技术论、社区社会福利论）；（3）社会福利政策与制度（社会福利政策论、社会福利行政论、社会福利法制论）。

参加社会福利师国家考试的资格如下：（1）在高等教育法规定的研究生院获得社会福利或者社会工作硕士或博士学位者，但在本科不是社会福利或社会工作专业毕业而获得硕士或博士学位者，必须学习规定的社会福利相关课程，包括6门必修课程（可以包括大学学习的课程，但在研究生院必须修完4门以上课程）、2门以上选修课。（2）在高等教育法规定的大学，修完保健福祉部规定的社会福利专业相关课程并获得学士学位者。（3）在高等教育法规定并教育部认定的具有同等或以上学历的学校修完保健福祉部规定的社会福利相关课程并已毕业者。（4）在国外大学或研究生院攻读社会福利或者社会工作专业，取得学士学位以上，同时由保健福祉部认定与第（1）和第（2）同等资格者。

(5) 符合二级社会工作资格并有一年以上社会工作实务经验者。[①]

韩国《老年人长期护理保险法》规定了护理师的配置标准，给不同福利设施分配不同人数和等级的护理师。按国家资格考试，护理师分为 1 级和 2 级，与社会福利师制度相似，培训标准及培训时间如表 6-9、表 6-10 所示。获得 1 级证书的护理师可以提供老年人身体活动方面的服务，获得 2 级证书的护理师可以提供老年人日常生活方面的服务。根据现有标准，老年人护理设施中每 2.5 名老年人分配 1 名护理师，共同生活家庭每 3 名老年人分配 1 名护理师。

表 6-9　　　　　　　　　　　　韩国护理师培训标准　　　　　　　　　　单位：小时

等级	身份	经历	教育时间	理论讲座	实习	现场实习
1 级	法定年龄内的培训人员	不到 1 年	180	60	60	60
	有国家资格证书的人等		90	10	40	40
	一般人	1 年以上	120	80	20	20
	法定年龄内的培训人员		100	60	20	20
	有国家资格证书的人等		50	10	20	20
2 级	有一年以上的经历或法定年龄内的培训人员		60	20	20	20
升级	取得护理师资格后工作 2 年以上		80	40	20	20

注：1. 一般人指除国家资格证书持有人和法定年龄内培训人员外的所有人。
2. 法定年龄内的培训人员指有级别的家庭志愿者（《老年人福利法》）、康复看护人（《国民最低生活保障法》）、红十字会看护人（《韩国红十字会组织法》）。
3. 有国家资格证书的人指社会福利师、看护师及在大学学习福利、看护保健专业的 10 科目以上的人。
资料来源：韩国保健福祉部. 对老年人长期护理保险人员设施扩充的介绍：护理机构的设立、护理师的培训、福利用具［DB/OL］. 2007. http://www.nhis.or.kr/.

表 6-10　　　　　　　　　　韩国新规定的护理师培训时间　　　　　　　　单位：小时

区别	理论讲座	实习	现场实习	服务种类
1 级：240 小时（2 个月）	80	80	80	重症老年人身体活动方面的所有服务
2 级：120 小时（1 个月）	40	40	40	轻症老年人身体活动及家务服务

资料来源：韩国保健福祉部. 老年人长期护理保险法的主要内容［DB/OL］. 2007. http://www.nhis.or.kr/.

比较表 6-9 和表 6-10，韩国新规定的护理师培训时间在原有的基础上有所延长，其中 2 级护理师延长了一倍的培训时间。可见，新规对长期护理从业人员的执业技能提升了标准。由于 1 级护理师就业范围更广，所以多数人都参加了 1 级护理师资格考试。

(5) 美国

在美国，提供专业护理服务的人员要求相对严格，必须是有资格认证的医学专业人

[①] 韩国社会福利教育协会"社会福利专业课程和社会福利相关课程"（2012）。

士，如注册护士、职业临床医学工作人员，他们在医生的直接指导和监督下进行护理工作。非专业护理服务可以由无任何专业专长的普通护理人员完成，也可由护士完成。此外，家庭成员及亲戚朋友提供的长期护理服务也是社区护理和家庭护理的重要组成部分。

2. 待遇保障

护理人员本身的工资待遇水平从另一个角度影响着提供的服务质量。有关国家也制定了相关政策和措施来保障护理人员的待遇。由于受国家经济实力的制约，有的国家虽然实施了长期护理保险制度，但是其服务质量堪忧。

目前，以色列的护理人员中有2/3是本国人，另有1/3是外国人。家庭护理人员的平均年龄在43岁，他们中大多数是兼职，年收入很低。作为一名护理人员，他们并不属于劳动工会，因而就没有劳动保护，也没有额外的收入，没有发展机会，在他们的雇主看来，他们的工作价值很低。其中部分人缺乏正规的教育，特别是缺乏护理老年人的培训。此外，护理保险法对护理人员的教育水平、培训、技术等也没做具体的规定。

德国《社会法典》第11册第44条则专门规定了有关护理人的待遇。（1）该条明确规定，非正规护理人如果对一个需要护理者每周提供14~30小时的护理服务，就视为一个有社会保障权利的护理人。（2）对于那些由于从事护理而不能工作，或者由于从事护理服务导致每周工作时间少于30小时的护理人，护理保险除了为他们提供护理津贴，还为他们缴纳法定养老保险费。其标准由接受护理者的护理需求程度和护理人的护理工作范围来确定，在确定护理人的护理工作范围时是有条件限制的，即这个护理工作范围对接受护理者来说应该是必要的。（3）护理人的周工作时间超过14小时，就必须依法参加工伤保险。如果是近亲属提供护理服务要参加失业保险，并可接受就业指导和培训，以便结束护理工作后重新融入社会就业。（4）从事居家护理的近亲属可以向自己的工作单位申请长达1年的护理假，其间每年也可享受4周的假期，在假期中可由专业机构提供护理服务，近亲属休假期间仍然可领取50%的津贴。

2008年5月，日本针对护理设施建设相对落后、护理从业者离职率高等问题，国会通过了《介护保险法》部分修改法案。2009—2012年，日本政府实施了"长期护理职员待遇改善交付金"政策，通过国家财政补贴将职员的人均月薪标准提高约1.5万日元。2012年4月，废止"长期护理职员待遇改善交付金"并开始实施"长期护理职员待遇改善加算"政策，将长期护理从业人员的人均月薪标准继续提高约0.9万日元。2015年厚生劳动省再次提高长期护理从业人员的人均月薪约1.3万日元。这样，长期护理从业人员的离职率由2007年的21.6%降低到2015年的16.5%。2016年日本政府修改了《介护休业法》，在长期休假制度方面，将有工作的家庭护理人可以申请的1次期限为93天的休假调整为最多可分为 3 次合计 93 天的弹性休假模式；在短期休假方面，有工作的家庭护理人可以 0.5 天为单位，分多次申请每年最长为 10 天的休假。在薪酬待遇方面，日本政府计划将"长期护理休业"期间有工作的家庭护理人的薪酬由现行全勤工资的约 40% 提高到 67%。

韩国的护理人员薪酬待遇与以色列一样较低，远低于其社会价值，导致了护理人员的流动性较高。2010 年，韩国大约有 3 414 名护理人员是文盲、存在健康问题、未成年人或 80 岁以上的老年人。

新加坡的护理工作主要由家庭成员、亲友或邻里提供。由于人口少，雇用外籍护理人员在新加坡家庭中比较普遍。据调查，近一半的家庭（49.1%）雇用外籍护理人员。鉴于这种情况，新加坡政府通过外籍女佣减税计划和女佣雇主补贴计划为低收入家庭提供补贴。其中，外籍女佣减税计划为需要聘请外籍女佣来看护年长或残疾家人的家庭减少外籍女佣税，每月的外籍女佣税只需交 60 新元；女佣雇主补贴是指需要聘请外籍女佣看护中度或重度残疾家人的家庭，每月可获 120 新元补贴。此外，还有看护者培训津贴，为了学习如何更好地照顾年长或残疾家人，看护者每年可享有 200 新元的培训津贴。

由上可见，德国对护理人的社会保障权确认，日本对护理从业人员的薪酬待遇提高，新加坡对低收入家庭的护理减税计划，以及德日两国规定的护理人员休假制度都体现了对护理劳动的尊重和对护理人员的人文关怀，这与各国的经济发展水平有关，但更重要的是这些国家的制度建设比较完备。以色列和韩国护理人员的低待遇及其专业技能低下是长期护理服务质量不高的主要原因。

【阅读材料 1】　　　　　　瑞典《社会服务法案》

瑞典老年人的收入主要源于养老金。瑞典《社会服务法案》规定，被服务的人无论其需求大小，都有权利在家中得到帮助服务，因此在各种由市政府社会福利局为老年人提供的服务项目中最重要的是家庭服务，包括护理、烹饪、洗衣、购物、理发、洗澡、室内清洁、借还图书、陪老年人去医院看病等，老年人可以在自己家中享受养老服务。有需要的老年人也可以选择住老年人公寓或养老院。瑞典各个城市都办有养老院，多为公立养老院，也有部分私营养老院，比例较小。养老院集住宅与疗养功能于一体，大都条件较为完备，可以为老年人安享晚年提供各种周全的服务。在养老院生活的老年人必须对各项服务付费，但费用只是他们实际花费的一半，并可以从其养老金中扣除，其余的要依靠地方政府提供补助。老年人公寓一般由政府出资在社区内建造或将一般住宅改建，使之适用于老年人居住，老年人公寓由训练有素的"家庭护理员"队伍随时为老年人提供帮助。许多城市还设有"老年人活动中心",既提供一些服务项目,也为老年人提供阅读、娱乐与活动场所。此外,瑞典还有在白天面向阿尔茨海默病患者、残疾人等提供专业治疗、看护,使之与他人友好相处、恢复社会地位的日托型养老服务。在服务提供方面,瑞典的私营部门亦有参与,但对家庭以外的老年人照顾一直是公共部门的责任。

资料来源:王延中. 中国社会保障发展报告(2014)[M]. 北京:社会科学文献出版社,2014.

【阅读材料2】 芬兰的"一体化"养老福利与服务机构

芬兰全国65岁以上老年人在全国人口中的比例已超过15岁以下人口的比例,人口老龄化日趋严重。政府非常重视老年福利服务工作,社会事务与健康部将芬兰的国家老龄化政策纳入其发展战略。芬兰政府鼓励老年人积极为自己的健康负责,并维护他们身体的各项机能,提倡老年人安居在自己的家庭和熟悉的环境中,因此积极建立和改造无障碍、功能齐全和安全的家庭环境与居住环境,支持老年人的独立性。目前芬兰已建成了集养老院、家庭服务网、老年人服务娱乐中心和老年人公寓于一体的养老福利与服务机构,使所有老年人不论贫富都能享受平等的福利待遇及良好的照顾。

首先,社会福利部门通过覆盖全国的家庭服务网为老年人提供住房服务、家庭服务和上门保健服务等,尽可能让老年人长期生活在自己家中。志愿者还会通过打电话或上门同老年人交谈的形式,消除老年人的孤独感,改善老年人的心态。接受服务的老年人只需根据自己的养老金收入,支付很小比例的服务费,收入越低,需支付的费用越少,其余大部分费用由市政福利部门承担。目前,芬兰全国65岁以上的约90%、85岁以上的约65%的老年人住在自己家中,家庭服务网为他们在家中安度晚年提供了良好的保障。

如果家庭护理人员每天上门护理老年人超过3次或老年人需24小时护理,老年人便可选择住进养老院,目前芬兰有422家养老院,近2.4万名老年人生活在养老院中。养老院的护理目标是尽可能提供家庭般无微不至的照顾,使老年人心情愉快,健康长寿。护理人员每天帮助体弱年迈的老年人穿衣穿鞋、梳头洗脸、用餐吃药、洗澡洗衣,还将长期卧床的老年人推到阳台呼吸新鲜空气,欣赏自然风景,夜间为老年人翻身、换尿垫,如此照顾一直持续到老年人去世。养老院的护理费用比较昂贵,其中的小部分由老年人根据自己的收入支付,绝大部分费用由市政社会福利部门承担。

为帮助老年人摆脱孤独和寂寞,社会福利部门还在全国建立了数百个老年人服务娱乐中心,丰富老年人的晚年生活,使他们保持身心健康。芬兰的老年人公寓有两种,一种是由市政当局修建的,向老年人出租房屋,并由社会福利部门提供各种补贴。修建老年人公寓的资金主要来源于市政住房基金会和银行贷款,也可接收来自社会的捐赠。收入有限的老年人可获得租金补贴,因此,低收入的老年人不用担心晚年生活无保障。另一种是私营老年公寓,主要面向收入和积蓄比较丰厚的老年人,老年人出资成为公寓住房股份公司的股东,受雇于该公司的"女主人"们向老年人提供各种有偿照料服务。私营老年公寓的出现改善了老年人的居住环境,提高了老年人的生活质量,受到老年人的广泛欢迎。

资料来源:王延中. 中国社会保障发展报告(2014)[M]. 北京:社会科学文献出版社,2014.

【阅读材料3】　　　我国医养结合的兴起与推进

我国现阶段人口老龄化,社会"老年病"常发、易发和突发,加上失能、半失能的康复治疗和看护问题,这些都困扰着千家万户。而现状是医疗团队和康复互相独立,养老院不方便就医,医院里又不"养"病人,一旦患病就不得不经常往返于家庭、医院和康复机构,既延误治疗,也增加了家庭的经济负担。医疗和康复的分离,也使许多患重病的人把医院当成养老院,成了"常住户"。医养结合型养老服务(简称医养服务),是关于养老服务资金、管理、组织架构和提供方式的配置模式,也是医疗机构和养老机构之间临床诊断水平的关联衔接与有机结合的汇聚机制。这种服务旨在提高老年人的护理质量、生活质量和服务效率,尤其满足弱势老年群体的需求,使他们也能过上有尊严的生活。实践证明,医疗资源与养老资源的有效整合和衔接,能够提高服务质量、降低养老和医疗成本,提高老年人的健康水平和生活质量,支持有多种需求的老年人的独立生活。医养结合与长期护理的区别见表6-11。

表6-11　　　　　　　　　　医养结合与长期护理的区别

	医养结合	长期护理
服务对象	全体老年人	失能老年人
服务内容	疾病治疗+医疗护理+生活照料+其他	生活照料+健康维持+慢性病康复+临终关怀+精神抚慰
服务周期	无限制	长期(失能6个月以上)
筹资方式	医疗保险、长期护理保险、自付	长期护理保险
服务供给	家庭、社区、医疗机构、养老机构	家庭、社区、医疗机构、养老机构

近年来,国家颁布了关于促进医养结合的一些重要文件。2013年9月,国务院出台《关于加快发展养老服务业的若干意见》,首次明确提出要积极推进医疗卫生与养老服务

相结合，探索医疗机构与养老机构合作新模式。2015年11月，国务院办公厅转发国家卫生计生委、民政部、国家发展改革委、财政部等9部委《关于推进医疗卫生与养老服务相结合的指导意见》，要求建立健全医疗卫生机构与养老机构合作机制，采取多种形式实现医疗卫生与养老服务融合发展。2016年5月，国家卫生计生委办公厅和民政部办公厅发布《关于遴选国家级医养结合试点单位的通知》，同年6月，民政部和国家发展改革委联合印发《民政事业发展第十三个五年规划》，要求"加快推进医疗卫生与养老服务相结合，建立健全医养结合体制机制和政策法规"，把医养结合体制机制建设和改革试点工作提上重要议程。2017年10月，党的十九大报告提出，要"积极应对人口老龄化，构建养老、孝老、敬老政策体系和社会环境，推进医养结合，加快老龄事业和产业发展"。2019年4月，国务院办公厅发布《关于推进养老服务发展的意见》，提出"持续完善居家为基础、社区为依托、机构为补充、医养相结合的养老服务体系，建立健全高龄、失能老年人长期照护服务体系"。同年10月，国家卫生健康委牵头11个部门印发《关于深入推进医养结合发展的若干意见》，提出强化医疗卫生与养老服务衔接、推进医养结合机构"放管服"改革、加大政府支持力度、优化保障政策以及加强队伍建设五个方面的意见。

2016年6月和9月，国家卫生计生委办公厅、民政部办公厅联合印发《关于确定第一批国家级医养结合试点单位的通知》和《关于确定第二批国家级医养结合试点单位的通知》，确定北京市东城区等50个市（区）作为第一批国家级医养结合试点单位和确定北京市朝阳区等40个市（区）作为第二批国家级医养结合试点单位。2019年10月，工业和信息化部办公厅、民政部办公厅、国家卫生健康委办公厅联合印发《关于开展第三批智慧健康养老应用试点示范的通知》，遴选第三批智慧健康养老示范企业38家、示范街道（乡镇）95个、示范基地23个。2020年7月，工业和信息化部办公厅、民政部办公厅、国家卫生健康委办公厅又联合印发《关于开展第四批智慧健康养老应用试点示范的通知》。

目前三批医养结合试点全国共有185个区（街道或乡镇），外加示范基地23个。截至2019年底，全国共有近4 000家医养结合机构，医疗机构与养老机构建立签约合作关系的超过2万家。

资料来源：根据中央人民政府门户网站资料整理。

【本章小结】

本章主要介绍了长期护理服务的主要内容和服务提供方。长期护理保险的目的是获取长期护理服务，被保险人只有在申请审核获批的情况下才能得到相应等级的长期护理服务，因此对于被保险人而言，长期护理保险提供哪些服务以及由谁来提供服务是十分重要的。

长期护理服务的主要内容包括机构护理、居家护理和社区护理三种服务类型，不同国家的长期护理服务的具体内容也不相同，其中居家护理和社区护理逐渐成为养老服务的主流模式。长期护理保险的服务供给方根据保险类型不同也存在差异，商业长期护理保险的服务提供方是市场商业机构，而社会长期护理保险的服务提供方则较为复杂，涉及政府、非政府组织以及营利组织的多元参与。此外，护理人员的资格标准认定和待遇保障水平都影响着提供的服务质量，因此长期护理保险对护理人员的教育水平、培训、技术认定和待遇保障政策都应做出具体规定。

通过本章学习，我们可以发现主要国家长期护理保险服务供给体系体现了这样一个基本原则，即以居家和社区为主要服务载体、以民间机构为服务供给主体、以失能失智老年人为主要服务对象的"三为"原则。

【关键概念】

长期护理服务　居家护理　社区护理　机构护理　日间护理

【思考题】

1. 长期护理保险服务与医疗保险服务的受益资格有什么不同？
2. 主要国家长期护理保险的服务内容有哪些不同？
3. 主要国家如何先行做实长期护理保险的服务基础？为什么？
4. 主要国家长期护理保险的服务提供机构类型有哪些？
5. 主要国家长期护理保险服务从业人员待遇政策有哪些可以借鉴？
6. 调查并思考我国长期护理服务供给体系的状况以及如何完善。

【本章延伸阅读材料】

戴卫东. 中国长期护理服务体系建构研究［M］. 北京：社会科学文献出版社，2018.
裴晓梅，房莉杰. 老年长期护理导论［M］. 北京：社会科学文献出版社，2010.
卓春英. 颐养天年：台湾家庭老人护理的变迁［M］. 台北：巨流图书公司，2001.
［德］霍尔斯特·杰格尔. 社会保险入门：论及社会保障法的其他领域［M］. 刘翠

霄, 译. 北京: 中国法制出版社, 2000.

[日] 住居广士. 日本介护保险 [M]. 张天民, 刘序坤, 吉见弘, 译. 北京: 中国劳动社会保障出版社, 2009.

OECD. Help Wanted? Providing and Paying for Long-term Care [EB/OL], 2011. www.oecd.org/health/longtermcare and www.oecd.org/health/longtermcare/helpwanted.

SCHMID H. Home care workers' assessment of differences between nonprofit and for-profit organizations delivering home care services to the Israeli elderly [J]. Home Health Care Services Quarterly, 1993, 14 (2/3).

STESSMAN J. The Long-Term Care Insurance Law after twelve years: Problems and solutions [J]. Social Security, 2001 (60).

第七章　长期护理保险的质量管控

> ● **学习重点**
> 1. 长期护理保险的质量风险。
> 2. 长期护理保险质量管控的三大机制。
> 3. 评估长期护理保险质量的方法。

质量是一切服务的生命线。长期护理服务是老年人服务的一个重要组成部分。如果长期护理服务的质量不能满足老年人的需要，那么长期护理保险制度的目标就没有实现，最终只能导致资源的大量浪费。所以，质量管控机制在长期护理服务供给体系中地位的重要性不言而喻。世界卫生组织认为，老年人长期护理质量监管的内容包括护理人员的培训、对服务供给体系的监督、患者信息系统的建立、服务标准的制定以及指导纲领的发布等。可见，质量管控不仅是为了维护服务供给体系的长久运行，而且也是为了保障长期护理保险基金筹集体系的正常运转，其中的利益关系链在绪论第四节中的"长期护理保险制度构成"中已有阐述。所以，各国都高度重视长期护理服务供给的质量。

为了使长期护理保险制度得以良性运行，在服务供给体系运行之前就应对相关制度设计进行法律规范、约束，使其更有价值也更有效率。这些管理部门的设立、防范逆选择以及护理执业标准的建立等都属于事前防范机制；对护理需求方的道德风险控制和对护理供给方质量的定期审查则属于事中加强机制；第三方监督以及相关行政管理部门依据回访和委托第三方质量评估的结果而进行的奖励、退出则属于事后奖惩机制。这样，事前防范机制、事中加强机制以及事后奖惩机制构成了长期护理保险制度的质量风险管控体系。

第一节　长期护理保险质量管控的事前防范机制

一、设立质量管理部门

建立专门的质量管理部门成为各国长期护理保险制度的重要组成部分。荷兰的国家健康保险理事会负责对长期护理保险基金及预算提供咨询意见，以及检查服务的质量。卫生保健监督局负责监管提供居家和机构护理服务的供给机构。此外，政府授权成立负责具体经办的区域护理服务办公室（全国共有32个），由本区域比较优秀的医疗保险公司负责运营的非营利性的独立机构充当本区域护理服务购买者的角色，由其与护理服务提供者针对服务的价格和质量进行协商谈判，由区域护理服务办公室审核通过，审核通过的服务提供者要递交外部质检机构出具的质量等级认证，并将其作为签订服务合同的先决条件，再由受益人从中自由选择一家或几家。

在以色列，首先，由国家保险局负责确定申请者的最初资格（家计调查、年龄、居住权等），并指派公共卫生护士进行老年人失能程度评估。其次，地方专业委员会（由一名国家保险局的工作人员、一名社会工作者和一名公共卫生护士组成）负责制订申请者的护理服务计划，并从劳动和社会事务部批准的服务供应商名单上选择合适的供应商，继而负责跟进和监督护理服务的质量。最后，国家保险局负责将服务费用直接支付给供应商。

德国长期护理保险的管理归属于医疗保险基金会，其评估审查同样由医疗保险基金会的审查委员会负责。各级地方政府与长期护理行业协会共同组成联邦长期护理联合会①，对门诊和住院护理的质量以及质量保证和质量审查程序规定统一的原则和标准。同时，社会医疗保险部门委托的第三方机构 MDK 和商业医疗保险公司协会委托的 Medicproof 负责内部质量监督，定期对疗养院和非住院护理机构进行审核，根据对每个领域进行的评估、分级，并结合失能人员的访谈结果，编制质量检测报告，在互联网上公开发布。对于疗养院等护理机构的监督检查包括各个方面，如向被保险人提供的护理和医疗服务，对失智失能人员的护理、社会关怀、日常作息、食宿管理、住所管理和卫生管理等。对于居家护理服务机构的审查涉及护理服务、医嘱、服务提供和组织管理等。2002年1月德国出台了《质量保证和消费者保护法》，2008年7月又进行了一次综合改革，规定2010年后每年必须至少对护理服务的提供方进行一次现场质量检查，结果要透明公开，该措施加强了服务质量的外部监督管理。此外，还建立了审计制度，随机抽查护理服务供应商，对提供服务欠缺的机构采取一些惩罚措施。

在日本，长期护理保险的监管在中央、都道府县和市町村三级政府层面开展。中央政府负责制定政策，包括发布详细的标准，并对地方项目开展积极的监督。都道府县政

---

① 德国联邦长期护理联合会是一个咨询机构，由长期护理保险基金和医疗保险基金共同建立，由分别代表联邦政府、州政府、社区、长期护理基金协会、非卧床性护理和机构护理的供给者协会等的53名成员组成。该联合会的职能是向联邦政府提出长期护理保险的建议，主要包括提供护理信息、护理建议、具体案例的护理管理以及多样化服务。长期护理联合会引进案例经理，案例经理不仅要提供咨询意见和建议，还要站在护理服务需求者的角度协调好所有的护理服务，护理服务需求者有向案例经理寻求帮助的法定权利。

府为服务提供者发放许可证，并开展检查工作。市町村是法定长期护理保险的管理运营主体，位于最前线，负责计划和管理保健与老年人福利项目，并由行政监察委员会事务局进行不定期抽查护理服务的质量。

韩国保健福祉部下设的长期护理委员会①，负责审议和确定长期护理保险费率、规定长期护理特别现金支付标准、居家和机构护理服务费用等。国民健康保险管理公团是长期护理保险的管理运营机构，负责管理参保者及医疗救助对象、征收保险费用、调查保险申请者、管理指导护理等级评定委员会的运营及长期护理等级判定、制订护理等级认定书和护理服务计划书、监督和评估长期护理服务质量、对服务对象提供护理保险支付相关信息和咨询服务、居家及机构支付费用的审核及支付特别现金、开展调查研究和宣传活动、开展老年性疾病预防事业、开发和制定长期护理服务标准、测算合理的长期护理服务费用等业务。地方政府负责指导、监督和管理护理机构，可以指定或取消护理机构，可以推荐护理等级评定委员会成员，承担老年疾病预防保健事业的建设工作。

主要国家长期护理服务质量管理部门基本上都包括宏观、中观和微观三个层面（见表7-1），宏观的管理部门是中央及下设的专门职能机构，负责政策设计和标准制定；中观的管理部门是地方政府的主管机构，负责督查、审核和指导工作；微观的管理部门是基层的执行机构，负责合同签订、服务跟进、一线检查、质量评估等技术环节工作。

表7-1　　　　　　　主要国家长期护理服务质量管理核心部门

国家	质量管理的核心部门
荷兰	国家健康保险理事会、卫生保健监督局、区域护理服务办公室
以色列	国家保险局、劳动和社会事务部、地方专业委员会
德国	医疗保险基金会、联邦长期护理联合会、MDK和Medicproof
卢森堡	行政运营机构、监督部、质量委员会
日本	中央政府、都道府县政府、市町村
韩国	长期护理委员会、国民健康保险管理公团、地方政府

注：卢森堡长期护理保险的质量管理部门参见第三章第二节中的"社会保险模式国家的责任部门及其职能"的相关内容。

一、防范逆选择

所谓逆选择，指的是信息不对称造成市场资源配置扭曲的现象，即由于保险机构事

---

① 韩国长期护理委员会由包括委员长1人和副委员长1人在内的16~22人的委员组成。其中，委员长由保健福祉部部长任命或委托，委员从劳动者团体、服务使用者团体、市民团体、老年人团体、农渔村团体和自营业者团体代表中产生，同时也包括长期护理机构代表、医疗界代表、中央所属行政机关公务员代表、研究长期护理的学界和专家代表，以及国民健康保险管理公团理事长推荐的代表。委员的任期是3年，公务员代表可以连任。

前不知道被保险者的风险程度，使得保险水平不能达到对称信息情况下的最优水平。比如被保险者隐瞒了自己身体疾病的真实程度而获得了参加保险的资格或更高标准的护理服务，这样，保险机构就不得不支出超出正常情况下的费用。逆选择是一种事前的对他人（或机构）不利的选择行为。

1. 规避被保险人的逆选择

为了防范逆选择，主要国家针对长期护理保险都实行了严格的申请审查制度，一是为了确定申请人（参保人）是否有资格享受长期护理保险制度的实物支付或现金支付或混合支付，二是为了判定申请获批的失能者需要享受什么等级的长期护理服务。主要国家防范逆选择的措施如表7-2所示，具体的审查标准参见第四章第二节"长期护理保险的申请评定"的相关内容。

表7-2　　　　　　　　主要国家长期护理保险防范逆选择的措施

国家	审查健康、失能程度	是否有家庭成员护理	收入审查	其他条件
荷兰	是	考虑	无	心理和社会功能、家庭和生活环境
以色列	是	不考虑	有	一是已经退休（男性67岁、女性62岁），二是通过家计收入调查
德国	是	不考虑	无	无
卢森堡	是	不考虑	无	护理服务援助需要持续至少6个月或申请者处于一种不可逆转的健康状况；接受长期护理服务的最低限度是每星期至少3.5小时
日本	是	不考虑	无	65岁及以上的老年人，以及40~64岁患有特定疾病的人
韩国	是	不考虑	有	65岁及以上的老年人，以及不满65岁患有24种老年性疾病之一的人
法国	是	不考虑	无	只有失能1~4级的老年人才能有资格享受长期护理津贴，但月收入2 622欧元以上的人就不再享受津贴
美国	是	不考虑	无	存在商业长期养老保险不可投保的7种情形；一旦投保不得中途取消
新加坡	是	不考虑	无	商业长期养老保险支付有公积金账户的并参保的国民和永久居民

资料来源：作者整理。

2. 限制保险人的逆选择

除了防范参保人利用信息不对称实施逆选择，有些国家还对保险人（保险公司）做了规定，以限制处于强势地位的保险人的逆选择行为。

（1）德国

德国政府为了避免老弱病残群体被排斥在长期护理保险体系之外，《社会法典》第11册第110条对商业保险公司的义务做了规范：①申请人以前有疾病不能不让参加；②已经有护理需要的人不能不让参加；③不能按照被保险人的性别、健康状况给保险费划等级；④在社会长期护理保险中能享受免除子女保险费的共同保险人在商业长期护理保险中也同样适用；⑤在社会长期护理保险中能享受降低保险费的被保险人在商业长期护理保险中也同样适用；⑥制定了保险费的最高收费标准，不允许保险公司超越法定护理保险最高保费的50%，等等。

（2）美国

美国保监会对商业长期护理保险公司同样做了一些有利于投保人利益的法律规范。

可续保性。可续保性是指只要购买者缴纳保险费，保单就不得被取消，即使保险公司停止销售该长期护理保单。几乎所有的长期护理保单都保证可续保，也就是说保险合同赋予被保险人可以延长自己保险年龄的权利。除非被保险人没有缴纳保费，保险公司不能在保单期满前终止保单或停止续保。在续保时，保险公司可以提高被保险人的保费，因为未来的护理成本不是一成不变的，也是无法预料的，如果不加以调整，可能会使保险公司入不敷出，最终受害者也是被保险人。但在对保险做出调整的时候，必须是针对同类保单的所有被保险人，不可做个别调整。有些保单保证可终身续保，只有极少数保单属于"不可撤销的保单"，即保单既不能终止也不能变更保费。在团体长期护理保险中，保单同样也有续保保证，也可以每年调整保费。

不丧失现金价值选择权。不丧失现金价值选择权是指如果投保人停止缴纳保费，则保单被视为减额缴清，保险公司可以缩短支付期限，或者返还部分保费。当投保人不愿意继续缴纳保险费时，保险人向其提供"不丧失价值"的选择权，也正是这个原因，保险公司通常收取比同类保单更高的保险费。美国长期护理保险的承保时间长，缴纳的保险费具有一定的现金价值，当被保险人决定撤销其现存保单时，保险人必须向其提供"不丧失价值"支付，即被保险人享受不丧失现金价值的权利。它有两种方式：一种是减额缴清保单，这种方式是以现金价值作为趸缴保费，以获得低于原来的保险金额但保险期限不变的保险；另一种是长期保险单，这种方式是以现金价值作为趸缴保费，以获得保险金额相同但保险期限相应缩短的保险。

抵御通货膨胀保障。由于通货膨胀因素的存在，若干年后长期护理保险的支付很可能不足以支付逐年上升的护理费用。针对这一情况，保单规定被保险人有权定期购买额外保险，按他们的年龄确定缴费率，以增强对通货膨胀的抵抗能力，还可以通过规定保单日支付额。但是无论采取哪一种方式,都会大幅度提高被保险人的年缴费额。所以,为避免被保险人因无力支付保费而致使保单失效的情况发生,规定在被保险人达到某一年龄或投保缴费满一定时期以后,这两种办法就不能再采用。虽然购买这类保单费率比较高,但是在护理费用不断上涨的趋势下,对投保人来说是非常有益的,尤其是对年轻购买者更加有利。有的长期护理保险保单允许投保人在将来不必提供可保证明的条件下定期增加保险金额。

三、建立护理人员的执业标准

一线护理人员的服务质量在很大程度上决定了受益人的获得感和满意度,对长期护理保险制度的成败有很大的影响。护理人员的执业标准则直接决定了护理人员的服务质量。执业标准主要包括等级认证、上岗资格、教育培训的课程体系等方面。开设护理教育专业和开发护理培训课程是各国共同的做法。其中,基础理论知识有利于培养护理人员的人文关怀精神和服务至上理念,专业知识则能提升护理人员的职业技能,而实习实践有利于强化理论知识在实务中的应用。除了正规和非正规护理人员外,主要国家还组织较大规模的志愿者作为专业护理人员的补充。

德国在 2000 年发布《教育改革法》并于 2003 年实施。该法对老年护理师和家庭式护理助理等老年护理人员推出了统一的国家标准,如要求老年护理人员需经过 3 年培训才能上岗。另有几所大学还开发了长期护理自愿型管理培训课程,受到广泛欢迎。法律还规定,长期护理保险基金必须对非正式护理人员的免费课程培训以及针对负责检查质量的护士培训提供资金支持。

相对来说,日本和韩国的护理师教育培训制度比较健全,培训课程比较规范,护理师经过专业培训后参加国家考试获得等级认证。韩国的长期护理保险法还新设了护理师职业资格制度。1 级护理师承担重症老年人的身体照顾及相关服务。2 级护理师须接受 120 小时培训,主要从事轻度失能老年人的身体照顾及家务服务。教育培训课程与 1 级培训课程相似。如果在老年护理机构或居家服务机构工作满一年,服务时间超过 1 200 小时的有护理服务经历的人则可以免去实习时间。两国的护理教育培训课程体系如下。

日本长期护理教育培训科目设置。(1) 基础科目:包括人文科学类、社会科学类、自然科学类、外国语、保健、体育等共 120 个学时。(2) 专业科目:社会福利概论(60 学时)、老年人福利论(30 学时)、障碍者福利论(30 学时)、康复锻炼论(30 学时)、社会福利援助技术(30 学时)、社会福利援助技术(实习 30 学时)、老年人障碍者心理(60 学时)、家政学概论(30 学时)、营养调理(实习 30 学时)、家政学(实习 90 学时)、医学(60学时)、精神卫生(30学时)、介护概论(60学时)、介护技术(120学时)、障碍介护技术(120学时),共计810学时。(3)实习指导:60学时。

韩国护理师教育培训课程,见表7-3。2008年韩国老年长期护理保险制度实施之时,因需要大量的护理师,所以保健福祉部放宽了护理培训机构的准入条件,全国各地新设护理师培训机构640家,由此也遭到了乱设培训机构的批评。截至2014年初,保健福祉部指定的护理师培训机构有253家。

表7-3　　　　　　　　　　　韩国1级护理师教育培训课程

	课程	教育内容	详细内容	理论	实务实习
理论讲授 (80课时) / 实务练习 (80课时)	护理概论	护理相关制度及服务	-理解社会福利制度 -老年保健福利服务制度概要(老年人福利法、老年人长期护理保险法) -长期护理保险服务标准 -老年人保健福利服务资源	6	
		护理师的职业与伦理	-护理业务目的、功能、基本原则 -护理师伦理守则及职业态度 -不同机构的护理服务(机构、居家) -护理师自我管理及安全管理(健康管理、压力管理、自我发现、资格管理)	8	4
			-老年人权益保护及预防虐待	2	
		对护理对象的理解	-老年期一般问题(生理、心理特征) -老年人与家庭关系	5	
		护理基础知识	医学、护理学基础知识	-老年人主要疾病(阿尔茨海默病、心脑血管疾病、抑郁症) -老年人基本健康状态的观察和调查(理论、实务) -访问护理的理解 -老年人增进健康及疾病预防	16	5
	护理分论	基本护理技术	<摄取护理> -饮食帮助(口服、非口服) -帮助服药及药品保管	5	7
			<排泄护理> -帮助使用卫生间 -帮助卧床者排泄 -帮助使用移动便器 -帮助使用尿不湿 -帮助使用导尿管	5	7

续表

课程		教育内容	详细内容	理论	实务实习
理论讲授 (80课时) / 实务练习 (80课时)	护理分论	基本护理技术	<个人卫生及环境护理> -帮助口腔、头发、手脚、会阴部的清洁 -帮助洗漱/洗澡 -换衣 -打扫卫生，维持干净整洁的环境	5	12
			<体位变更和移动保护> -帮助起床 -帮助使用轮椅 -帮助步行(自己，器具) -帮助移动	4	8
			<安全及感染护理> -预防落床/滑倒/摔倒 -应急处置(窒息、痉挛、烫伤、火灾)及基本急救技术 -预防感染及褥疮 -吸痰	6	8
			-临终护理	2	3
		家务及日常生活支援	-日常生活支援的目的、功能及基本原则 -饮食准备和营养管理（料理方法、老年人饮食调理、糖尿病特别饮食） -食品、碗筷等卫生管理 -服装及床清洁管理及洗涤 -帮助外出及日常生活支援 -维持清洁的环境	5	9
		沟通及娱乐支援	-做聊友 -帮助沟通 -帮助做娱乐活动（看电视、听音乐） -沟通及亲密关系形成方法	4	8
		利用服务支援	-把握护理对象、场所特征及支援服务计划变更 -理解与其他职业及其他服务的连接 -业务报告会、个案交流会的意义及功能	4	4
		护理业务记录及报告	-记录和报告的目的及意义 -业务日志记录方法 -业务报告制作方法	3	5
合计				①80	②80

续表

课程	教育内容	详细内容	理论	实务实习
现场实习 （80课时）	老年护理机构实习	整合实习Ⅰ	40	
	居家护理服务机构实习	整合实习Ⅱ	40	
		小计	③80	
		合计①+②+③		240

资料来源：韩国保健福祉部。

美国要求老年护理高级执业护士具备熟练的专业知识和研究生学历。美国护理教育系统由三级教育培训网络组成，即医院护士学校、社区护理学院和高校护理系。完善的护理教育体系不仅充分地保证了长期护理服务的质量，而且有效促进了护理参与多学科联合以及合作研究。

第二节　长期护理保险质量管控的事中加强机制

一、控制需求方的道德风险

所谓道德风险，指的是人们享有自己行为的收益，而将成本转嫁给别人，从而造成他人损失的可能性。也就是说，由于保险双方之间的信息不对称，被保险人参加保险之后，因为有保险做后盾而降低自己对所保险项目的维护保养水平，而保险机构却无法观察到被保险者的行为，从而不得不增加保险费的支出。比如在参加长期护理保险之后，被保险人产生依赖护理服务而不积极主动配合争取康复的行为。道德风险是一种事后的对他人（或机构）不利的选择行为。实施长期护理保险制度的国家对道德风险也采取了一些相应的措施。

德国每年需对正在接受护理服务的人进行1次失能转归情况再评估。这样做的目的是避免老年人对护理服务的依赖行为，通过护理服务，老年人能够生活自理的就不再继续为其提供护理服务，程度有所减轻的就减少护理的服务内容或降低护理的支付待遇。德国护理保险基金会还规定，对因住所迁移或平常居住在国外而脱离义务保险的人申请继续参加社会长期护理保险，有一个前提条件，即他们在脱离义务保险之前的最后5年至少有12个月是参加保险的，以避免有人不缴纳社会长期护理保险费而等到有护理需求的时候来享受护理保险服务的道德风险。此外，对长期护理保险支付费用设置封顶线。失能1~4级的护理待遇都设有上限，超出部分由个人自付。选择机构护理的失能者自付费用的比例更高，至少达到了费用总额的25%。

新加坡的"乐龄健保计划"被保险人一般需要接受保险公司指派的评估员的定期复查,复查费由保险公司承担。如果被保险人康复,"乐龄健保计划"将停止支付。如果康复后又达到护理状态的被保险人,可以继续领取赔偿金,直到赔偿金领取期满为止。在被保险人去世时,保单自动终止。

荷兰和日本对享受长期护理服务的被保险人都规定,每6个月重新进行一次护理需求评估。若被保险人失能状态完全消除,则不再享受由保险支付的护理服务;若被保险人失能依赖程度加重或减轻,就提高或下调护理服务等级,因此就增加或减少相应的护理服务时间。

总之,无论是防范逆选择还是控制道德风险都是为了保证护理资源的合理利用,规避信息不对称导致的问题,从而控制长期护理保险基金的无效支出规模。

二、审查供给方的服务质量

荷兰政府对非营利组织实行每年一次的 ISO 9001 及 HKZ 认证,事先不告知对方。荷兰对 HKZ 认证有一套严格的检测指标。非营利组织必须有 ISO 9001 国际认证和 HKZ 荷兰高质量组织的双重认证。从 2006 年开始,HKZ 认证已经成为提供身心障碍者服务机构的必要条件。荷兰还制定了一套关于长期护理服务质量的相关准则,自 2006 年起质量评估要基于合理护理质量框架,该框架得到卫生部、卫生健康监管局和主要的服务机构、保险公司、受益者和从业专家的共同认可,分为受益人相关指数、护理服务相关指数以及服务机构指数三类,评分结果在网站上公布。

以色列国家保险局也每年审查一次服务提供机构,包括护理人员的工资支付,以及机构与护理人员协议中的各项待遇。每次至少审查 1/3 的服务机构,这样,每个服务机构至少在 3 年当中就会被审查一次。

德国的居家护理一直处于服务供给体系的主导地位。德国各州护理保险协会委托 MDK 对护理机构的服务品质进行年度审查监督。2008 年 7 月《长期护理保险法》修正前为每 5 年进行一次审查,修正后至 2010 年 12 月为每年抽查一次。自 2011 年起,所有护理机构须每年接受至少一次事先不通知的审查,将审查率大大提高。为了使审查结果透明化,审查者对护理机构实行打分制,以"很好""好""可以""一般""有瑕疵"方式计算总分,写成审查报告。审查的护理机构被公布在护理机构、保险机构和护理据点的网站上,该信息免费向民众提供。

日本的地方政府市町村委托相关民间团体,一般每年对护理服务机构进行一次例行检查,主要检查机构设施、人员配置水平、财务管理和报告准确度等方面。审查结果在网站上公布,供各单位参考。民间评估团体多为非营利组织,须经政府核查同意后,才能开展审查工作。护理机构需自付费用向第三方提出评估申请,部分住宿型机构依据评估结果决定服务支付的金额。每6年对政府指定服务机构的资格进行一次更新审查。

韩国的健康保险管理公团对护理机构每2年进行一次审查,并将结果公布在网上,便于市民自由选择护理服务机构。特别是对长期疗养机构的审查评估结果实行全透明管理。引导市场进行良性竞争,从而自发淘汰质量不过关的护理机构。

长期护理服务质量的管理是各国共同面临的难题。为了保证服务质量,各国对护理服务的从业人员和机构大都采取了资格认证、教育培训和外部抽查评估等方式加强监督。在护理机构私有化的改革趋势下,尽管各国都实施了内控和外控机制,但以营利为导向的护理机构难免会出现质量较差等现象。在如何降低行政监管成本方面,增加违规成本和强化动态退出机制可能是比较好的改进方向。

第三节 长期护理保险质量管控的事后奖惩机制

一、第三方监督

一些国家在正式的行政监管体制之外,还充分发挥了市场第三方机构的监督作用,这体现了"小政府,大社会"的全球公共管理发展方向。第三方机构参与长期护理服务质量的评估与监督,有利于促进公平并提高效率。

1. 美国的长期护理监察员制度

在美国,还有一项特殊的措施就是要求每个州必须建立长期护理监察员制度。1978年根据《美国老年人法案》的授权,长期护理监察员计划的任务是解决长期护理服务受益居民的问题并主张他们的权利。1981年,第三届老年人会议重新批准通过的《美国老年人法案》,将实行的监察员制度扩大到董事会和护理之家。1987年,护理院改革法案规定护理设备所在地如有老年人需要保护和辩护的时候,监察员要直接、及时地开展调查。可见,长期护理监察员是生活在护理院、寄宿照料之家、辅助生活机构以及类似养老机构的老年人的保护人。[①] 这一制度有助于接受和处理监管系统之外的投诉,与系统内监管制度一起共同促进了护理服务质量的提高。

2. 德日两国的第三方机构评估

近几年,在德国和日本,国民对长期护理服务质量以及私人评估的认可日益提升,

---

① 裴晓梅,房莉杰. 老年长期照护导论 [M]. 北京:社会科学文献出版社,2010:145.

这些措施是对政府监管的补充，但不会替代政府监管。

如前文所述，德国医疗保险基金会委托第三方机构 MDK，负责护理需求的评估、护理计划的拟订，以及质量监督。在 MDK 的评估任务完成之后，由保险机构做出二次判定。MDK 将护理需求者的评估和判定两个程序分离，这种独立性更保证了评估过程的公平公正，从而实现它设立的初衷，即保障护理保险基金公平、合理地使用在每个需求者身上。日本的失能评估与资格判定没有分离，由同一管理机构负责，该机构被称为护理认定审议会。

然而，日本是世界上唯一一个由第三方机构评估、在全国范围内保证为阿尔茨海默病患者提供高质量服务的国家。日本已经为这些家庭制订了专门的准则，并集资设立了一个行业协会来关注质量问题。日本政府向长期护理服务供应商推荐了第三方评估机构（主要针对阿尔茨海默病人群养老院），并且把评估的结果公布在互联网上。这一措施没有被强制执行，而且各地推荐的力度也不同。在东京和其他一些大城市，第三方评估制度得以实施，公布在互联网上的评估结果有利于消费者"用脚投票"，选择质量相对较高的服务供应商。但大多数地方政府仍然依赖定期调查和投诉来解决服务质量问题，不过第三方评估机构公布的结果却让供应商从中了解到评估指标体系及其各级指标的权重标准，从而进行比照，以更好地规范各自机构提供的服务。

二、回访与奖惩措施

回访与奖惩环节一般都是在居家和机构护理服务提供后，由行政管理部门或者委托的第三方机构开展定期的审查评估。依据评估获取的护理服务质量情况，并结合相关质量标准与要求，行政主管部门对于评估得分较高的机构予以奖励，对于评估得分较低的机构实行限期整改或退出该行业的惩罚措施。

以色列国家保险局采取两种方式监督长期护理服务：一是访谈受益人是否接受了适当种类和数量的服务，以及是否对服务质量满意；二是调查服务提供机构。同时规定服务机构进入护理行业必须注册取得经营资质，只有经过劳动和社会事务部批准的机构才有资格成为服务供应商，由地方专业委员会从服务供应商名单上选择具体的服务供应商，与其拟订服务合同，并代表政府和申请人与之签订合同。随后，地方专业委员会跟进服务和监督护理质量。如果年度审查结果是不合格，服务供应商就从该名单上被淘汰。

德国的居家护理一直处于服务供给体系的主导地位。对于为 1、2 级失能者提供家庭护理的非正规护理人员，必须接受每年 2 次的定期观察访问；对服务 3 级失能者的非正规护理人员，每年则需要接受 3 次的定期观察访问。MDK 对护理机构开展每年一次的服务品质审查。这种方式称为"规律审查",审查的内容为"结果品质""程序品质"和"结构品质"。其中,"结果品质"为护理的基本情况以及护理措施的实用性;"程序品质"为支付提供的过程、执行力度等;"结构品质"为支付提供的框架条件。如果通过"规律审查"发现机构护理服务存在问题,则需要进行重复审查,其费用由护理机构自行负担。

日本为了提高护理服务质量,要求服务机构对提供的服务内容和运营状况在网站上公布,都道府县设置信息公开平台,每年要求服务机构上报,同时指定第三方非营利组织核查发布信息的真实性。2008年《介护保险法》的修改条例规定,都道府县有权对服务机构的相关情况进行确认和调查,有权劝告、命令从业者改善服务内容,直至停止或取消其指定从业者的资格,并进行相应处罚。如果护理机构的人员配置不足,则减少30%的长期护理保险项目拨款。新法规定每6年对政府指定服务机构的资格进行更新审查,如发现有违反规定的不合格从业者,会取消其营业资格。

韩国的营利组织是护理服务机构的主体,服务质量参差不齐。2008年开始,韩国健康保险管理公团每2年对服务机构的运作情况进行评估,评估包括五大领域:领导和管理能力、安全和环境、服务接受方的权利、服务提供方的义务,以及服务提供的过程和结果。通过评估,给服务机构打出 A~E 五个等级的得分,并公开发布到长期护理保险的官方网站上。对于服务机构得分较高的,健康保险管理公团给予额外的转移支付奖励。

美国由各个州政府代表联邦政府对各地养老院和保健机构进行年度检查。养老院营业需要获得州政府的许可,家庭保健机构在一些州也要得到州政府的认可。惩罚措施主要有对严重违规者实行中止许可证和取消参与医疗照顾和医疗救助的资格;对一般性的违规者责令其执行整改计划,限期改正。

主要国家对护理服务从业人员和机构的访问和奖惩举措,保证了对服务质量的监督。服务机构对利润的追求和护理人员的工作倦怠都降低了护理服务的质量,但是,回访和检查后及时发现其中存在的问题并做出处罚和奖励的决定,可以提高护理服务的质量。

【阅读材料1】 风险认知与长期护理保险市场需求规模

随着人口老龄化程度的不断加深,长期护理需求持续上升,即使在已建立公共安全网的国家,政府与个人都面临着巨大的压力。对政府而言,老年人口不断增长导致如长期护理保险等为帮助老年人而设计的项目面临着巨大的支付压力;而对个人而言,昂贵的护理费用意味着具有潜在长期护理需求的老年人及其子女将面临巨大的财务风险。商业长期护理保险,作为老年人及其子女防范上述财务风险的重要方式,其规模在全球范围内却相对较小。一些研究认为,个人因信息不足导致对风险的低估是导致商业长期护理保险市场规模较小的重要因素。该文首次从长期护理保险视角验证了这一解释。

"Don't They Care? Or, Are They Just Unaware? Risk Perception and the Demand for Long-Term Care Insurance" 这篇文章通过信息干预实验，实证研究了风险信息对补充性商业长期护理保险购买决策的影响。为回答上述问题，文章进行了两项分析：一是分析了在对成年子女进行风险信息干预后，事前大大低估长期护理成本的子女是否比准确估计长期护理成本的子女更有意愿为其父母购买商业长期护理保险；二是分析了成年子女的风险认知是否会提高父母实际购买长期护理保险的概率。分析结果表明，长期护理风险信息的提供不仅显著提高了成年子女为其父母购买长期护理保险的意愿，也显著增加了父母自身实际购买长期护理保险的概率。本文结果不仅为商业长期护理保险的较小市场规模提供了一种重要的解释，并且对减轻社会长期护理项目的压力也具有重要意义。

总的来说，文章的研究证实在信息干预后，严重低估长期护理成本的个人以及错误认为长期护理费用可被医疗保险覆盖的个人更有可能愿意为父母购买长期护理保险，并且子女风险意识与父母实际拥有长期护理保险之间呈显著正相关关系。这表明信息缺陷确实极大地抑制了人们对长期护理保险的需求。

资料来源：ZHOU R T, BROWNE M J, GRÜNDL H. Don't They Care? Or, Are They Just Unaware? Risk Perceptionand the Demand for Long-Term Care Insurance [J]. Journal of Risk and Insurance, 2010, 77 (4)：715-747.

【阅读材料2】　　　　服务质量 SERVQUAL 模型

SERVQUAL 为英文"Service Quality"（服务质量）的缩写，该词最早出现在1988年由美国市场营销学家帕拉休拉曼、来特汉毛尔和白瑞三人合写的一篇题目为《SERVQUAL：一种多变量的顾客感知的服务质量度量方法》的文章中。

SERVQUAL 理论是依据全面质量管理理论在服务行业中提出的一种新的服务质量评价体系，其理论核心是"服务质量差距模型"，即服务质量取决于用户所感知的服务水平与用户所期望的服务水平之间的差别程度（因此又称为"期望-感知"模型），用户的期望是开展优质服务的先决条件，提供优质服务的关键就是要超过用户的期望值。其模型为：SERVQUAL 分数＝实际感受分数-期望分数。

SERVQUAL 将服务质量分为五个层面：有形设施、可靠性、响应性、保障性、情感投入，每一层面又被细分为若干个问题，通过调查问卷的方式，让用户对每个问题的期望值、实际感受值及最低可接受值进行评分,并由其确定相关的22个具体因素来进行说明。然后通过问卷调查、顾客打分和综合计算得出服务质量的分数。

近十年来,该模型已被管理者和学者广泛接受和采用。模型以差别理论为基础,即顾客对服务质量的期望与顾客从服务组织实际得到的服务之间的差别,分别用五个尺度评价顾客所接受的不同服务的质量。研究表明,SERVQUAL适合于测量信息系统服务质量,也是一个评价服务质量和用来决定提高服务质量行动的有效工具。

SERVQUAL模型衡量服务质量的五个尺度为有形性、可靠性、响应性、保障性和移情性。SERVQUAL模型由两部分构成:第一部分包含22个项目,记录顾客对特定服务行业中优秀公司的期望;第二部分也包括22个项目,它度量消费者对这一行业中特定公司(即被评价的公司)的感受。然后把这两部分中得到的结果进行比较就得到五个尺度的每一个"差距分值"。差距越小,服务质量的评价就越高。相反,差距越大,服务质量的评价就越低。消费者的感受离期望的距离越大,服务质量的评价越低。因此SERVQUAL是一个包含44个项目的量表,它从五个服务质量维度来度量顾客的期望和感受。问卷采用7分制,7表示完全同意,1表示完全不同意,*表示分值相反。以下是三位学者提出的五个尺度。

(1) 有形性

有形性包括实际设施、设备以及服务人员的列表等。其组成项目包括:①有现代化的服务设施;②服务设施具有吸引力;③员工有整洁的服装和外套;④公司的设施与他们所提供的服务相匹配。

(2) 可靠性

可靠性是指可靠地、准确地履行服务承诺的能力。其组成项目包括:⑤公司向顾客承诺的事情都能及时完成;⑥顾客遇到困难时,能表现出关心并提供帮助;⑦公司是可靠的;⑧能准时地提供所承诺的服务;⑨正确记录相关的情况。

(3) 响应性

响应性指帮助顾客并迅速提高服务水平的意愿。其组成项目包括:⑩不能指望他们告诉顾客提供服务的准时时间*;⑪期望他们提供及时地服务是不现实的*;⑫员工并不总是愿意帮助顾客*;⑬员工因为太忙以至于无法立即提供服务,满足顾客的需求*。

(4) 保障性

保障性是指员工所具有的知识、礼节以及表达出自信与可信的能力。其组成项目包括:⑭员工是值得信赖的;⑮在从事交易时,顾客会感到放心;⑯员工是礼貌的;⑰员工可以从公司得到适当的支持,以提供更好的服务。

(5) 移情性

移情性是指关心并为顾客提供个性化服务。其组成项目包括：⑱公司不会针对顾客提供个别的服务*；⑲员工不会给予顾客个别的关心*；⑳不能期望员工了解顾客的需求*；㉑公司没有优先考虑顾客的利益*；㉒公司提供的服务时间不能符合所有顾客的需求*。

资料来源：PARASURAMAN A, ZEITHAML V A, BERRY L L. SERVQUAL: A Multiple-Item Scale for Measuring Consumer Perceptions of Service Quality [J]. Journal of Retailing, 1988, 64 (1): 12-40.

【本章小结】

长期护理保险的质量监管主要包括护理人员的教育培训、服务标准的制定、对服务供给体系的监督、患者信息系统的建立以及指导纲领的发布等。本章主要介绍了长期护理服务的质量管控体系：事前防范机制、事中加强机制和事后奖惩机制。三套机制在长期护理服务供给体系中都占据着重要地位，共同发挥作用，确保长期护理保险制度的良性运行。

长期护理保险服务质量风险管控的事前防范机制，主要包括设立质量管理部门、防范逆选择和建立护理人员的执业标准三个方面。主要国家建立了专门的质量监管部门，制定了相关政策和详细标准对长期护理保险进行全面监管。逆选择指的是信息不对称造成市场资源配置扭曲的现象，比如被保险人隐瞒身体疾病程度而获得了参保资格或更高级别的护理服务，保险机构可能支付超出正常情况下的费用。针对被保险人的逆选择主要国家都实行了严格的申请审查制度，针对保险人的逆选择，主要国家也对保险公司的义务进行了严格规范。护理人员的执业标准主要是指等级认证、持证上岗和教育培训课程体系的规范。荷兰、以色列、日本和韩国等国要求对长期护理服务机构进行年度审查。德国、日本、韩国和美国都制定了护理服务人员的教育培训标准。

长期护理保险服务质量风险管控的事中加强机制，主要包括控制需求方的道德风险和审查供给方的服务质量。道德风险是指由于保险双方的信息不对称，被保险人购买保险之后降低了对自身健康和身体机能的维护保养，但保险机构无法观察到这一点，可能会增加保险费支出。为了控制道德风险，主要国家采取定期进行护理需求评估的方式，隔段时间就重新评估老年人对护理服务的实际需求，从而调整护理服务内容的供给和护理待遇的支付。审查供给方的服务质量主要是指对服务机构开展年度审查与评估，并将结果公布于网上，以引导护理机构提升服务质量。

长期护理保险服务质量风险管控的事后奖惩机制，主要包括建立依托第三方机构的评估监督、回访与奖惩措施。如美国设立长期护理监察员制度，德国、日本则采用了第三方机构评估措施作为政府监管的补充。以色列、德国、日本、韩国和美国等要求地方政府对长期护理服务采取回访与奖惩措施。

【关键概念】

逆选择　道德风险　事前防范机制　事中加强机制　事后奖惩机制　长期护理监察员制度　第三方机构评估

【思考题】

1. 长期护理保险存在的主要风险包括哪些？
2. 简述长期护理保险质量管控的事前防范机制。
3. 简述长期护理保险质量管控的事中加强机制。
4. 简述长期护理保险质量管控的事后奖惩机制。
5. 如何评估长期护理保险服务的质量？评估指标体系如何构成？
6. 在实践调查中，你发现我国长期护理服务体系存在哪些问题，如何解决？

【本章延伸阅读材料】

周芳. 美国的长期护理保险及其对我国的借鉴 [J]. 外国经济与管理，1998 (2).

GERAEDTS M, HELLER G V, HARRINGTON C A. Germany's Long term Care Insurance：Putting a Social Insurance Model into Practice [J]. The Milbank Quarterly, 2000, 78 (3).

PARASURAMAN A, ZEITHAML V A, BERRY L L. SERVQUAL：A Multiple-Item Scale for Measuring Consumer Perceptions of Service Quality [J]. Journal of Retailing, 1988, 64 (1).

ROBERT L K, ROSALIE A K. What Older People Want From Long-term Care, And How They Can Get It [J]. Heath Affairs, 2006, 20.

The Social Protection Committee and the European Commission. Adequate social protection for long-term care needs in an ageing society [R]. 2014.

第八章　长期护理保险的改革发展

> ● **学习重点**
> 1. 主要国家针对长期护理保险提出的改革措施。
> 2. 长期护理保险制度存在的问题。
> 3. 长期护理保险未来的发展趋势。

政策运行是一个变化的过程。由于任何一项政策的制定、出台总是在一定的时间和空间范围内进行，随着时间的推移和空间的扩大，政策制定者就会发现再好的政策也会因个人智慧的有限以及主观与客观环境的演变，导致该政策实施偏离设计者的初衷或达不到预定的目标。因而，进行局部乃至全部改革十分重要。长期护理保险作为一项社会保障政策，在20世纪60年代推行以来，尤其在进入20世纪90年代后，主要国家的改革措施就一直没有停止过。

第一节　长期护理保险的改革措施

从长期护理保险制度架构来分析，主要改革的措施包括结构性改革立法、瞄准重点服务对象、减轻财政压力、调整待遇标准、扩大服务项目、改革支付方式、提升服务质量以及提高行政管理效率等方面。

一、结构性改革立法

由于原有的长期护理保险法案在实施过程中难以解决诸多问题，为此有必要在结构上另行制定一部新的法律，以将制度风险降低到最小。例如，荷兰、德国、日本、法国和新加坡的结构性改革。

1. 荷兰：制定《社会支持法案》和《长期护理法案》

为了进一步提高服务质量，扩大民间参与，荷兰于2006年6月通过《社会支持法案》，并于2007年1月1日生效。该法案将家庭帮助服务等项目从依附于医疗保险的《特殊医疗成本法案》制度中分离出来，由各地政府运营，覆盖包括家政服务、轮椅服务、交通服务、餐饮服务、住房调节等的援助项目。申请社会支持服务，需要通过家庭收入状况的审查。社会支持资金主要来自中央对地方的财政拨款以及使用者付费，各地可自行确定服务使用者付费标准。当上述两个渠道资金存在缺口时，就由地方政府负担，或者调整使用者付费标准；当中央对地方拨款存在盈余时，地方政府可自由支配。自此，改革后的荷兰长期护理保险体系构成转变为提供保健服务的特殊医疗覆盖率为95%，提供社会照料服务的覆盖率为5%。

2015年荷兰对长期护理制度又进行了进一步改革。将个人护理和社区护理从《特殊医疗成本法案》中分离出来，转移到由《医疗保险法案》负责；重度患者的机构护理服务也从《特殊医疗成本法案》中分离出来，转移到《长期护理法案》。2015年《长期护理法案》将保费设定为应税收入的9.65%，最高保费每年不超过3 241欧元。改革前后荷兰长期护理制度的护理服务情况见表8-1。

表8-1　　　　　　　　　　2015年前后荷兰长期护理制度对比

2015年前		2015年后	
法案名称	护理类别	法案名称	护理类别
《特殊医疗成本法案》	针对严重患者的所有长期护理类别，包括个人照料、家庭护理、家庭指导和机构护理	《长期护理法案》	严重患者的机构护理
《社会支持法案》	家庭帮助和家庭适应	《社会支持法案》	家庭帮助、家庭适应、严重患者的社会参与（如家庭指导服务）
		《医疗保险法案》	2008年：精神病治疗 2013年：老年康复治疗 2015年：居家护理、青少年长期护理

资料来源：JONGEN W. The impact of the long-term care reform in the Netherlands: an accompanying analysis of an "ongoing" reform. [D]. Maastricht University, 2017.

随着荷兰长期护理制度的结构性改革，《特殊医疗成本法案》制度的结构也发生了改变，2005年由特殊医疗的100%支付转变为2015年制度的三足鼎立，即长期护理支出占比62%，社会支持服务支出占比20%，医疗保险支出占比18%。

2. 德国：颁布《长期护理保险结构改革法》

2008年5月，德国联邦议会通过《长期护理保险结构改革法》，对长期护理保险制度进行了重大改革。该法于同年7月1日正式生效。此次改革的举措主要包括以下四个方面。

(1) 提升居家服务质量和水平。对于无收入、全身心投入护理的参保人员家属，给予不超过半年的临时救济或补贴；对于居家参保人员家属提出的临时性、突发性护理需求，通过志愿者服务或者短暂护理服务（如喘息护理）予以帮助；对于因认知障碍或疾病造成日常生活无法自理的参保人员，联邦政府按照其需要护理的程度支付护理费用，每年支付金额不超过2 400欧元。

(2) 加大对机构护理的监管力度，改善护理服务品质。对区域护理机构、疗养机构和专业护理机构等进行分级管理，每年对这些机构进行一次抽查，并要求其主动公开护理标准、项目、费用和品质等；成立护理服务仲裁委员会，提供协调、纠纷处置等服务；推动经联邦健康主管部门认可的定点护理机构的发展。

(3) 确保护理保险收益水平不下降并适当提高缴费水平。一方面，将护理保险支付标准与通货膨胀水平挂钩，每三年评估和调整一次护理支付标准，其提高幅度不超过同期国内生产总值涨幅；另一方面，稳步提高保险费率水平，将保险费率提高0.25个百分点，并将有无子女需要抚养作为差异化保险费率因素并通过立法形式固定下来，有子女者缴纳的保险费率为1.95%，无子女者为2.2%。

(4) 提高护理服务使用效率，允许参保人员在最高支付标准下自主选择护理服务项目和机构，甚至可以实施退出机制（即对需要护理服务的对象给予经济补贴而非提供护理服务，或者允许其选择非定点私营护理机构），从而鼓励自我护理或家庭护理。

3. 日本：四次调高第1号被保险人筹资结构比例

2000年4月，日本《介护保险法》推行时，资金来源于政府一般性税收、国民缴纳的保险费以及使用者自付三个方面（见图8-1），法律规定保险费每3年调整一次。

从2003年开始，第1号被保险人（2 400万人）的保险费收入占18%，第2号被保险人（4 300万人）的保险费收入占32%。与图8-1相比，第1号被保险人的责任有所增加，第2号被保险人的责任有所降低；中央财政25%的比例中有5%作为调整补助金交付给那些高龄老年人或低收入老年人多的市町村，因为各地区经济发展水平和老龄化率不同，交付额度间的差距较大。

2005年6月，日本颁布了《有关部分修改介护保险等的法案》，修改法案的主要部分从2006年4月1日开始实施。此次修改对长期护理保险的筹资比例又做了调整。如图8-2所示，第1号被保险人保险费占比增长到19%，第2号被保险人保险费占比降到31%，中央财政投入减少了5%，该投入被调整到都道府县，因而都道府县财政投入增长到17.5%。

2014年日本《介护保险法》再次修订，调整了费用负担。第1号被保险人的护理保

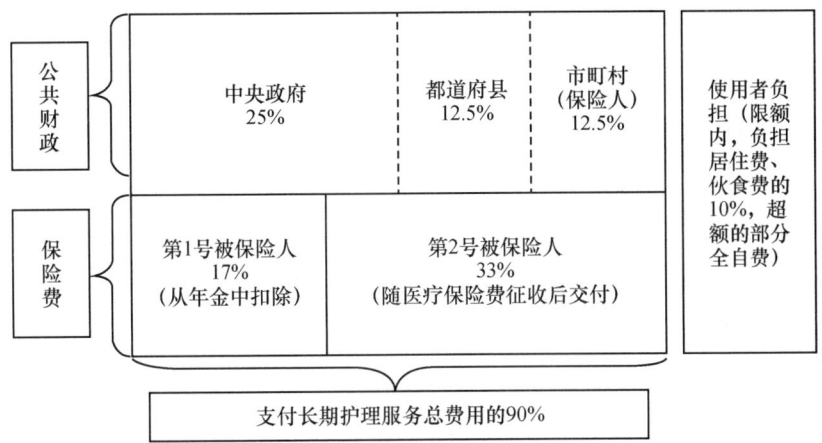

图 8-1　日本长期护理保险资金来源构成（2000 年）

资料来源：日本国立社会保障人口问题研究所. 日本社会保障制度简介（中文版）[EB/OL]. 2007. [2008-09-17]. http://www.ipss.go.jp.

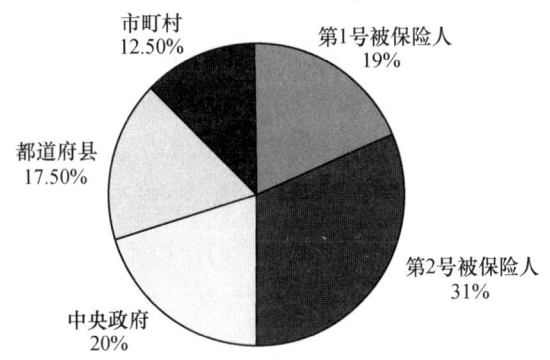

图 8-2　2006 年 4 月 1 日起日本长期护理保险筹资结构

资料来源：蓝淑慧，鲁道夫·特劳普-梅茨，丁纯. 老年人护理与护理保险[M]. 上海：上海社会科学院出版社，2010：100.

险筹资比例从 19% 提高至 22%，第 2 号被保险人的护理保险筹资比例由 31% 下降到 28%。

2017 年日本又一次修订《介护保险法》，此次改革的重点之一是抑制持续上升的护理保险财政支出，改革服务使用者的自付比例。为了确保保险先加入者和后加入者之间、同期被保险人之间的公平，以及确保制度的可持续性，第 1 号被保险人中高收入者个人自付部分由 20% 提升到 30%。第 2 号被保险人缴费由按照参保人数比例征收改为按照总工资比例征收，这改变了此前所有第 2 号被保险人缴费金额相同、低收入者负担过重而高收入者负担较轻的不公平现象。

2020 年日本《介护保险法》第四次提高第 1 号被保险人的筹资比例，提升到 23%

（筹资规模约为 2.6 万亿日元），将第 2 号被保险人的筹资比例降至 27%（筹资规模约为 3.1 万亿日元）。

4. 法国：出台《医患卫生区域法》

2009 年 7 月，法国立法机构出台《医患卫生区域法》，该法的主要目标是成立大区卫生局，由其负责区域内的医疗与卫生制度管理，将慢性病预防与康复、社区健康管理等公共卫生规划纳入整个区域的卫生规划当中，使得疾病预防、疾病治疗、公共卫生等职能在大区层级实现高效率的统一。各医疗机构在大区卫生局的领导下，对公共卫生事项采取联合行动。

改革后，大区卫生局取代了过去"碎片化"管理的区域医院管理局、区域卫生与社会事务局、省卫生与社会事务局下设部门、区域医疗保险基金联盟、区域公共卫生集团、区域卫生委员会，以及区域卫生保险基金的部分机构。《医患卫生区域法》授予大区卫生局广泛的权力，包括公共卫生、预防医学、卫生监督和安全、全科医学、医院服务以及社会医学领域的卫生内容，还获得医疗保险制度的资助。不同医疗机构将打破各领域相互排斥的局面。同时，大区卫生局还要负责对公立医院、私营医院以及护理院的监管。

大区卫生局设立后，接管了区域医院管理局和区域卫生与社会事务局的职能，更重要的是将区域卫生保险基金纳入其管辖范围。大区卫生局通过实施卫生整合规划，协调医疗服务机构、医疗保险机构、公共卫生机构、社会医疗等各方的利益，使得他们能够在规划范围内实现合作，消除现有机构（医院、门诊和社会医疗领域）之间的隔阂。

《医患卫生区域法》颁布后，一个新的法律实体"地方医疗联合体"出现了。地方医疗联合体主要由区域内的大小医院在能力互补的基础上重组而成。按照这种方式，复杂的外科手术将被集中在那些主要的大型医院，而一些较为简单的医疗康复服务和社会护理服务则会被转移到当地的小型医院。原则上，同一联合体内的医院要实现病人和医疗资源共享。这减少了卫生资源的浪费，实现了优势互补。

根据《医患卫生区域法》，大区卫生局在疾病预防方面，优先考虑的是对病人进行治疗教育和防止危险的诱导。该措施主要针对导致慢性病和癌症的各种因素，如烟草、酒精和肥胖症等。这种治疗教育不仅提高了公众的保健意识，更重要的是使得公众掌握慢性病的预防知识，从而改变自身的行为方式。

5. 新加坡：私人保险业务国有化

2019 年 1 月 8 日，新加坡《联合早报》报道，新加坡卫生部已与三家私人保险公司达成协议，从 2021 年起接管三家各自承保的 130 万份"乐龄健保计划"保单，这批保单价值约为 29 亿美元。这是私人公司的保险业务首次在新加坡国有化。理由是由政府来管理"乐龄健保计划"可以更容易地管理旗下的津贴计划，因为这些计划需根据个人经济情况来发放津贴。①

从上述各国针对长期护理领域改革的大动作来看，荷兰是将长期护理从《特殊医疗成本法案》的"一揽子"计划中一分为三：将家庭帮助服务单独立法为《社会支持法案》，将个人护理和社区护理转移到《医疗保险法案》，将重度患者的机构护理服务单独立法为《长期护理法案》。而法国的《医患卫生区域法》则相反，将过去的疾病医疗与公共卫生、社会医疗的"碎片化"管理统一到大区卫生局进行集中式管理。德国通过《长期护理保险结构改革法》，将无子女的被保险人保险费率提高0.25个百分点。日本通过改革将第1号被保险人的保险费筹资结构占比从2000年的17%提高到2020年的23%，将第2号被保险人保险费筹资结构占比从2000年的33%降低到2020年的27%，且第2号被保险人由过去按照参保人数比例征收改革为按照总工资比例征收。新加坡政府则将运营"乐龄健保计划"的三大私营保险公司业务国有化。五个国家的改革措施都有防止社会护理等资源浪费以及减轻资金支付压力因素的考量，但各国采取的政策各不相同，这充分反映了政策制定要考虑到本国国情和制度路径依赖。

二、瞄准重点服务对象

1. 依据健康状况确定的重点护理对象

对重点服务对象的界定，显示了重点服务对象与一般服务对象的不同需求，这既是长期护理保险制度完善的需要，也是基于人本主义的情怀。自2007年开始，荷兰立法委规定，医疗机构内外的精神疾病患者由原来的《特殊医疗成本法案》支付改由新的《医疗保险法案》支付，但患病一年以上的长期性精神病患者、需一年以上住院治疗的患者、需高额治疗费的重大疾病患者以及慢性病患者则由《长期护理法案》支付。

1995年，德国长期护理保险根据申请者的身体状况设置了三个失能等级。2013年，德国长期护理专家委员会建议将精神状况差的老年人也纳入失能等级评估体系。考虑到阿尔茨海默病等疾病患者的特殊性，德国对既失智又失能的老年人单独评定护理等级，与神志健全的失能者相比多了"0级"，即如果一位老年人患有阿尔茨海默病或精神障碍性疾病，明显制约了日常生活能力，即使其身体健康、行动自如，未达到普通人的失能评定标准，也被界定为"0级"。"0级"失能者的护理需求较少，无特定服务要求，只是个人日常生活自理能力因精神状况受到限制，可以享受日常陪护、生活辅助等服务。2015

---

① 新加坡《联合早报》. 新加坡政府2021年起接管130万份乐龄健保保单［N］. 2019-01-08.

年，德国长期护理保险再次细化失能评定标准，新标准综合了精神正常的失能人员和精神不正常的失能人员的评定标准，将3等级扩展到5等级，"0级"转为1级，原来的3个等级依次递增为2、3、4级，并增加最高等级"困难案例"，主要是把社交、心理、精神障碍的严重失智患者列为第5等级。

2013年，韩国开展阿尔茨海默病等级试点。2014年7月，保健福祉部修改长期护理保险制度等级体系，将原先的3个等级扩大到5个等级，第5级为"轻度认知障碍"等级。2016年6月，保健福祉部建立长期护理综合信息体系；同年7月，开设专门接收阿尔茨海默病老年人的护理设施。2018年1月，保健福祉部在既有5个等级基础上追加了"阿尔茨海默病支援"等级，也被称为第6级。

2. 依据收入状况确定的重点保护对象

低收入群体在世界各国长期护理保障制度发展过程中是最被重视的人群。荷兰《特殊医疗成本法案》规定，如果受益人（或夫妇）年收入水平低于规定的下限（约为21 000欧元），其个人付费部分就会降低。以色列护理保险制度的定位本身就是针对低收入的失能老年人，通过家计调查方式排除高收入人群挤占稀缺的护理服务资源的情况，体现了再分配的公平特征。德国规定低收入者的长期护理保险保费可以申请减免，失业者的保费由失业保险基金负担，无收入者则可以直接免费参保。日本长期护理保险除了设计第1号被保险人不同收入群体的不同缴费档次外，还对长期护理费用的自付做了10%的上限以及超过上限返还的规定。韩国也规定，最低生活保障受助老年人不用自付费用，低收入者的个人负担部分减少50%，即设施服务费用自付10%，家中服务费用自付7.5%，一般参保人这两个自付比例分别是20%和15%。法国针对年龄在70岁以上的失能者，在机构接受长期护理服务时，不仅可以免除其医疗保险保费，而且还可以减免其每年达2 500欧元的所得税。美国的医疗救助是专门为低收入者制定的救助政策，特别是对失能等级较高的贫困老年人，不仅承担其机构护理的费用，而且还承担食宿费。新加坡除了"乐龄健保计划"外，也针对低收入群体采取了一些政府补贴措施，如暂时性乐龄残疾援助计划、乐龄助行基金、女佣雇主补贴以及建国一代残疾人士援助计划。①

主要国家在长期护理制度建设与完善的过程中，之所以十分重视对低收入失能者的

---

① 暂时性乐龄残疾援助计划，为2002年成立"乐龄健保计划"时由于年龄（70岁及以上）或已经有残疾而无法加入护理保险的人群建立的计划，每月提供150新元或250新元的补贴。乐龄助行基金，为低收入人群提供辅助设备、居家保健用品或往返于日间护理中心和洗肾中心的交通费用。女佣雇主补贴，人均收入在2 200新元以下的家庭如果需要聘请外籍女佣来看护中度失能或中度残疾家人，可以申领每月120新元的补贴（约相当于每月外籍女佣费用的1/10）。建国一代残疾人士援助计划，为中度或重度残疾的建国一代人士设立的津贴，每月可获100新元，用来抵销护理开支。

保护，是因为失能的高发群体大都是高龄老年人，同时，这个群体大概率也是经济贫困的高危群体。因此，保护低收入群体的政策可以有效地保证对长期护理服务有强烈需求的老年人，特别是高龄老年人能够享受到基本的公共服务。

三、减轻财政压力

1. 提高保险费率

为了应对日益加重的人口老龄化，主要国家长期护理保险制度大都进行了改革，一方面是"开源"，表现形式有提高保险费率等以增加基金收入；另一方面是"节流"，表现形式有降低财政支出、调整待遇标准等以控制护理费用支出。

荷兰长期护理保险费率1968年为0.41%，1998年为9.6%，此前是雇主与雇员分担。2008年费率为12.15%，雇主开始不需分担缴费。2015年改革将个人护理和社区家庭护理转移到《医疗保险法案》后，针对严重患者的机构护理专门由《长期护理法案》负责，费率开始有所下降，缴费率为雇员应税收入的9.65%，最高保费不超过每年3 241欧元。

以色列长期护理保险法律规定，从2011年4月1日开始，雇主缴费率上升到雇员工资总额的0.19%，雇员缴费率则提高到月工资的0.14%，合计为0.33%。自雇者和其他参保者的缴费率都是0.21%，政府雇员及其自雇者缴费率均为0.02%。[①]

日本第2号参保人从2002年至2015年，长期护理保险费率总体上处于增长的态势，费率依次是1.07%、0.89%、1.11%、1.25%、1.23%、1.23%、1.13%、1.19%、1.50%、1.51%、1.55%、1.55%、1.72%、1.58%。

韩国长期护理保险费率也一直在调整当中（参见第五章表5-3）。长期护理保险费率占健康保险的比重，2008年为4.05%，2010年为4.78%，2011年至今每年均为6.55%。实际费率从2008年的0.21%提高到2011—2014年的0.37%~0.39%，再到2015年以来的0.40%，雇主、雇员平均分担；自雇者（包括农民）全部自付。另外，韩国接受长期护理服务的人需自付20%。

德国联邦宪法法院在2001年4月对关于"无子女被保险人是否需要多缴保险费"的争议做出判决，养育子女对"现收现付"制度具有维系支付的功能，为平衡被保险人因为养育子女而产生负担不公平现象，长期护理保险费率应依据被保险人是否育有子女而有所差别。根据联邦宪法法院的该项判决，立法机构于2004年修改法案，规定满23岁且自1940年1月1日以后出生的、无子女的被保险人相对于有子女的被保险人增加0.25%

---

① Israel National Insurance Institute. Information and Data [J]. The Research and Planning Administration, 2011.

的附加保险费，并于 2005 年 1 月 1 日起实施。其他被保险人自 1996 年 7 月 1 日起按 1.7%的费率缴费，自 2008 年 7 月 1 日起提高到 1.95%，2013 年再次调升为 2.05%，2015 年又调升至 2.35%①，仅仅两年后又在 2017 年升至 2.55%，而 2019 年至 2021 年则保持在 3.05%（见图 8-3）。这样，无子女的被保险人要相应地在每次提高费率的基础上再增加 0.25%的缴费率。

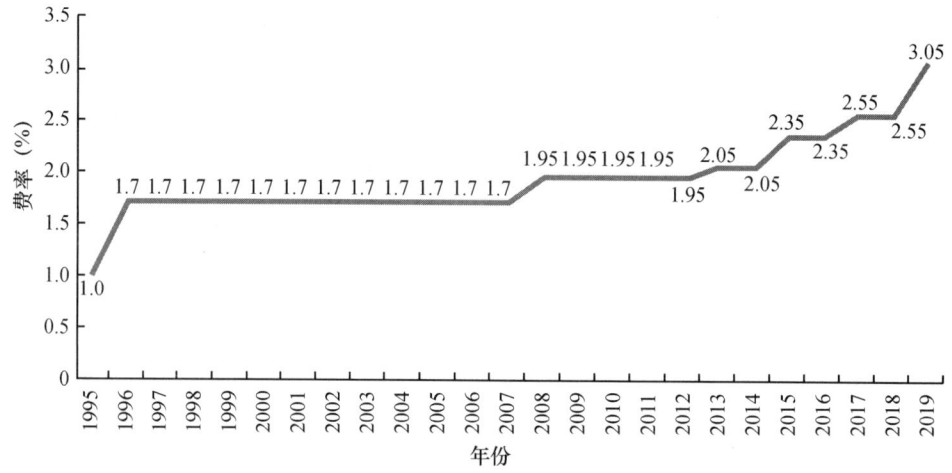

图 8-3　德国长期护理保险制度费率发展趋势

资料来源：刘涛. 德国长期护理保险制度的缘起、运行、调整与改革［J］. 安徽师范大学学报（人文社会科学版），2021（1）：74-86.

2. 降低财政支出

荷兰的《社会支持法案》规定，长期护理保险制度的资金主要来自中央对地方的财政拨款和服务使用者付费。近几年政府不断降低长期护理支出的规模，削减支出资金达 0.7 亿欧元，实际上就是直接降低了财政支出。与此同时，还削减了《医疗保险法案》的支出 0.4 亿欧元，2015 年还将《长期护理法案》总预算下降到 30.6 亿欧元，减少了 5%。

以色列长期护理保险在 1990 年时政府补贴占 0.06%，到 2011 年 4 月开始该比例降低为 0.02%。卢森堡为了减轻国家财政支付的压力，从 2004 年开始，国家预算支持长期护理保险的总费用从 45%减少到 40%。② 上文已述，日本通过四次颁布修正法案调整筹资、自付的结构比例来降低中央财政在长期护理保险中的责任，中央财政补贴比例从 2000 年

---

① 自 2015 年起，对于有子女者缴费率为 2.35%，对于年满 23 周岁且无子女者缴费率为 2.6%。并规定了提高 0.3 个百分点缴费率的用途，其中，0.2 个百分点用于提高保险待遇；0.1 个百分点用于建立长期护理保险储备金，并以德国央行管理下的专用基金形式设立。

② OECD. "LUXEMBOURG"［DB/OL］. （2004-12-04）［2015-04-15］. http://ec.europa.eu/employment_social/missoc/2004/012004/lu_en.pdf.

的25%降低到2006年的20%。

从建制角度来说,美国是商业长期护理保险模式。虽然有公共医疗保障计划,如医疗照顾①和医疗救助②,但不属于真正意义上的长期护理保险。为此,1990年美国政府和商业保险公司合作推出了长期护理保险计划,当时在加利福尼亚、康涅狄格、印第安纳和纽约四个州实施,目前已有17.2万个合作计划正在进行。该计划的目的是通过延迟或排除一些需要通过医疗救助获得长期护理服务的参与者,以此减少医疗救助的政府财政资金支出。参加长期护理保险计划的个人,在最初支付长期护理服务费用时,前提条件是应首先使用商业长期护理保险,待用尽其商业长期护理保险后,再转向医疗救助获得长期护理费用支持,不过申请医疗救助的门槛将会相应降低。多数长期护理保险计划提供的服务比较齐全,包含养老院护理、家庭护理和社区护理,类型上包括专业护理、中级护理与日常护理。长期护理保险计划保单必须符合联邦纳税条例和一些消费者保护条件,如通货膨胀保护,需要购买通货膨胀保护的人群是75岁或以下的人口,75岁以上的人由保险公司提供通货膨胀保护,无须自行购买。具体要求是,61岁及以下人口应购买复合年度通货膨胀保护,而对于61~75岁的人口可购买一定程度的通货膨胀保护。不同于医疗照顾和医疗救助由于政府支持而带来的高推广度,长期护理保险计划在推广上采取了循序渐进的方式,首先将其作为终身寿险附约的形式进行销售,在借助寿险获得一定受众后,才进行独立销售。时至今日,这两种参保方式依旧并存。

四、调整待遇标准

在调整长期护理保险待遇支付标准方面,日本和德国的做法恰恰相反。日本降低了长期护理服务的待遇,而德国则明显提高了保险支付水平。

2003年4月,日本长期护理保险进行了实施以来的首次调整,根据当时工资和物价的下降趋势,启用了新的护理报酬定价,设施服务平均下调4%,居家服务平均增加0.1%,整体下调2.3%。针对以往民营护理服务机构利润率(2014年约8%)高于日本全

---

① 医疗照顾是美国联邦政府在1965年根据《社会保障修正案》建立的医疗保险计划,主要针对年龄在65岁及以上的老年人、65岁以下的残疾人和永久性肾功能衰竭需要透析或肾移植的人群,包括A部分住院保险和B部分附加医疗保险,二者由联邦政府主管、私人保险公司运营,C和D部分属于商业保险计划。其中,A部分住院保险资金来源于国家薪金税(雇主雇员各承担50%,自营职业者全额承担)和联邦财政。医疗照顾只涵盖了必要的医疗保健,专注于医疗急症护理,如看病、吃药和住院,虽然也覆盖了一些短期护理,例如运用物理治疗来帮助恢复由于中风而导致的身体功能下降,但这仅仅是急性后期护理,不属于长期护理。

② 医疗救助是专门提供给低收入家庭,或发生灾难性医疗支出的家庭,申请者必须符合政府所规定的收入和资产限制条件。资金来源于联邦政府(55%)和州政府(45%)的财政拨款,医疗救助除了提供医疗护理费用外,还包含因意外或慢性病导致的长期护理费用,主要是针对机构护理,而居家护理费用所占比重较小。这种医疗救助不直接补贴给个人,而是对机构进行补贴。

行业平均利润率（同年约4%），而长期护理服务从业人员薪酬水平低于全行业平均薪酬水平这一扭曲现状，日本政府于2015年开始下调法定长期护理服务价格，压缩民营企业的超额利润，确保将一线长期护理服务从业人员的收入水平逐步提高到日本全行业平均水准。

德国于2002年12月颁布《护理服务支付补充法》，主要改善了智障人士的长期护理服务的支付条件与标准。2008年7月1日，《长期护理保险结构改革法》正式生效，依据该法逐步提高支付标准，依居家护理、机构护理两大类进行（见表8-2至表8-5）。

第一类：居家护理支付

a. 居家护理服务——社区式实物支付。

表8-2　　　　　　　　　德国居家护理服务实物支付额度　　　　　　　单位：欧元

护理等级	2008年7月1日起	2010年1月1日起	2012年1月1日起
1级	420	440	450
2级	980	1 040	1 100
3级	1 470	1 510	1 550

b. 对自己寻找护理服务人员的津贴补助。

表8-3　　　　　　　　德国自己寻找护理服务人员的津贴补助　　　　　　单位：欧元

护理等级	2008年7月1日起	2010年1月1日起	2012年1月1日起
1级	215	225	235
2级	420	430	440
3级	675	685	700

第二类：机构护理支付

a. 日间护理与夜间护理服务。居家护理服务无法满足需求者，可以申请部分机构护理服务。

表8-4　　　　　　　　　　德国日间/夜间护理服务支付　　　　　　　　单位：欧元

护理等级	2008年7月1日起	2010年1月1日起	2012年1月1日起
1级	420	440	450
2级	980	1 040	1 100
3级	1 470	1 510	1 550

b. 全机构式护理服务。由医疗保险医师服务处审核决定护理服务需求者是否有全日住院的必要，如果需求者是3级的被保险人，则无须进行审核。

表 8-5　　　　　　　　　　德国护理 3 级及困难案例的费用　　　　　　　单位：欧元

护理等级	2008 年 7 月 1 日起	2010 年 1 月 1 日起	2012 年 1 月 1 日起
3 级	1 470	1 510	1 550
困难案例	1 750	1 825	1 918

根据 2012 年德国《长期护理保险调整法案》，首次引入的政策待遇提高了 2.67%。从 2015 年起，各护理等级的现金支付和服务支付额全部提高了 4%。2017 年护理标准改革后，5 级居家护理服务的标准与同等级机构护理的标准基本持平，而 3 级居家护理待遇（1 298 欧元）甚至高于同级的机构护理（1 262 欧元）。这种导向体现了德国长期护理保险鼓励轻度及中度失能者选择居家护理，以节约公共资源和降低成本。

五、扩大服务项目

应该说，扩大长期护理服务内容真正体现了长期护理保险制度建立的本质。随着收入水平的提高，老年人对高生活质量的追求是一种本能的愿望。因此，尽可能地满足老年人类型越来越多、质量越来越高的照料和护理需求，进而维护生命尊严是政府的重要责任。当然商业保险在追求利润的同时也在为政府分担一部分社会责任。主要国家改革的具体措施如下。

进入 20 世纪 80 年代，荷兰长期护理保险支付范围扩展到居家服务（有 24 小时，每周 7 天）、手术后恢复期的居家护理服务、临终护理的居家服务、日间照顾、临时照顾及庇护之家。此外，还包括精神疾病照顾、辅具租借。20 世纪 90 年代，长期护理保险支付项目扩大到老年人健康检查、康复、语言治疗以及药物治疗等服务。

1995 年德国长期护理保险制度建立之初，只提供居家护理津贴。1996 年 6 月德国《社会法典》第一次修改，护理保险才覆盖机构护理。改革内容主要是赋予身心障碍者全住院式护理需求、分类以及服务支付的请求权利。法典规定，全住院式护理分为医疗护理、生活护理，二者都属于长期护理保险的支付范围。

日本根据 2006 年 4 月开始实施的《有关部分修改介护保险等的法案》，把"要支援"定为"要支援 1 级"，在"要护理 1 级"中将程度较轻的人划分到新设的"要支援 2 级"，"要护理 1 级"至"要护理 5 级"等级依然不变，这样就变成了 7 个等级。对"要支援 1 级"和"要支援 2 级"的人，在保证以前的家务援助的同时，提供"新预防支付"，包括"家庭预防护理""家庭预防康复""家庭预防访问"和"预防福利器具出租"等护理预防服务。2010 年日本长期护理保险第二次改革，强化地区支援中心的功能，创立了"社区紧密型服务"，主要有：(1) 夜间对应型访问护理；(2) 认知症对应型移动（从家庭到养护中心）护理；（3）小规模多机能型居家护理；（4）认知症对应型集体生活之家；（5）社区紧密型特定设施入住者生活护理；（6）社区紧密型老年人福利设施入住者生活护理。对于不能使用护理服务设施的需要支援者来说，在社区紧密型服务中除了（1）和（6）之外，都可以使用。

法国"老龄与团结计划"制定了2004—2007年和2007—2012年两个阶段性计划。两个计划都强调了四个主要目标：加强个人护理津贴计划；优先发展家庭医疗保健服务；促进和改善疗养院的医疗保健服务；发展老年服务。其中，优先发展家庭医疗保健服务，体现在2003年老年和团结共济报告、2007—2012年的高龄互助计划、2008—2012年的阿尔茨海默病计划，以及2014—2019年的神经变性病计划。促进和改善疗养院的医疗保健服务，体现在所有失能老年人医护养老院和小型生活单位的管理机构必须与大区卫生局及省议会签署规定职责和运营方式的多年期合同，合同包括保障老年人的三方面服务：住宿、生活自理和护理医疗。

六、改革支付方式

对长期护理保险支付方式进行改革的国家主要是荷兰。1968年实施的长期护理保险由于缺乏自由竞争的机制，导致效率低下。因此，2003年4月荷兰政府开始进行长期护理保险的"现代化"改革，引入规范性的市场化。主要内容如下。

（1）长期护理服务实行弹性供给。通过提供量身定制的服务以满足被保险人的特殊需求，以及从过去的产品导向变成功能导向的支付制度。

（2）由过去的服务提供转而开始重视现金支付。现金支付允许被保险人用现金购买服务，服务提供者可以是健康照料者，也可以是朋友、邻居及亲戚。这种改革措施增强了服务使用者的选择权，具有灵活性，因而现金支付是较受被保险人欢迎的支付方式。这一点与以色列、日本和韩国规定以服务提供为主、只有极少数特殊情况下允许现金支付的支付原则不一样。

以服务供给为主应该是长期护理保险制度建立的初衷。荷兰的长期护理保险现金支付方式，也是要用于购买服务，并配有回访调查，确定获得的现金是否用于购买长期护理服务。德国的长期护理保险是真正采用现金支付方式。至于能否采取现金支付方式，至少需要考虑居民收入水平能否维持基本生活以及长期护理服务体系是否健全等相关的限制性因素。

七、提升服务质量

长期护理保险制度在主要国家实践以来，服务质量问题一直饱受诟病。因此，除了

第七章提到的加强对服务机构的监管、对护理人员的教育与培训、回访与定期审查，以及系统外监督等举措外，主要国家还采取了一些其他提升质量的改革措施，这也值得我们关注。

1. 修订法律

2001年9月，德国《社会法典》第11册第112~118条增加了长期护理服务质量保证的内容，重点在于强化护理服务质量、改善审核规定、加强与机构服务的监督机关合作，以及增强护理服务需求者的权利等。2008年颁布的《长期护理保险结构改革法》加强了对护理保险质量的监督，主要措施包括：对护理机构进行分级管理，每年定期抽查（门诊与机构护理服务设施由每5年审查1次改为每年审查1次），审查结果公开；实施护理假，由长期护理保险基金支付假期停薪的损失；成立护理仲裁委员会等。2015—2016年又出台了《护理加强法案》第一部、第二部，进一步划分护理等级（纳入失智不失能人群）；提高缴费率和保险支付；调整护理假，为了能有更多时间照料亲属，修改了2005年1月出台的《家庭与职业协调法》中的"在职者一年中可以享受10天短期紧急护理假"条文，规定员工可以在两年时间里每周只工作15个小时。

2. 成立专门机构

根据《医疗保健市场秩序法》的规定，2006年10月1日荷兰成立卫生管理局，负责监督、控制医疗护理市场。监督的对象不仅包括长期护理服务的提供者，而且也包括服务提供的对象，保障被保险人的合法权益不受损害。卫生管理局目前包括健康护理保险监理委员会和全民健康费率管理委员会。两个委员会的主要任务是控制成本和保障质量，确保健康保险法规的执行。

3. 规范相关业务

如日本，一方面，强化了都道府县知事的监督管理权限。无论是居家护理服务，还是机构护理服务，都要每6年办理一次更新手续。否则，就不能从事护理服务。另外，还规定护理支援专门员每5年也要办理一次更新手续，如果不进行更新和进一步研修，就不能从事护理支援专门员的工作。另一方面，加强了对跨地区服务行业的业务规范和指导。一旦发现有违法行为，政府有权对负责人及其本部进行调查，每发生一个护理事件每月减少2 000日元支付；当发现有组织的不法行为时，不仅可以取消其从业资格，还可以连带取消其本部下属机构的资格，并拒绝其下属机构再次提出从业申请；对从业者通过不合理手段获得的护理报酬，政府有权要求其归还，并处以罚款；当停业或者歇业时，政府有权要求从业者采取措施，保证受益人服务的连续性。此外，在东京等一些大城市实施第三方机构评估的措施，有力地提高了护理服务供应商的质量意识，进而为整个护理服务行业带来质量示范效应。

八、提高行政管理效率

长期护理保险体系的运行状况和服务质量的优劣还在很大程度上与行政管理部门的工作效率密切相关。一部好的法律需要一大批高效管理人员才能产生好的结果。同时，长期护理服务体系涉及多元利益相关方，所以行政决策的适当性也是对管理部门的一个考验。

1. 德国的护理据点

2008年德国长期护理保险制度改革效仿日本的护理管理师政策，引入了"护理据点"。主要原因在于德国缺乏一个整合的长期护理咨询协助中心，失能者若想提早申请医疗支付、护理协助等，需向不同单位提出申请。护理据点的任务是，由护理咨询顾问协助申请者进行系统性的需求分析、长期护理以及相关社会保障法规说明、提供资讯与咨询，从而帮助其规划有针对性的护理方案。设立护理据点的目的是综合改善流动式（居家服务）部门的护理质量，加强源头管理，进一步减轻中端的住院式管理，并提高机构护理资源的利用效率。为了加大护理需求者的便利性，从2008年起，联邦政府投入6 000万欧元建立护理网络，计划在全国设立600个护理据点。

2. 卢森堡的法案修正

自1998年长期护理保险制度实施以来，卢森堡政府一直都在为改善其行政管理效率而努力。直到2003年12月，一项长期护理保险法修正草案终于使这个意愿得以实现，修正案中对失能者的生活协助和个人护理从申请到提供服务的全过程做了高效率的规定。

3. 日本的护理预防法案

2011年6月，日本通过了《加强介护保险服务的介护保险法修正案》，对长期护理保险进行新一轮的修改，并于2012年4月1日正式实施。这次修改案强化了中央政府和都道府县的责任。中央政府和都道府县地方政府为了使被保险人在自己熟悉的环境中靠自己的能力独立生活，加强了与长期护理预防相关的政策，并努力推进与长期护理保险支付相关的医疗保健服务和福利服务政策，把独立的日常生活支援同与医疗和居住相关的政策有机联系起来。中央政府和地方政府为了更好地提供与老年认知症相关的保健医疗服务和福利服务，围绕预防、诊断与治疗认知症患者身心特征等开展了长期护理服务调查研究，根据研究成果，积极预防能够有效延缓老年认知症现象的发生。此外，还增加了"都道府县应该公布来自长期护理机构的护理服务信息，必要时对长期护理服务机构经营者进行调查"的条款。

4. 法国大区卫生局的创立

根据 2009 年 7 月颁布的《医患卫生区域法》，2010 年 1 月 1 日法国创立了大区卫生局，目的在于简化行政结构，以省级为单位，参与合并中央政府派出机构、地区医疗机构以及地方社会保险服务。大区卫生局管理辖区范围内所有长期护理服务的提供，而不论提供方是私营单位、医疗机构还是社会医疗部门。这样，辖区内卫生部门、社会服务部门、医疗部门、私营部门之间都得到了有效的协调，从而改变了过去卫生保健服务与社会服务、公立服务与私营服务之间管理分立的"碎片化"状态。

第二节 长期护理保险面临的挑战

尽管主要国家对长期护理保险制度都出台了一些改革措施，但是任何一项制度的完善都需要一个过程，在短期内存在问题在所难免，关键是要找到问题的症结所在，以便为下一步改革确定方向。总结主要国家长期护理保险的实践，面临的挑战表现在公平性有待提升、政府财政压力增大、个人及企业负担逐渐加重、支付方式偏离制度初衷以及服务质量有待提高等几大方面。

一、公平性有待提升

任何一项制度的公平性都是人们关注的焦点。在长期护理保险制度中，公平性问题主要是指该项制度有没有覆盖到全体老年人群，以及地区之间、受益人之间的负担与待遇差距过大等问题。

首先，参保和受益不公平。在前面第四章已经介绍，从参保覆盖面来看，长期护理保险具有普惠性特征的国家主要有荷兰、以色列、德国、卢森堡以及韩国，其他国家如日本、新加坡和美国在参保（或投保）年龄上就具有选择性的特征。从受益覆盖面来看，以色列的受益人群是退休的（男性 67 岁，女性 62 岁），且通过家计调查的失能老年人；日本受益人群是指 65 岁以上的失能老年人，以及 40 岁以上患有 16 种特定疾病之一的人（不包括残疾人）；韩国与日本类似，受益人群是 65 岁以上的失能老年人，以及不满 65 岁患有 24 种老年性疾病之一的人（不包括残疾人）。而其他国家如荷兰、德国、卢森堡等国的受益对象则是全体失能人口，其中的公平性显而易见。从受益率来看，享受保险待遇支付的失能老年人数量占全体老年人口数量的比例，日本约为 17%，德国约为 10%，韩国从 2008 年建制初期的 3.1% 提高到 2015 年的 6.8%。无论是采取年龄限定还是采用收入审查来指定参保人和甄别受益人，在理论上都不成立。因为根据国民权利的原则，要求全民参保；根据国民待遇的理念，只要有护理需求的人都应该享受。然而，在实践中依据经济发展水平和防止"福利依赖"的产生，逐步过渡到受益对象全覆盖是理性的抉择。

其次，地区之间的负担不均衡。日本在长期护理保险实施过程中，地区之间成本（缴费）-收益（支付）一直存在着严重的不公平现象。主要体现在地区间长期护理保险缴纳费用的差异。受城市化的影响，贫困和偏远地区的年轻人进城谋生，致使当地老龄化程度偏高，造成当地保险负担过重。第七期（2018—2020年）长期护理保险保费金额最高的地区是福岛县葛尾村，每月达到9 800日元，主要是该地区受大地震影响需要护理服务的独居老年人增多。长期护理保险保费最低的地区是北海道音威子府村，每月只有3 000日元，主要是因为该地区多年来人口一直减少。长期护理保险保费最高地区和最低地区之间存在3倍以上的差距，地区差距显著（见表8-6）。与日本情况类似的还有法国。不仅家庭保健服务的津贴在各市镇之间存在明显的不平等，而且各省之间长期护理服务床位数量的差距也较大。荷兰《社会支持法案》规定，长期护理保险制度的资金主要来自中央通过预算方式对地方的财政拨款。但区域之间的资金使用有较大的差异，大约有11%的地方超过了预算的5%，而16%的地方仅使用了预算资金的75%。[①]

表8-6　　　　　　　　日本长期护理保险缴费额的地区差异

序号	地区（自治体）	金额（日元/月）	比较
1	北海道音威子府村	3 000	低
2	群马县草津町	3 400	
3	东京都小笠原村	3 374	
4	北海道兴部町	3 800	
5	宫城县大河原町 千叶县酒酒井町	3 900	
1	福岛县葛尾村	9 800	高
2	福岛县双叶町	8 976	
3	东京都青之岛村	8 700	
4	福岛县大熊町	8 500	
5	秋田县五城目町 福岛县浪汀町	8 400	

资料来源：日本经济新闻.介护保险保险费上升6.4%［N］.2018-05-22.

最后，受益人之间的待遇差距过大。这种现象在实施商业长期护理保险的美国更为

[①] MOT E, AOURAGH A. The Dutch system of long-term care ［R］. ENEPRI, 2010.

突出。美国个人可以自愿购买长期护理保险，选择适合自己的保险产品，看似很公平，但这中间蕴藏着很大的不公平。由于收入水平的不同，购买者在享受长期护理服务时存在较大的差异。另外，处于贫困线以下的人想要享受长期护理服务更是心有余而力不足，认为这是富人的保险。据统计，45岁及以上的美国人群中，仅有6.1%的人投保了商业长期护理保险。相比之下，在45~64岁的美国人中有83.9%的人投保了商业健康险。可见，较低的商业长期护理保险投保率受收入、预期以及待遇差异等诸多因素的影响。

二、政府财政压力增大

1. 总体情况

在实施社会长期护理保险的国家中，除了德国不提供一般性税收的财政补贴外，其他国家都予以财政投入支持。特别是日本和卢森堡的中央与地方财政补贴占比分别达到50%和40%。在人口老龄化程度不断加重的趋势下，长期护理基金支出膨胀、费用控制难度大导致经济压力增大几乎是各国共同面临的一个问题（见表8-7）。特别是荷兰长期护理费用占GDP的比重达3.7%，遥遥领先。

表8-7　　　　　　　　　　主要国家长期护理费用占GDP比重　　　　　　　　　　%

年份	荷兰	德国	卢森堡	日本	韩国	法国	美国	OECD平均
2007	—	—	1.4	1.2	—	1.7	1.0	—
2008	3.5	1.3	1.4	1.4	0.3	1.8	0.6	1.5
2010	3.7	1.0	0.9	1.2	0.4	1.9	0.8	1.6
2017	3.7	1.5	1.1	1.8	0.6	1.9	0.5	1.7

资料来源：
2007年数据来源于OECD. Health Data. 2010.
2008年数据来源于OECD. Help Wanted? Providing and Paying for Long-Term Care. 2011.
2010年数据来源于OECD. A Good Life in Old Age? Monitoring and Improving Quality in Long-term Care. 2013.
2017年数据来源于OECD Health Statistics. 2019.

2. 财政负担较重的国家

1968年，荷兰创立长期护理保险，当年费用支出不足10亿欧元。进入21世纪后，荷兰65岁及以上老年人比例与欧洲平均水平接近，但其长期护理支出却远高于其他OECD成员国，2003年占GDP的比重约为3.5%，2011年为3.7%，2013年增加到4.3%，2017年有所下降。2005—2013年，荷兰长期护理保险制度的公共支出年均增长率为3.9%。根据荷兰国家经济政策分析局预测，如维持当前政策不变，到2040年长期护理支出将达到GDP的7%~9%。

德国社会护理保险基金采用现收现付制度模式，每年支出金额约占德国社会保险总支出的 2.4%。1995—2005 年，社会护理保险支出占德国 GDP 的比重从 0.31% 上升到 1.44%。虽然增幅不大，但给基金可持续性带来威胁。在社会护理保险制度实施初期，基金稍有盈余，但从 1999 年以后基金每年都出现赤字，2008 年亏损甚至达到了 62 亿欧元（见表 8-8），2014 年 1 月出现了短暂亏空。在 2015 年，德国社会护理保险支出占德国 GDP 的比重为 1.3%，2016 年为 1.1%。2018 年德国社会护理保险收入为 377.2 亿欧元，支出为 412.7 亿欧元，当年净亏损为 35.5 亿欧元，累计结余从 2017 年的 69 亿欧元大幅下降到 2018 年的 34 亿欧元。如果区分居家护理与入院式机构护理，前者的支出从 2003 年的 82 亿欧元上升至 2018 年的 235 亿欧元，上升幅度为 187%；后者的支出从 2003 年的 84 亿欧元上升至 2018 年的 148 亿欧元，上升幅度为 76%；而在同一时间段，长期护理的总支出费用从 166 亿欧元上升至 383 亿欧元，上升幅度为 131%。商业护理保险基金采用预付基金制度，自 1995 年以来财务状况有一定的盈余（见表 8-8）。

表 8-8　德国社会长期护理保险与商业长期护理保险的财务状况　　单位：10 亿欧元

年份	社会长期护理保险			商业长期护理保险基金盈亏
	收入	支出	盈亏	
1995	8.41	4.97	3.44	0.27
1996	12.04	10.86	1.18	0.05
1997	15.94	15.14	0.8	0.09
1998	16	15.88	0.12	0.12
1999	16.32	16.35	−0.03	0.1
2000	16.55	16.67	−0.12	0.1
2001	16.81	16.87	−0.06	0.13
2002	16.98	17.36	−0.38	0.12
2003	16.86	17.56	−0.7	0.1
2004	16.87	17.69	−0.82	0.3
2005	17.49	17.86	−0.37	0.19
2006	18.49	18.03	0.46	0.36
2007	18.02	18.34	−0.32	0.36
2008	12	18.2	−6.2	—

资料来源：Federal Ministry of health：Selected Facts and Figures about Long-term Care Insurance, 2009 (6).

日本长期护理保险财政支出总费用逐年上升，如图 8-4 所示，2000 年创立时为 3.6 万亿日元，2011 年就上升到 8.3 万亿日元。2018 年长期护理总费用为 10.1 万亿日元，除去使用者自付的费用为 9.1 万亿日元。2019 年长期护理总费用为 10.5 万亿日元，除去使用者自付的费用为 10.0 万亿日元。相关预测显示，日本长期护理支出将从 2012 年的 9.1

万亿日元增加到2025年的20万亿日元。如维持当前支付结构,2025年可能降低到18万亿日元;如果加大长期护理服务支出,该数额将增至21万亿日元。比照2007年日本长期护理服务支出的6.7万亿日元占GDP的1.2%,2012年长期护理财政支出占GDP的比重大约为1.7%,2015年该比重为1.8%,到2025年约为3.6%。

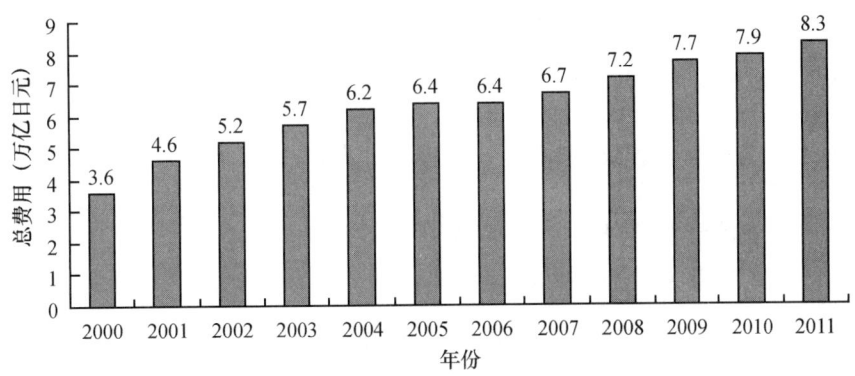

图8-4 日本长期护理保险财政支出总费用(2000—2011年)

资料来源:Japanese Ministry of Health, Labour, and Welfare. Annual Report on the Status of the Long-term Care Insurance [DB/OL]. (2017-10-15) [2022-07-21]. https://www.mhlw.go.jp/english/wp/wp-hw10/dl/10e.pdf.

据统计,法国2008年长期护理费用总支出占GDP的1.8%(OECD国家平均水平为1.5%)。其中,70%的支出用于疗养院的长期护理服务,如医疗服务(52亿欧元)、疗养院(14亿欧元)、房租补贴(11亿欧元)以及税收减免(16亿欧元)等。2017年,法国长期护理费用总支出占GDP的比重为1.9%(见表8-7)。

3. 财政负担相对较轻的国家

1989年,以色列长期护理保险总支出为5.11亿谢克尔,占国家保险局各项福利总支出的比重为2%。2011年,长期护理保险总支出为42.13亿谢克尔,相应地占比为6.9%。在以色列国家8项社会保险总支出中,长期护理保险总支出占各项保险总支出的比重增速较快,成为增长最快的险种。2017年,以色列长期护理费用总支出占GDP的比重为0.7%。

2008年,韩国长期护理费用总支出占GDP的比重为0.3%。[①] 2014年长期护理费用总支出为3.98万亿韩元,比2010年增长了45.1%;长期护理保险基金支出比2010年增加45.6%;护理服务使用者人均月支出为102.5万韩元,比2010年增长了6.9%。2015

---

① OECD. Korea Long-term Care [EB/OL]. http://www.oecd.org/dataoecd/61/40/47877789.pdf.

年，韩国长期护理保险费用总支出占GDP的比重为0.8%，2017年该比重下降到0.6%（见表8-7）。2016—2020年长期护理保险费用总支出分别是5.00万亿韩元、5.76万亿韩元、7.07万亿韩元、8.57万亿韩元和9.82万亿韩元，年均增长率为18.4%。

由上可见，正是由于各国人口老龄化程度不断加重导致政府财政压力日益加大。也正因为如此，各国相继采取了提高保险费率、调整筹资结构以及降低财政支出比重等措施，减轻政府财政在长期护理保险上的支出负担。

三、个人及企业负担逐渐加重

1. 个人和企业的缴费负担

从个人缴费负担来看，荷兰长期护理保险个人缴费率最高。2008年雇员缴费率是12.15%，2015年下降到9.65%，相比其他国家，仍然处于较高水平，而雇主不需再像以前那样分担缴费。主要国家长期护理保险个人及企业缴费情况，参见第五章表5-4。从表5-4中可以看出，个人（雇员）缴费率较高的国家依次是荷兰、卢森堡以及德国，企业（雇主）缴费负担较重的是德国和日本。2008年卢森堡长期护理保险支付总额中，接近65%的费用来自个人缴费。

日本的个人和企业也因此受到较大影响。第1号被保险人自2015年以来缴纳的保险费一直在增长。2015—2019年缴纳的保险费分别是2.13万亿日元、2.19万亿日元、2.23万亿日元、2.41万亿日元、2.38万亿日元。[①] 据调查，提供长期护理保险的企业的实际运营状况同事业开展时的预期相比，超出预期收益的企业占10%，达到预期收益的企业占32%，比预期收益要低的企业占58%。[②] 可见，企业实际收益与预期收益相比相差较大。

韩国长期护理保险的单位缴费及个人和家庭的缴费额也在逐年提高。其中，单位缴费由雇主和雇员各承担50%，社区居民则由个人全额负担。2016—2020年，单位缴费额分别是25 943亿韩元、27 569亿韩元、33 372亿韩元、42 433亿韩元、54 284亿韩元，2020年较2019年的增长率为27.9%；社区居民缴费额分别是4 973亿韩元、5 203亿韩元、5 873亿韩元、7 093亿韩元、9 284亿韩元，2020年较2019年的增长率为30.9%；单位和社区居民合计缴纳的保险费分别是30 916亿韩元、32 772亿韩元、39 245亿韩元、

---

① 日本厚生劳动省. 介护保险事业状况报告 [DB/OL]. (2020-12-20) [2022-07-21]. https://www.mhlw.go.jp/toukei/list/84-1.html.

② 日本厚生劳动省. 平成20年介护事业经营实态结果之概要 [DB/OL]. (2008-10-01) [2022-07-21]. http://www.mhlw.go.jp/topics/kaigo/zigyo/keiei/20index.html.

49 526 亿韩元、63 568 亿韩元，2020 年较 2019 年的增长率为 28.4%。2016—2020 年，家庭平均保险费用分别是 6 375 韩元/月、6 581 韩元/月、7 599 韩元/月、9 191 韩元/月、11 511 韩元/月，2020 年较 2019 年的增长率为 25.2%；人均月平均保险费用分别是 2 973 韩元、3 132 韩元、3 718 韩元、4 655 韩元、5 976 韩元，2020 年较 2019 年的增长率为 28.4%。

2. 个人自付比例逐渐提高

体现个人责任的自付服务费比例较高也是个人负担较重的原因之一。德国的 1~4 级护理服务都设有支付上限，超出部分由个人自付。机构护理的使用者需要自付的比例更大，至少达到了总费用的 25%。例如，2017 年修订的法案规定，护理等级为 1 级的长期护理保险支付额度为每月 250 欧元，但是民众仍需每月自费 315 欧元才能享受护理服务；在 2 级阶段，选择流动上门护理的民众每月自费 465 欧元；在 3 级的机构护理上，虽然每月补贴 1 262 欧元，但是民众仍然需要自费 1 050 欧元才能享受机构护理服务；而到了护理 4 级阶段，德国民众每月需要自费 1 700 欧元才能享受护理服务。[①]

日本在限额内的长期护理服务，个人负担费用的 10%，超额的费用全自付。2017 年修订《介护保险法》，增加了服务使用者的自付比例，第 1 号被保险人中高收入者个人自付部分由 20% 提升到 30%。具体方案如下：养老金等总收入达到 340 万日元者，个人自付比例由 20% 提升至 30%；总收入达到 280 万日元者，个人自付部分为 20%；总收入低于 280 万日元者，个人自付部分为 10%。设立每月 4.44 万日元负担上限。此项措施从 2018 年 8 月开始实施。为应对高涨的保险费用支出，日本政府将消费税率从 5% 提高到 8%，未来可能继续提高，这无疑加重了被保险者的负担。除此之外，第 1 号被保险人月均保费由 2000 年的 2 911 日元提高至 2015 年的 5 514 日元。

法国老年人自付费用的压力很大，而且不同服务等级的老年人之间的不公平性也受到了质疑。对于 GIR1~GIR2 级的重度失能者，如果在家接受医疗保健服务，每月自付 1 500~4 000 欧元不等；如果在疗养院接受保健服务，则平均每月自付 1 300~2 000 欧元。对于在疗养院生活照料方面的费用，GIR1 级和 GIR2 级平均每月自付 547 欧元，GIR3 级和 GIR4 级自付 335 欧元，GIR5 级和 GIR6 级自付 5 欧元。

韩国规定，个人接受居家护理服务需自付总额的 15%，接受机构护理服务需自付 20%，护理机构中食宿费也由个人负担，超过护理限额之外的部分由个人全部负担。

---

① 德国安联保险集团官网，网址：http://www.allianz360.com/.

四、支付方式偏离制度初衷

从本质来看，提供护理服务是长期护理保险制度的本质，其目的是解决老年人和残疾人的服务缺失问题，这也是长期护理保险制度建立的初心。但是，在实践中由于不是每个地区都能提供长期护理服务或者受益人群恰恰大都属于低收入的贫困群体，现金补贴又不得不成为另一种支付方式。如何选择支付方式成为有些国家无法不面对的问题（参见第五章第三节中"支付方式的类型"的相关内容）。

以色列护理保险法规定，如果有护理需求的老年人享受不到护理服务，可以以津贴的形式代替。但是在以色列适合家庭护理的老年人中有 80% 更愿意接受服务，而不要津贴。2008 年，以色列政府为此做了一个试验，在试验区里老年人有选择津贴而不要服务的权利。到 2010 年 12 月，试验结果显示，仅有 8.2% 的参加试验者愿意接受津贴支付。这就导致了一个矛盾：法律的规定与实际需求相脱离，对被护理人是给予津贴还是提供服务，或者二者兼而有之？给予津贴的制度的确弥补了被护理人的家庭经济压力，老年人有权选择自己的护理形式，给"半市场化"的护理组织造成竞争局面从而提高护理服务的质量。但同时，给予津贴既增加了护理保险的成本，老年人又不乐意接受。经过试验与讨论，以色列现行长期护理保险既不提供现金津贴也不提供现金福利的选择权（非常有限的情况除外），而是提供一揽子的专业照料和护理服务。

韩国在建立长期护理保险制度之初，也面临究竟是选择服务还是选择津贴的难题。选择前者，面临家庭护理服务质量低、失能者自我选择能力弱、服务滥用等问题；选择后者，面临直接付费、政策模式、使用者选择权的放大以及自我决策能力有待加强等问题。现行长期护理保险法案虽然规定保险支付的服务种类包括家庭护理、机构护理和特殊现金支付三种，但针对现金支付设置了严格的条件。日本对现金支付也有特定的条件。

荷兰实行自由选择现金支付、自行购买服务。荷兰长期护理保险制度的特色是有现金支付，根据个人意愿将其中一部分评估后应得的服务以现金的形式支付给被保险人，由其决定使用、购买服务或支付给家人，可以雇用家人和朋友等为自己购买日常用品、陪同看病，提供家庭服务。荷兰长期护理保险制度中现金支付占全部费用的 10% 左右。荷兰对现金支付也有不少争议，如服务专业性差、容易误用、易产生欺骗等问题，因此，在 2015 年新的《长期护理法案》框架中，政府成立社会保险银行专门管理现金支付。

德国长期护理保险允许现金支付。有 70% 的受益人选择居家护理，在这 70% 当中有 49% 的受益人选择了现金支付。2013 年长期护理保险为居家护理的失能人群累计支付 12.3 亿欧元，其中，护理津贴现金占比 80%，而居家护理服务的支付仅为 20%。以现金津贴支付的方式大大增加了德国长期护理财政支付的压力。

随着长期护理保险制度的日渐成熟，从德国、荷兰津贴支付的教训和长期护理保险的服务本质来看，当前的以色列、日本和韩国坚持以护理服务供给为主的经验对正在改革或试点的国家，如中国，应该有很大的启发。

五、服务质量有待提高

服务质量的提高受外部因素和内部因素的共同制约。虽然主要国家都采取一些积极措施来提高护理服务的质量，如制定法律、业务规范和成立专门机构等，但相比之下，服务人员的态度和专业水平、服务机构的管理能力等内部因素对服务质量的影响更大。

荷兰就已经出现一些质疑的声音：如何确保非营利组织提供的护理服务质量？长期护理服务机构通过了 ISO 9001 及 HKZ 的认证是否就能确保服务的质量？可以说，服务机构的管理能力和服务人员的专业水平成为提高护理服务质量的关键因素。

在以色列，部分护理人员缺乏正规的教育，特别是缺乏护理老年人的培训。此外，有些护理服务机构常常违反法律，降低法律赋予护理人员的一些社会利益。这就导致护理人员对工作的满意度降低，工作积极性不高，没有动力去提高服务质量。而且，护理服务机构大都依赖政府的资金，其平均收入的 75% 来自政府的分配。这种依赖性使得这些机构通常采取迎合政府政策的行为，不再提供那些超越法定的额外服务或创新服务。因此，如何做到既体现国家责任，保证政府掌控的资源得到有效合理的分配，又使护理服务机构以提高护理服务质量为目的而进行服务创新，是以色列长期护理保险制度改革中需要解决的首要问题。

2009—2010 年，德国对机构护理服务质量实行 5 年 1 次的审查。从 2011 年起，所有经认可的门诊与机构护理服务设施每年都需接受 1 次审查。《长期护理保险法》第 113b 条规定，建立质量保证仲裁机构，其主要任务是处理保险方与服务提供者之间的费用纠纷，但却没有关于服务提供者与受益人之间服务质量纠纷的仲裁规定。这不能不说是立法的一大遗憾。

韩国的护理人员享受的待遇远低于其创造的社会价值，导致护理人员流动性较高，新的护理人员不断进入，但缺乏高质量、可持续的护理人员。2010 年，韩国大约有 3 414 名护理人员是文盲、存在健康问题，或是未成年人以及 80 岁以上的老年人。由于城市人口密度大，私营机构更倾向于进入城市提供服务而忽视农村。农村老年人口多，地方政府支出又少，服务提供比较有限。例如，首尔每 100 名护理服务使用者拥有着 42 名护理师，而在忠清北道和庆尚南道这些农村面积大的地区，护理人员通常较少，每 100 名护理服务使用者分别拥有 29、32 名护理人员。护理人员少导致护理任务重，再加上待遇低，极容易造成虐待老年人的现象，以及高离职率的问题，从而给护理服务的质量和护理保险的社会信任度带来很大的冲击。

总之，各国的护理服务质量有待改善。从长期护理保险服务供给体系的生成机制来说，围绕着服务管理机构、服务提供机构以及服务人员这三个"主角"开展多方面的工作应该是重中之重。

第三节　长期护理保险的发展趋势

从主要国家长期护理保险面临的挑战来判断，并从长期护理保险本身发展来分析，主要国家长期护理保险制度发展的趋势应该在个性中存在共性，在共性中展现个性。无论是商业长期护理保险模式还是社会长期护理保险模式，虽然筹资渠道不同，但对服务供给体系的要求是一致的。

一、共同的发展方向

1. 引导居家护理和社区护理的发展方向

目前，在主要国家长期护理保险服务供给体系中都有居家护理和机构护理两种主要方式，日间（社区）护理在居家和机构护理中起到衔接和纽带的作用。所谓居家护理，就是在家庭的基础上，以社区为依托，以老年人日常照料、康复护理和精神慰藉为主要内容，以上门服务、照料为主要形式，并引入专业化服务的护理体系。它既不同于养老院式的机构护理，又区别于传统的家庭护理。居家护理模式在生活功能上，不再局限于仅由血缘、亲缘关系成员所组成的狭义的家庭概念，而是扩展到其所处社区的广义的家庭概念，在这样的社区-家庭模式中，老年人在不离开自己熟悉的居住环境的前提下，不仅能享受到养老院式的机构照料服务，更重要的是可以享受到来自子女的精神慰藉。在居家护理模式中，家庭演变成为一个开放的护理载体。而日间（社区）护理主要针对"空巢"、膝下无子女或子女暂时不在身边（外出或生病等情况）的老年人，由社区医院和社区卫生服务站来协助照料老年人的日常生活起居及基础性医疗保健等服务，老年人早出晚归，或者寄宿时间不长，一般为几天或最长一个月左右。相比之下，机构护理不仅成本高，而且因老年人脱离了自己的家庭，其生活质量并不高。

20 世纪 80 年代以来，"在地养老"思想在欧美国家越来越受到重视。包括德、美、日、韩等 OECD 国家纷纷调整政策扶持重点，通过社区整合长期护理服务资源，鼓励居家护理服务。美国是颁布相关政策数量最多的国家。其中,1973年启动的"家庭和社区支持服务"项目和1981年在全国范围内推行的"医疗救助宽免"计划都旨在扶持家庭和社区长期护理服务的发展。

2. 整合医疗卫生和社会福利资源

长期护理服务并非简单的生活起居方面的照料活动,还包含着卫生保健服务、精神抚慰以及临终关怀等。这其中就涉及社会福利服务机构提供的日常生活照顾,以及卫生机构提供的针对慢性病等方面的康复保健服务和医疗机构提供的针对临终者的姑息治疗服务。而且,日常生活照顾和康复保健服务并不是孤立的,而是紧密联系在一起的,二者之间具有连续性。例如,急症、重症病人出院后既需要康复保健服务,又需要日常生活照顾。慢性病人更是如此。所以,高质量、高效率的长期护理服务供给体系的建立就必须要整合卫生机构和社会福利机构的资源,以避免两大部门之间分割、资源低效或浪费现象的出现。目前,有些国家已通过立法来解决这两大部门之间难以协调的问题,如德国、日本和法国。

2011年,日本修订《介护保险法》,明确提出了要建立整合医疗、长期护理、预防、生活支援、居住的社区医养综合支援体系。为了支援要护理老年人的居家生活,除了提供日间、晚间访问护理与访问医护外,还建立了定期寻访与应对的新服务——"定期寻访随时应对型访问护理医护"。2012年,基于《社会保障制度改革推进法》设立的社会保障制度改革国民会议指出,医疗要从之前的"医院完结型"向"社区完结型"转型,即患者在习惯居住的社区中享受医疗服务从而恢复健康,实质是医疗、居住、护理、生活支援等服务无缝衔接的医疗。[①] 2015年,日本对护理保险制度进行修改,正式提出构建社区综合支援服务体系。该体系在福利制度成熟的地区将护理康复、保健预防、医疗看护、生活援助、居家住宅有效衔接起来,整合和利用当地服务资源,满足老年居民的需求。社区综合支援体系是日本医养结合最主要的政策机制。日本社区综合支援服务体系以每1万~2万个居民的生活圈为单位设立社区综合支援中心,社区综合支援中心由社会福利师、护理管理师、保健师三类人员构成,由市町村基层政府直接负责管理,或者委托当地社会福利法人运营。社区综合支援中心不仅要求与地方政府的行政层级相适应,更强调与当地居民生活紧密相连,做到与居民零距离沟通。[②]

---

① 日本社会保障制度改革国民会议. 社会保障制度改革介護報告書:確かな社会保障を将来世代に伝えるための道筋 [EB/OL]. (2013-08-06) [2020-09-28]. https://www.kantei.go.jp/jp/singi/kokuminkaigi/pdf/houkokusyo.pdf.

② [日] 达山爱郎. 少子老龄化社会:中国日本共同应对的路径与未来 [M]. 北京:社会科学文献出版社, 2019:110-121.

在美国，整合卫生机构和社会福利机构资源的最著名计划是 PACE 计划。该计划是联邦政府支持的一项试验计划，是得到美国政府肯定的一个长期护理服务的黄金标准（医养结合模式）。PACE 是一种为年迈体弱老年人提供医疗和社会服务的长期护理模式，其目标是尽可能帮助参加计划的人员实现生活独立。PACE 服务对象必须是 55 岁及以上、居住在 PACE 服务区内、有医疗照顾和医疗救助资格、经过州医疗救助机构批准并证明符合该州入住护理院条件的老年人。据统计，参与 PACE 计划的老年人平均年龄为 83 岁，他们通常在生命中的最后 5~6 年参与这个计划。PACE 模式以社区为基础，参与者不用去养老院，在家或社区中就可享受服务。PACE 模式的服务包括成人日常健康护理、医疗专家护理、门诊服务、初级保健、家庭健康和家庭护理服务、住院护理、交通服务、非正式护理人员的支持服务、处方和非处方药以及相关设备的提供。PACE 为老年人提供的是相对全面的、连续的，集预防、治疗、康复、日常生活支持、临终关怀为一体的护理服务体系，明显地体现了急症治疗、预防保健、慢性病康复和临终关怀，达到了整合协调医疗卫生和社会福利资源并充分利用的目的。

必须要强调的是，急症期住院治疗属于医疗保险支付的范畴，长期护理服务则属于长期护理保险支付的内容。两种服务的支付渠道必须严格分开。但长期护理与专业医疗的两项服务体系可以打通，通过全科医生和双向转诊、分级诊疗机制连接起来，实现真正意义上的医养结合服务一体化。

3. 坚持以服务供给为主的支付原则

为什么要建立长期护理保险制度？一个根本的原因就是人口老龄化程度加重，致使各国失能老年人长期护理服务的普遍缺失已酿成社会风险。各国在长期护理保险制度建设过程中，由于资金或地理位置等客观因素的制约，不得不采用服务支付、现金津贴或混合支付等方式。从表面上看，这似乎是维护公平的需要，但实际上，这种在实践中可以理解的做法实质上违背了长期护理保险制度的初衷和本质。除了德国长期护理保险采取包括现金支付方式外，以色列、卢森堡、日本、韩国都在制度建立之初或者在后来改革中坚持以实物服务供给为主。荷兰 2007 年的长期护理保险制度改革，开始重视现金津贴的支付方式，但规定支付的现金必须用来购买护理服务，并配有回访和监督机制。

我们认为，在制度创立初期，多种支付方式并行不是不可以，但不能普遍实行以现金支付的方式，只能在特殊的情况下支持现金支付，例如，在偏僻地区没有服务供给，对严重失智者无法提供服务，以及自然灾难发生时服务难以及时提供等情况。制度运行一段时间后，还是需要通过政策引导和资金投入等方法来改变，逐步回归到以服务为主的支付方式的轨道上来。这是长期护理保险制度的原则，也是未来发展的方向。

在坚持以长期护理服务提供为主的同时,还应该倡导多元化的服务供给。从服务类型来看,主要有居家护理、日间(社区)护理和机构护理;从服务内容来看,包括失能期生活照料、慢病期康复护理、恢复期健康维持、独居期精神抚慰以及临终期安宁疗护等一揽子"健康老龄化"服务。

4. 发展多元协作的服务供给网络

主要国家的长期护理保险服务供给体系,既有多元主体的护理供给网络,也有二元主体的护理供给网络。2000年世界卫生组织提出,长期护理是由非正规护理者(家庭、朋友或邻居)和专业人员(卫生和社会服务)进行的护理照料活动体系。基于福利多元主义理论,要发展多元协作的长期护理服务供给体系(见图8-5),在引入市场化竞争的同时,不仅可以提高服务质量,而且可以降低政府财政压力。从第六章的相关内容可以看出,荷兰、以色列、德国、美国、法国、新加坡等都是以政府、非营利组织和营利组织共同构筑长期护理服务递送体系,日本和韩国虽然是以政府为主导,但非营利组织和营利组织在服务供给方面也发挥着重要的作用。

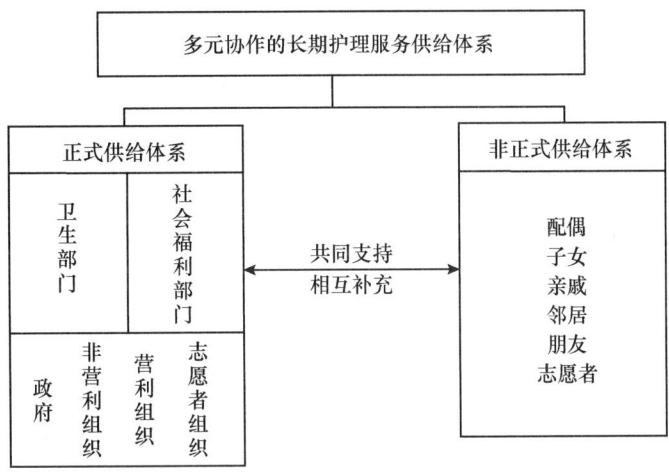

图8-5 多元化长期护理保险服务供给体系

5. 建立服务质量保障的运行机制

虽然各国都相继采取了一些积极的措施加强质量监管,但都或多或少地存在着改善的空间。这也说明提高服务质量不可能一蹴而就,必须建立一个社会化、多部门联动的保障服务质量的良性运行机制。从长期护理保险制度运行流程、各参与主体承担的责任以及相关方之间的委托-代理关系,可以建立一个如图8-6所示的质量保障体系。其中,大众媒体和社会监督对每一个参与主体都可以进行评价。

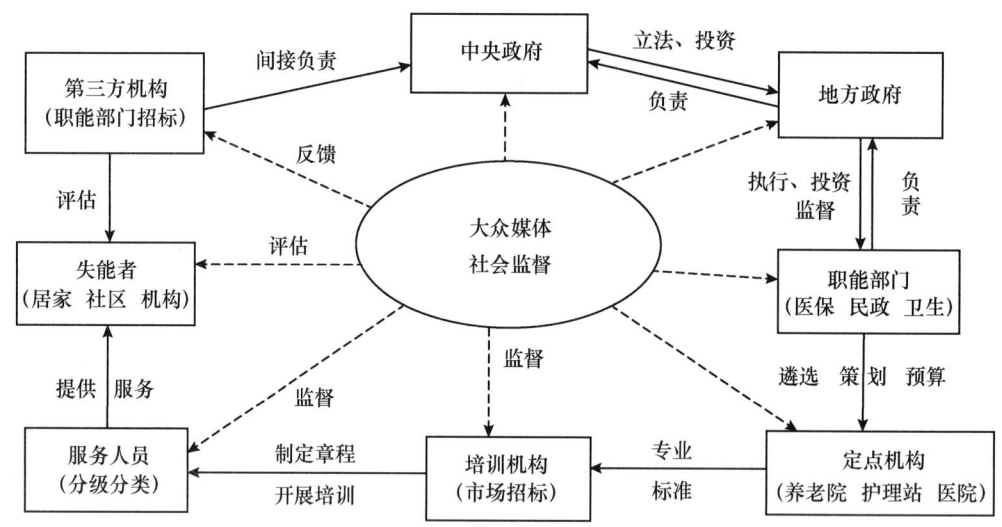

图 8-6　长期护理保险服务质量保障体系

资料来源：作者自制。

二、主要国家的关注重点

具体到某个国家，由于各国政治、经济、文化乃至管理方式等因素的不同，主要国家长期护理保险制度的未来发展就显示出了不同的特点，并有所侧重。可以说，这些特点和侧重就是主要国家长期护理保险制度近期亟待解决的首要问题。

1. 荷兰

1999 年荷兰 65 岁以上的老年人口占总人口的比例约为 13.6%，2008 年上升为 15%，到 2010 年达到 15.8%，预计到 2040 年将达到 26%。2000 年荷兰女性平均寿命为 74.4 岁，男性为 69.6 岁，80 岁以上的高龄人口占 50 岁以上人口的 18%，预计到 2025 年将攀升到 25%。2008 年，80 岁以上的高龄老年人约 60 万人，占总人口的 4%，预计到 2050 年该人群将增长到 170 万人，超过总人口的 10%。人口老龄化的加重导致长期护理需求的急剧增长。结合《特殊医疗成本法案》制度改革，可能会产生以下两个必须重视的问题。

一是，2015 年《长期护理法案》制度建立前，针对严重患者的护理服务由《特殊医疗成本法案》制度负责。目前荷兰《长期护理法案》通过缴纳保费的方式筹资，随着 80 岁以上老年人数量的增长，专门针对严重患者的机构护理服务的《长期护理法案》制度负担会不会越来越重？改革后《特殊医疗成本法案》负担虽然有所减轻，但会不会又造成一个新的《长期护理法案》缴费负担问题？这就是"按下了葫芦浮起了瓢"。

二是，在照料和护理资源整合的大趋势下①，荷兰却"逆流而动"，将《特殊医疗成本法案》一分为三，其中，《社会支持法案》由地方政府负责运营；《长期护理法案》为法定医疗保险方案，保费由荷兰社会保险银行代替政府进行管理；《医疗保险法案》负责个人护理和社区家庭护理，由医疗保险公司负责运营。这样一来，由于三方管理机构的分立会不会导致家庭护理、机构护理和社区护理资源难以协调使用的无效率现象？这两个问题存在与否，需要拭目以待。

2. 以色列

以色列长期护理保险制度从目前来看，有两个方面的困境。第一，筹资机制。保险基金来源于雇主和雇员缴费、财政补贴以及其他险种的盈余基金。其中，其他险种的盈余主要是儿童保险和生育保险。2011年，来自儿童保险和生育保险的补贴上升到大约65%。如此高的补贴比例，如果儿童保险未来基金不足，一旦"断供"，长期护理保险基金收不抵支的风险将是大概率事件。第二，服务供给。外包服务是以色列长期护理保险制度的又一大特色。以色列由各类营利机构和非营利机构提供长期护理服务，不是由政府部门亲自提供。在服务外包的过程中，由三方机构组成的地方专业委员会发挥着核心作用。这样做的好处是能够减少管理费用，提高公共部门的工作效率，但也存在不足之处，就是长期护理保险的受益人在供应商的选择上没有发言权，对服务供应商的质量反馈机制缺乏畅通的渠道。此外，如果地方专业委员会与服务供应商"合谋"，那服务质量就必然下降。

与其他国家长期护理保险制度相比，筹资机制和服务供给机制是以色列长期护理保险制度的独特之处，但不可否认地也隐含着或然性较大的风险。

3. 德国

长期护理保险制度在德国有很高的接受度，没有人会想去废除它。在实施了十几年之后，尽管存在着众多的挑战和问题，人们有理由说，德国的长期护理保险经受住了考验。如果没有引入长期护理保险的话，问题会更大而不是更小。② 对德国长期护理保险将来如何更好地发展，人们开始加强对下面三个问题的思考。

首先，忽视了预防保健。德国长期护理保险的重点在于事后的津贴支付和护理服务，没有注重事前的预防保健和支援服务，缺乏对慢性病预防的支出，导致受益人对护理津

---

① 整合护理就是把老年人的不仅是疾病的所有需求置于护理的中心，通过支持老年人、初级护理者以及更广泛的医疗卫生系统等措施实现"健康老龄化"的目标。整合护理可以提高护理服务的质量和连续性，这已经成为全欧洲卫生和社会照料政策改革的一个核心组成部分。

② 蓝淑慧、鲁道夫·特劳普-梅茨，丁纯. 老年人护理与护理保险［M］. 上海：上海社会科学院出版社，2010：54.

贴和服务的依赖性过高，难以有效地抑制保险支出总额的上涨。

其次，没有减轻社会救助负担。接受机构护理服务的人要自付食宿费用，而护理保险支付水平也有限①，再加上人口老龄化导致的长期护理服务需求剧增，申请社会救助的人越来越多，因此社会救助负担仍然很重。当初立法者为减轻地方政府的社会救助负担而实行长期护理保险制度的初衷并没有彻底实现。当然，这也是人口老龄化发展所导致的问题。

最后，欧盟法统一性的问题。德国是欧盟的成员国，在一个有27个成员国的欧盟中对长期护理保险仅采取一种纯民族国家式的考察方式显然是不行的。任何一次法律修订也必须考虑到欧盟法的影响。虽然德国的立法机构未规定从德国长期护理保险向欧盟内其他成员国的投保人提供货币支付，但是，按照欧洲法院的判决，在德国长期护理保险的投保人把居住地搬到欧盟另一个成员国的情况下，也必须给他提供货币支付。对欧盟成员国的法律与欧盟集体法的冲突不能不做进一步考虑。

4. 日本

如何发挥护理预防的功能。由于2005年护理报酬制度的改革，机构护理服务的盈利比率下降较多，疗养型护理机构的盈利比率从2005年的13.6%下降到2008年的3.4%，保健型护理机构的盈利比率从12.3%下降到了7.3%。居家护理服务的情况更为严峻，访问护理的盈利率为0.7%，居家护理支援事业为-17%。② 因为新护理预防体系在控制护理服务费用的同时降低了护理预防的支付。较低的利润空间导致服务供给机构没有足够的动力来提高服务质量。

如何解决护理服务人才短缺的问题。目前日本长期护理保险制度面临的最大瓶颈就是护理服务人才严重不足。据日本厚生劳动省推测，到2025年人口老龄化高峰阶段，长期护理服务从业人员的供需缺口将达到约37.7万人。

5. 韩国

首先，最紧要的问题是如何扩大覆盖面。韩国将护理保险的对象确定为急需护理（1~3级）的65岁以上老年人，约占该年龄段人口的3%，而实际上，65岁以上老年人中需要护理服务（1~5级）的大约占65岁以上老年人总数的12%。真正受益的失能老年人，从2008年建制时的3.1%提高到2015年的6.8%。日本护理保险受益老年人占65岁

---

① 根据德国"老年人之家"的统计，巴登符腾堡州在2011年1级、2级、3级护理服务中失能受益人需要自付费用分别为1 538欧元、1 719欧元和1 988欧元，法定长期护理保险负担的比例仅为1级护理费用的23%、2级护理费用的40%和3级护理费用的45%。

② 日本厚生劳动省. 平成20年介护事业经营实态结果之概要，http://www.mhlw.go.jp/topics/kaigo/zigyo/keiei/20index.html.

以上老年人的比例为17%，德国该比例是10%。但就目前来看，韩国还有5%左右的老年人正等待提供生活护理服务，急需护理服务的残疾人也被排除在外。有限的服务对象难以真正解决全社会失能老年人的生活困境问题；从年龄上说，到65岁才能有资格申请享受护理服务，显然更谈不上早期的疾病预防介入。这种具有极端选择性的政策设计与社会保险普遍筹资方式相背离，有可能引发社会矛盾。

其次，是否需要建立护理管理体系。需不需要像日本、美国一样建立有利于促进护理服务质量的护理管理师队伍。德国也在2008年长期护理保险制度改革中效仿日本，引入了"护理据点"措施。2008年，韩国长期护理保险制度建立时也曾考虑过设立护理管理师，但由于成本和费用的原因，这个建议一直被搁置下来。

6. 法国

法国长期护理保险制度运行费用除了通过个人护理津贴来支付（占公共护理资金的比重为22%）外，还有通过社会医疗保险来支付（占比62%），以及普通社会保险税（占比11%）。长期护理服务与医疗服务的本质不同，用社会医疗保险基金来支付长期护理服务费用，这种做法是否合理，值得商榷。

在社会长期护理保险制度覆盖之外，法国国民也可以购买商业长期护理保险作为补充。2010年，法国40岁以上的国民中有15%的人购买了商业长期护理保险，而同年美国这个比例才达到5%。[1] 2007年，法国民众共计花费37.3亿欧元投保商业保险。2008年，法国大多数投保商业长期护理保险的人年龄在56~66岁。有关研究表明[2]，50岁及以上的人群一般已婚有子女，也受过高等教育，收入较高，他们倾向于购买商业长期护理保险。商业长期护理保险公司为了追求利润，支付的保险金额几乎难以与护理服务的市场价格同步增长。如何在保证保险公司适当利润的前提下，让投保人的护理服务质量不下降，这就需要政府介入保险市场进行管理和引导。

此外，据有关统计，在法国，长期护理团体保险的市场份额较大，约占长期护理保险市场份额的45%。[3] 雇主替雇员缴纳长期护理团体保险的保费。然而，一部分团体保险计划只提供年度的失能保险，并不提供未来的失能风险保护，尤其是在雇员退休后这种失能风险更高。这也同样需要政府支持保险公司开发出更多产品，让投保人自行选择合

---

[1] OECD. France Long-term Care [EB/OL]. (2011-05-18) [2022-07-21]. http://www.oecd.org/dataoecd/11/62/47902097.pdf.

[2] NAYARADOU M, NOUET S, PLISSON M. The Characteristics of The Demand for Private Long-Term Care Insurance in France [R]. http://basepub.dauphine.fr/bitstream/handle/.../5054/Transition_Plisson2.PDF.

[3] OECD. Help Wanted? Providing and Paying for Long-Term Care [EB/OL], http://www.oecd.org/dataoecd/52/12/47884985.pdf.

适的产品模式。

7. 美国

美国的商业长期护理保险的发展与其他国家相比较为成熟。即使如此，据统计，45岁及以上的美国人群中，仅有6.1%的人投保了长期护理保险。据OECD 2005年的调查，进入21世纪美国已有3 500家商业健康保险公司增加了长期护理保险这一险种。近十年来，美国商业长期护理保险也暴露出不少问题，比较突出的问题包括投保率低、核保要求苛刻、理赔较为困难等，这些问题使得公众对长期护理保险在自己需要时能否发挥作用产生了怀疑。把社会问题交给市场去解决，也就是通过市场的效率来实现社会的公平，这本身是管理创新的表现。但是，如何规避市场的道德风险，遏制市场的放任自流，这时候就需要政府突破"有限政府"的"有限"界限。

再者，美国的长期护理公共政策有逆选择效应，如1990年推出的长期护理保险计划。该计划规定，只有当个人因长期护理花光其大部分财产时，才具有获得医疗救助的资格。对于低收入阶层来说，医疗救助就是一种长期护理保险。据统计，获得医疗救助的人群中，大约有30%的人起初并不符合救助条件，而是通过先用光资产，再来通过医疗救助获得长期护理补贴。因而，医疗救助对商业长期护理保险存在一定的"挤出"效应。此种政策设计不仅会造成"政策碰撞"，而且会导致"养懒汉"的社会问题，这是因为政府制定政策时缺乏统筹兼顾的思维。

【阅读材料1】　　　　　　法国养老改革道阻且长

2018年5月法国《欧洲时报》刊发文章称，法国卫生部部长布赞为更好地照顾弱势群体，面对养老机构所面临的危机而制订了详细的改革计划，其中包括夜间急诊、养老院翻新、人员招聘、远程医疗等。

卫生部部长向自治团结共济金全国管理局成员解释说，这项养老院和家庭护理服务的"改革路线"，旨在提高老年人和失助人群的生活质量。

为了改善夜间医疗条件，减少"可预防的急诊住院"，各个养老机构可以调用值班护士。这一措施已经在2018年社保财政法案中获得批准，获得1 000万欧元资金，将在2019年和2020年落实。

其他措施还有：疏通紧急服务通道，避免对虚弱人群造成创伤；发展养老机构和家庭护理；在养老院增加1 000个和医院同样价格的床位，缩短住院和往返时间；为了减少看病劳顿，5年内投资4 000万欧元，在2022年普及远程医疗。

部长还表示，计划投资1亿欧元用于基础设施和设备的翻新，并采取措施，大幅度提高工作人员的工作生活质量。

2018年1月和3月,上千人在卫生部前抗议示威,谴责对老年人的"体制性虐待",要求政府加大投入,改善老年人的生活状况。政府在1月底任命了1名调解员,表示会在2018年给有困难的养老机构提供5 000万欧元的贷款,当时的谈判代表表示,这只是"杯水车薪"。

上一届政府时期投票的1项改革方案也颇受异议,即在2017—2023年,汇总公共养老机构、私人养老机构的护理(由医保出资)和照料失助者(由各省负责)财政预算。

失助部分,在2018年和2019年投入4 700万欧元补偿一些养老机构的投入。

护理部分,方案提出加速在5年内融合,而不是7年,并在原来计划的2.17亿欧元的基础上追加1.43亿欧元来促进这段时间养老机构的人员招聘。

这笔款项下拨到法国7 573家养老机构,截至2017年底,有60.8万名住院老年人和40万名雇员。

大部分人都在家养老,有75万人享受家庭陪护服务。计划提供资金重整家庭陪护,使家庭陪护"更便宜和更方便"。

发展"交流型"住所,例如代际间共住或"院中院"(若干老年人住在一起,配1名长期护工)。

目前法国有150万名85岁以上老人,预计到2050年,将会超过500万人。国家和相关部门每年花在医疗、照料失助者、住宿等方面的公共支出估计接近240亿欧元。

布赞尚未就老龄化方面的公共财政政策问题做出更进一步的表态,但表示可以"开始讨论",2019年初将公布相关建议。

资料来源:中国新闻网. 法国养老改革路线出炉,拟提高老人生活质量[EB/OL]. (2018-05-25)[2021-10-05]. https://baijiahao.baidu.com/s?id=1601959108563897316&wfr=spider&for=pc.

【阅读材料2】 西方国家长期护理服务的非机构化发展趋势

西方发达国家引入长期护理服务之后面临的第一个问题就是护理成本的快速上涨,这不仅对个人而且也给公共付费方(社会救助或社会保险)带来沉重的负担。例如,美国在其医疗救助项目中设立了对低收入失能人群的长期护理支付。1991年,美国长期护理服务的总支出为599亿美元,其中47.4%来自医疗救助。从护理服务的价格上看,美国长期护理私人支付价格从1977年的8 645美元增长至2004年的60 249美元,年均增速

7.5%，与同期医疗服务价格年均增速相当，高于其他商品和服务价格的增长速度（分别为6.6%和4.4%）。其中来自医疗救助的公共支付价格也从1979年的9 491美元增长至2004年的48 056美元，年均增长6.7%。再如日本，在2003—2007年其长期护理成本增长了26.4%，预计其增长速度在未来将远高于医疗服务成本的增长速度。实证研究表明，人工成本是导致长期护理机构成本上升的主要推动力。对美国20世纪60年代175家长期护理机构成本构成的研究发现，护理成本（护理员工资）占比最高，为35.6%，伙食费用占比16.8%，而日常照料、医师工资、娱乐、康复等支出加起来仅占总成本的5%。在护理机构的运营成本中，人工成本的投入解释了总成本的88%左右，而资本投入仅解释了12%左右。与人工成本膨胀相对应的一个难题是长期护理人力资源的匮乏。"成本病"表明在长期护理服务的供给中，技术替代很难发生，护理需求的快速上升必然要面对护理人力资源的快速上升。而随着大部分国家人口老龄化的加深，劳动力短缺成为长期护理服务提供的国际性难题。为解决这一问题，各国大量引入外籍劳工以补充本地劳动力供给的不足。如在德国，约有12万移民提供家庭护理服务；美国长期护理机构中护理员和护士来自海外的比例在1980—2003年间增长了4倍。

长期护理成本的快速上涨对公共资金和个人支出都带来很大的压力。同时长期护理劳动力的匮乏也是长期护理供给需要长期面对的难题。在这样的背景下，长期护理服务供给出现了非机构化的趋势。长期护理的供给分机构与居家和社区服务两种。前者由养老院、护理院提供服务，特征是正规化和标准化，但因涉及专业护理人员和专门的场所从而成本较高；后者是在家中由家人提供服务或由被护理者所在社区提供服务。出于降低成本及老年人的需求考虑，在一些国家出现了长期护理的供给从以机构护理为主转向居家和社区护理的趋势。例如，1984—2008年，北欧国家丹麦65岁以上老年人中住在机构的比重从7.2%下降到5.0%，芬兰从6.7%下降到5.4%，瑞典从9.5%下降到6.4%。美国1996年长期护理的总支出为518亿美元，其中机构护理支出407亿美元，占总支出的79%，居家和社区护理支出111亿美元，占总支出的21%；而到2006年，在总计993亿美元的长期护理总支出中，机构护理支出602亿美元，占比下降到61%，居家和社区护理占比上升到39%。相比于其他国家，德国非机构化的长期护理占比更高，各方面的配套措施也最全面。在1995年长期护理保险建立之初，德国即加大了对非机构化护理服务的支持。从护理人次上，超过90%的被护理者是在机构外得到护理；从支出结构上，德国2005年长期护理总支出占当年GDP的1.44%，其中非机构化的居家和社区护理支出占到了44%。

资料来源：王震，朱凤梅. 长期护理服务供给的国际趋势 [J]. 中国医疗保险，

2017（2）：70-72.

【本章小结】

本章主要介绍了长期护理保险的一系列改革措施，以及目前面临的挑战和未来的发展趋势。

主要国家对长期护理保险的改革主要包括结构性改革立法、瞄准重点服务对象、减轻财政压力、调整待遇标准、扩大服务项目、改革支付方式、提升服务质量以及提高行政管理效率等方面。尽管长期护理保险制度已经出台了一系列改革措施，但短期内制度还无法完善，仍存在一些问题。总结主要国家的实践发现，长期护理保险存在公平性有待提升、政府财政压力增大、个人及企业负担逐渐加重、支付方式偏离制度初衷以及服务质量有待提高等方面的问题。找到这些问题症结所在，本章提出了下一步长期护理保险的改革方向和发展趋势。主要国家长期护理保险的发展趋势存在一定共性，包括引导居家护理和社区护理发展方向、整合医疗卫生和社会福利资源、坚持以服务供给为主的支付原则、发展多元协作的服务供给网络。

此外主要国家长期护理保险发展还具有一些个性问题，如荷兰《长期护理法案》费率和《特殊医疗成本法案》制度改革问题，以色列的筹资机制和服务外包机制问题，德国忽视预防保健、没有减轻社会救助负担、欧盟法统一性等问题，日本着重研究如何发挥护理预防功能和解决护理服务人才短缺问题，韩国强调扩大长期护理保险的覆盖面，法国如何鼓励购买商业长期护理保险，美国则考虑出台长期护理保险市场的规范性文件以及统筹考虑长期护理公共政策的制定。

【关键概念】

居家护理　社区护理　医养结合　服务支付

【思考题】

1. 为什么主要国家要实施长期护理保险改革？有哪些主要措施？
2. 简述主要国家长期护理保险在改革过程中存在的主要问题。
3. 主要国家长期护理保险未来发展的共同趋势是什么？
4. 试分析主要国家长期护理保险未来发展趋势的个性特点。

5. 你认为中国长期护理保险制度设计应注意哪些问题。

【本章延伸阅读材料】

丁英顺. 日本护理保险财政困境及应对措施［J］. 日本问题研究，2019（3）.

李运华，姜腊. 日本长期护理保险制度改革及启示［J］. 经济体制改革，2020（3）.

刘涛. 德国长期护理保险制度的缘起、运行、调整与改革［J］. 安徽师范大学学报（人文社会科学版），2021（1）.

刘涛. 德国长期护理保险二十二年：何以建成，何以可存，何以可行？［J］. 公共治理评论，2017（1）.

刘涛. 福利多元主义视角下的德国长期照护保险制度研究［J］. 公共行政评论，2016（4）.

施巍巍. 发达国家老年人长期护理制度研究［M］. 北京：知识产权出版社，2012.

蓝淑慧、鲁道夫·特劳普-梅茨，丁纯. 老年人护理与护理保险［M］. 上海：上海社会科学院出版社，2010.

LIOYD J, WAIT S. Integrated Care: A Guide for Policymakers［M］. London: Alliance for Health & the Future. 2006.

OECD. Long-term Care for Older People［R］. Paris: Organization for Economic Cooperation and Development, 2005.

SCHMID H. Evaluating the impact of legal change on nonprofit and for-profit organizations［J］. Public Management Review, 2001, 3（2）.

WHO. Home-Based and Long-term Care［R］. Report of a WHO Study Group. WHO Technical Report Series 898. Geneva: World Health Organization, 2000.

WHO. Integrated Care for Older People［EB/OL］.（2017-10-23）［2020-08-28］. http://www.who.int/ageing/health-systems/icope/en/.

第九章　长期护理保险的制度效益

> ● **学习重点**
> 1. 长期护理保险对制度实施地区产生的经济效益与社会效益。
> 2. 长期护理保险制度作为一项积极老龄化的社会政策，其理念对其他老龄化国家的启发和借鉴。

无论是一项经济制度还是一项社会制度，都会对该制度实施地区产生一定程度的影响，甚至是持久的影响。这种影响可能是积极的，也可能是消极的，至于产生何种性质的影响，那就要看该制度的公平性、正义性和执行力度。如果该项制度的起点公平、过程公平，那么其结果就是公平的，产生的影响也是积极的、长久的。长期护理保险制度作为各国应对人口老龄化的产物，解决的是民生问题，所以它是一项积极老龄化的社会政策，其理念彰显了公平与正义。为此，有必要对该制度实施的结果——经济效益与社会效益来做进一步的评价。同时，主要国家长期护理保险制度的经济效益与社会效益也对同样面临人口老龄化的其他国家具有较大的启发和借鉴价值。

第一节　长期护理保险的经济效益

在这里，经济效益不是指生产领域的成本投入与产品收益之间的比率，而是指一项社会政策实施后所产生的经济方面的变化。这种变化有可能是带来了经济增长，也有可能是导致了财政、企业或个人的负担加重。不管是经济增长还是负担加重，只要该项政策体现了社会公平，总体上向着利好的方向发展，那就应该加以肯定，而不是仅仅对资源最优配置那样简单。

一般来说，在一国原有的社会保险项目没有减少或保险待遇没有降低的情况下，每增加一个险种，其中的筹资方包括国家（中央政府和地方政府）、企业和个人的经济负担加重是不可避免的。关键是如何做到用有限的投入来获取更大的回报，这就涉及政策设计、政策改革以及政策管理等方面的科学性、可持续性以及公平和效率。对此前面相关章节已经做了论述。

一、缓解老年贫困

在第二章制度背景分析中曾指出，德国推行长期护理保险制度的经济因素之一就是因为德国老年人的贫困问题。

据《2018 年德国贫困报告》，不管是以德国联邦统计局还是德国经济研究所的标准统计出来的贫困率数据（分别为 15.8% 和 16.8%），德国的贫困人口都达到了两德统一后的最高纪录，即德国至少有 1 370 万人生活在贫困线之下。在德国 1 370 多万的贫困人口中，数量上处于第二位的是退休者，即领取退休金的人。65 岁以上老年人的贫困比率为 17.7%，虽然比德国 19% 的平均水平要低一点，但却有越来越多的老年人陷入贫困之中，表明德国的老龄化危机日益严重。

德国的长期护理保险虽然不是直接作为反贫困措施提出的，但这一保险使老年人的护理得到了制度的保障，尤其是对那些贫困老年人的护理，可以缓解此前很多退休老年人因须支付昂贵护理费用而陷入贫困的问题。因此，长期护理保险制度的建立也取得了一定的反贫困效果。此外，德国人对于通过立法确立长期护理保险制度普遍认可，认为国家应该在需要的时候承担必要的社会福利责任，而不是将这些责任完全推给个人，通过全社会的投入（共同缴纳护理保险费）来减轻个人及其家庭的负担，从而减少贫困。[①]

限于这方面的统计报告缺乏，难以有相关数据作为支撑。理论上，老年人退出劳动领域后收入减少是世界各国的普遍现象，所以才有养老保险制度的诞生。这样看来，老年人不仅面临失能的健康困境，而且也容易陷进收入的贫困境地，是一个"双困"群体。长期护理保险制度建立后，负责化解老年人长期护理服务费用高负担的难题，必然会降低老年人贫困的发生率。这应该是人口老龄化国家一个很好的研究课题，也是各国政府需要关注的一个政策议题。

二、创造就业岗位

长期护理保险制度在各国推行以后，在很大程度上创造了长期护理服务就业岗位。主要国家的统计数据很好地说明了这一点。

（一）总体情况

按照每 100 位 65 岁及以上人口拥有的非正式护理人员平均数量，主要国家统计情况

[①] 潘亚玲，杨阳. 德国"新贫困"问题研究［J］. 当代世界社会主义问题，2019（3）：148-157.

如下：2009 年，荷兰为 7.7 人，德国为 3.8 人，美国为 11.9 人，位于榜首。[①] 2011 年和 2016 年，主要国家每 100 位 65 岁及以上老年人拥有护理人员（包括正式和非正式）数量如图 9-1 所示，其中，兼职护理人员情况如图 9-2 所示。2016 年，主要国家的正式和非正式护理人员的受教育情况如图 9-3 所示。2017 年，主要国家 50 岁及以上非正式护理人员中女性占比情况如图 9-4 所示。各国护理人员呈现出来的这些特征值得我们进一步去思考。

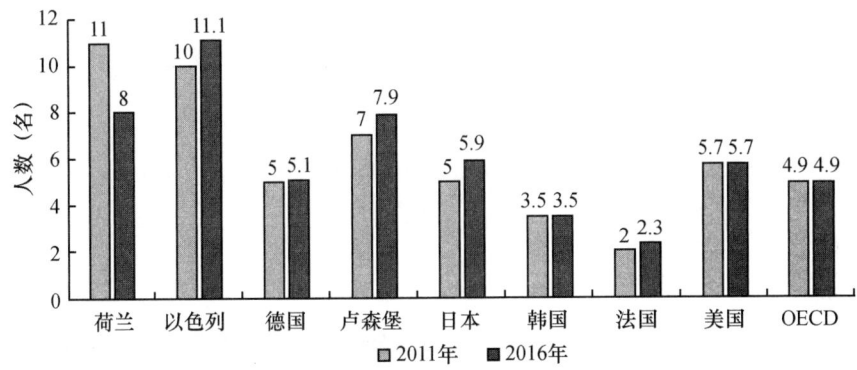

图 9-1 主要国家每 100 位 65 岁及以上老年人拥有的护理人员数量（2011 年、2016 年）

资料来源：OECD. Health at a Glance, 2019.

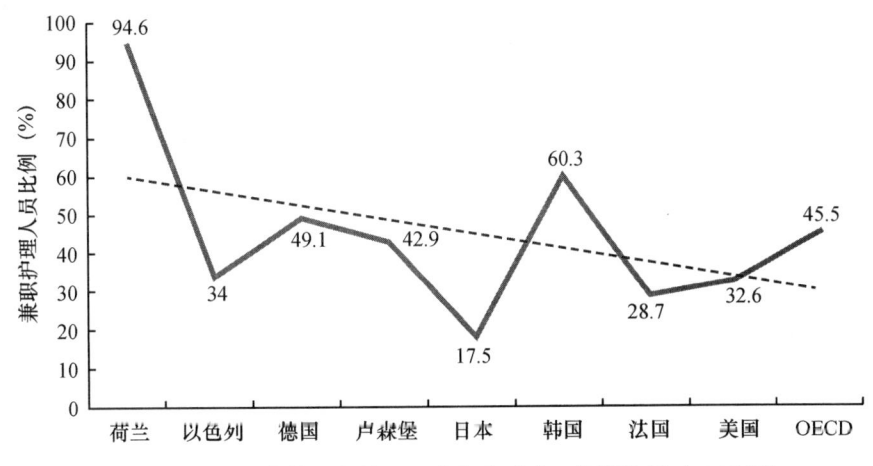

图 9-2 主要国家护理人员（正式和非正式）兼职比例（2016 年）

资料来源：OECD. Health at a Glance, 2019.

---

① OECD. A Good Life in Old Age? Monitoring and Improving Quality in Long-Term Care [R]. OECD Publishing, 2013.

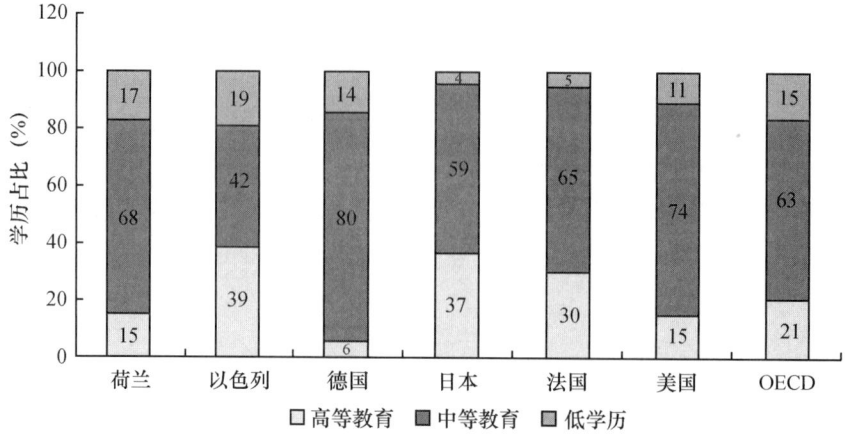

图 9-3 主要国家护理人员（正式和非正式）学历分布（2016 年）

资料来源：OECD. Health at a Glance，2019.

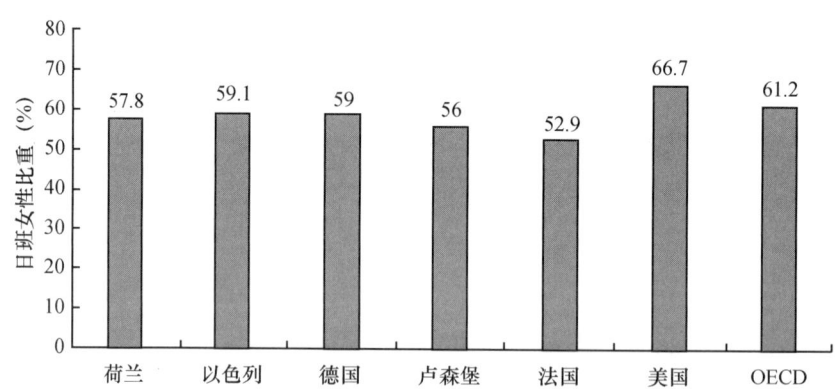

图 9-4 主要国家非正式护理人员（日班）中 50 岁及以上女性比重（2017 年）

资料来源：OECD. Health at a Glance，2019.

（二）各国情况

1. 荷兰

在荷兰，长期护理人员主要由正式和非正式人员组成，呈现出以下四个方面的特征。（1）正式和非正式的护理人员都迅速增长，但非正式的护理人员占主体。世界卫生组织《2010 年世界卫生统计》显示，2000—2009 年，荷兰参与卫生劳动力市场上的护理人员超过 24 万人，平均每万人约有 151 人提供护理服务。① 从 2004 年到 2006 年，每年的增长

---

① 世界卫生组织中文官方网站，http://www.who.int/zh/index.html。

率达到6.5%，其中非正式护理人员的数量要远超于正式护理人员。非正式护理人员在OECD国家护理就业人员中占主导地位，而荷兰的非正式护理人员的数量就已是其正式护理人员的10倍之多。2009年兼职护理人员占总护理人员的比例为73%，2016年该比例猛增到94.6%（见图9-2）。（2）女性护理人员占据半壁江山。在OECD国家就业的护理人员大多数是女性，这些女性占正式护理人员的比例为89%～93%，占非正式护理人员的比例为60%～77%。而在荷兰从事护理工作的女性占正式与非正式护理人员的比例分别为92.8%和60.2%。（3）护理人员受教育水平较高，有年轻化趋势。与OECD其他国家相比，一方面在荷兰就业的护理人员受教育水平相对较高，其中约93%的机构护理人员至少接受了高中教育；另一方面在荷兰就业的护理人员年龄相对较低，其中约33%～50%的年龄在25～45岁，45岁以上的约占1/3。（4）荷兰外籍护理人员数量不断增加。从2001年到2006年，每年增长率达到6%，其中正式的外籍护理人员占到了8.2%。

2. 德国

2007年，德国65岁以上的老年人中每1 000人拥有3.6名护理人员。正规护理人员需求量增大。随着人口老龄化程度加重，对正规护理人员的需求由1995年的32万人、1999年的62万人、2007年的80.9万人（见表9-1），到2009年的89万人。非正规护理人员就业也大幅增长。不同形式的家庭兼职工作人员占护理人员总数的比例由1995年的54.2%增至2009年的73.2%，护理院兼职工作人员由1995年的39.1%增至2009年的66.7%。2011年，在所有护理人员中有26%是正规护理人员，74%是非正规护理人员，非正规就业岗位显著增加。

表9-1　　　　　　　　　　德国正规护理人员的增长情况　　　　　　　　　　单位：人

年份	总计	门诊护理服务	机构护理服务
1999	624 722	183 782	440 940
2003	711 754	200 897	510 857
2007	809 707	236 162	573 545
2013	1 005 500	320 100	685 400
2017	1 154 900	390 300	764 600

数据来源：德国联邦统计局. 护理统计 2019, http://www.destatis.de.

3. 日本

在日本所有的56个产业部门中，护理产业的就业拉动效应居于首位。护理支出费用每增加1兆日元，护理及相关产业可产生24.8万个就业机会，远远超出公共事业产业可产生的9.7万个就业机会。根据日本厚生劳动省的资料，2000年度从事长期护理的人数是 54.9 万人，2016 年度大幅增加至 183.3 万人。据厚生劳动省推算（2018 年 5 月），2025 年度需要约 245 万名长期护理人员，在 2016 年约 190 万人的基础上还需增加约 55 万人（平均每年增加 6.1 万人）。

4. 韩国

2016 年以来，韩国长期护理机构从业人员的类型及数量增长情况，参见表 9-2。

表 9-2　　韩国长期护理机构从业人员变化　　单位：人

	2016 年	2017 年	2018 年	2019 年	2020 年	占比（%）	增减率（与前一年比，%）
合计	344 242	377 184	421 326	492 132	503 983	100.0	2.4
社会工作者	14 682	18 535	22 305	26 395	30 268	6.0	14.7
医生（包括合同医生）	1 683	2 198	2 210	2 358	2 312	0.5	-2.0
护士	2 675	2 791	2 999	3 312	3 504	0.7	5.8
护士助理	9 080	9 845	10 726	12 054	13 221	2.6	9.7
牙科护士	5	7	10	7	14	0.0	100.0
理疗师	1 974	2 024	2 122	2 350	2 558	0.5	8.9
护理师	313 013	340 624	379 822	444 525	450 970	89.5	1.4
营养师	1 130	1 160	1 132	1 131	1 136	0.2	0.4

注：1. 各职业中重复人员除外（医生+合同医生，物理理疗师+职业治疗师，护理师 1 级+2 级）；
2. 厨师、事务员等其他人员不包括在内。
资料来源：韩国健康保险管理公团. 韩国 2020 老年长期护理保险统计年报［R］. 2021.

5. 美国

在美国，直接护理工作是长期护理产业的核心并成为全美增长最快的职业。直接护理工作（包括家庭健康护理、助理护士护理、个人护理）不仅对完善社会基础设施至关重要，而且具有驱动经济增长的潜力，特别是对低收入社区。

长期护理服务就业量可观。2004—2008 年，在许多州只有健康护理产业出现了就业增长。2006 年，美国长期护理产业的就业人数为 460 万人，占全部健康护理产业就业量的 32%，占整个就业人口的比例为 2.2%，而同期 OECD 国家该比例仅为 1.5%。长期护理就业人员中，家庭健康护理、社区护理、私人养老院护理和其他长期护理从业人员数量分别为 86.25 万人、158.13 万人、129.38 万人和 86.25 万人。

长期护理就业前景较好。据国际组织预测，健康护理产业将成为美国经济增长的一个重要引擎。2006—2016 年新增 340 万个健康护理工作岗位，其中新增长期护理产业就业岗位 161.7 万个，占 48%；长期护理产业的就业增长率将达到 35%，大大超出其他产业。

三、促进长期护理产业发展

长期护理产业的规模一般以养老机构和医院的设施数量来衡量,尤其是床位的数量,以此反映一个国家和地区护理产业的发展速度。长期护理设施是指将住宿和长期护理服务打包提供的护理和住宿设施,包括专门设计的设施或类似医院的环境,其中主要的服务组成部分是为中度至重度功能受限的人提供长期护理服务。长期护理设施不包括为需要帮助同时保持高度自主和自我控制的人提供适应生活的床位,也不应该包括康复中心的床位。

(一)总体情况

主要国家长期护理产业的规模,可以从每 1 000 名 65 岁及以上人口的平均床位数量来衡量(见表 9-3)。在 OECD 国家,2017 年每 1 000 名 65 岁及以上人口拥有 47 张长期护理床位,其中,养老机构有 44 张床位,医院只有 3 张床位。主要国家长期护理床位数量差异很大。床位数量最多的国家是卢森堡(82.8 张床位),数量最少的国家是希腊(4.5 张床位)。意大利、拉脱维亚、波兰、土耳其和希腊这五个国家的床位数不足 20 张。卢森堡、荷兰、比利时和瑞典四个国家每 1 000 名 65 岁及以上的人口拥有超过 70 张床位。近年来,大多数国家已采取措施支持老年人到社区护理。然而,根据个人情况,对于独居并需要全天候护理和监护的人,或家庭在偏远地区的人,搬到长期护理设施可能是最合适的选择。

表 9-3　2008 年主要国家 65 岁以上老年人的护理床位数(每千人)　　单位:张

荷兰	以色列	德国	卢森堡	日本	韩国	法国	美国
69.5	42	48 (2007 年)	49 (2007 年)	26.3	14 (2009 年)	52	42

资料来源:OECD. Help Wanted? Providing and Paying for Long-term Care,2011.

到 2017 年,表 9-3 中所列国家每千名 65 岁及以上老年人长期护理床位数(含机构和医院),除了以色列和美国外,总体上有所增加,增长最快的是卢森堡(见图 9-5)。2007—2017 年,主要国家机构和医院的老年人长期护理床位数量总体呈略微下降趋势,这是"去机构化"的结果,但韩国增幅却非常高(见图 9-6)。整体上对护理产业的冲击不大,只是硬件建设的投入规模稍有缩小。

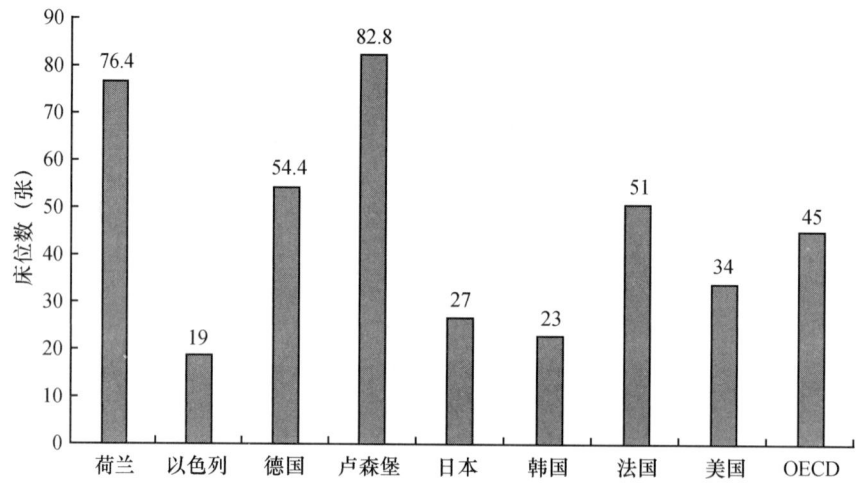

图9-5 主要国家每千名65岁及以上老年人的长期护理床位数（2017年）

资料来源：OECD. Health Statistics, 2019.

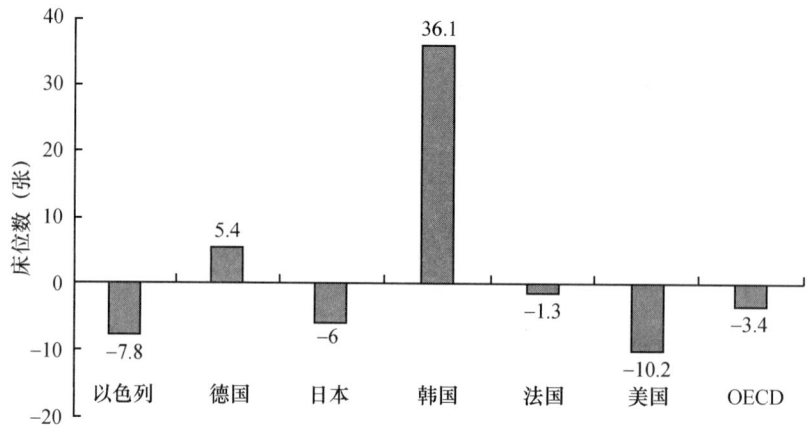

图9-6 主要国家每千名65岁及以上老年人的长期护理床位数变化趋势（2007—2017年）

注：数据差异来源于统计口径不同造成的偏差。

资料来源：OECD. Health Statistics, 2019.

（二）各国情况

1. 德国

德国长期护理保险尽管实行"居家护理优先原则"，但是机构护理设施的增长仍明显超过了门诊护理设施，具体情况见表9-4。从表9-4可以计算出，机构护理设施数量从1999年到2007年增长了近25%，而相对来说，门诊护理设施仅有微小增幅，大约为

6.5%。2010年，65岁及以上老年人接受机构护理的人数占3.8%（OECD平均为4%），7.6%的老年人接受居家护理（OECD平均为7.9%）。[1] 德国每1 000名65岁及以上老年人口机构护理床位数，2005年为49.3张，2009年为50.5张，2011年为52.8张，2015年为54.4张。[2]

表9-4　　　　　　　　　德国长期护理服务设施增长情况　　　　　　　　　单位：个

年份	门诊护理设施	机构护理设施	按照支付类别细分		
			全住院的长期护理	短期护理	部分住院护理
1999	10 820	8 859	8 073	1 621	
2003	10 619	9 743	8 775	1 603	1 720
2007	11 529	11 029	9 919	1 557	1 984

资料来源：蓝淑慧，鲁道夫·特劳普-梅茨，丁纯．老年人护理与护理保险[M]．上海：上海社会科学院出版社，2010：76．

2. 日本

日本颁布《介护保险法》后，营利企业被允许进入高龄者护理领域（《介护保险法》第70条），市场机制被引入到居家护理中，通过个人同护理服务提供机构签订契约的形式来实施。参与护理服务行业的从业机构数量不断增多，从2003年5月到2005年5月，居家服务事业从业机构中营利法人和非营利法人都大幅度增加（见表9-5）。在2008年的居家护理服务中，营利法人占55.1%、社会福利法人占26.5%、非营利法人占5.6%。2010年，65岁以上老年人接受机构护理的人数占2.8%，9.8%的老年人接受居家护理。[3]

表9-5　　　　　　　　日本长期护理服务从业机构数量变化情况　　　　　　　　单位：个

法人类别		2003年5月	2005年5月	增减比重（%）
社会福利法人	社协以外	15 134	19 838	31
	社协	4 884	5 132	5
医疗法人		42 907	61 093	42
民法法人		2 666	3 310	24
营利法人		21 882	50 585	31
非营利法人		682	2 735	201
农协		952	1 189	25
生活协同组合联合会		1 401	1 966	40

---

[1] OECD. Health Data, 2012.
[2] OECD. Health Statistics, 2017; Health at a Glance, 2017.
[3] OECD. Health Data, 2012.

续表

法人类别	2003年5月	2005年5月	增减比重（%）
地方公共团体	5 384	6 416	19
合计	95 892	152 264	59

资料来源：日本厚生劳动省. 介护保险制度改革概要：介护保险法改正之介护报酬改定［EB/OL］. http://www.mhlw.go.jp/topics/kaigo/topics/0603/index.html.

3. 韩国

2008年，护理机构数量为1 717所，居家护理机构为10 224所。2012年，护理机构有4 326所，可入住131 761人；居家护理机构有19 240所。2014年，护理机构增长到4 867所，居家护理机构20 719所。2016年以来，韩国居家护理机构与护理机构的数量均有较大增长（见表9-6）。在居家护理机构中，增长最快的是上门护理服务机构和上门洗澡服务机构，而短期护理服务机构反而减少。

表9-6　　　　　　　　　　韩国长期护理机构变化情况　　　　　　　　　　单位：个

	2016年		2017年		2018年		2019年		2020年	
	居家	机构	居家	机构	居家	机构	居家	机构	居家	机构
	14 211	5 187	15 073	5 304	15 970	5 320	19 410	5 543	19 621	5 763
合计	19 398		20 377		21 290		24 953		25 384	

资料来源：韩国健康保险管理公团. 韩国2020老年长期护理保险统计年报［R］. 2021.

4. 法国

2007年，法国的机构护理包括6 504个传统的老年之家、2 786个庇护之家和903个疗养院。这些护理机构中有57%属于公共设施，27%是私营非营利机构，16%是私营营利机构。2007年法国的护理机构类型及其床位数见表9-7。

表9-7　　　　　　　　　2007年法国老年护理机构类型与床位数

	床位数（张）	机构数（个）
庇护之家	142 913	2 786
老年之家	471 102	6 504
疗养院	68 142	903
其他（喘息护理等）	2 002	112
合计	684 159	10 305
使用者（人）	657 000	

资料来源：MARIE-EVE JOËL, SANDRINE DUFOUR-KIPPELEN, CATHERINE DUCHÊNE, et al. Long-Term Care In France ［R］. ENEPRI Research Report NO. 77 Contribution To WP 1 of The ANCIEN Project. ENEPRI, 2010：19.

四、直接刺激经济增长

德国通过引入多项基金成本控制机制，长期护理保险计划的财务运行状况良好。因保费的收取始于支付受益金额前的 4 个月，在制度运行的前两年即 1995 和 1996 年，德国社会长期护理保险基金实现的收入分别为 84 亿欧元和 120 亿欧元，基金支出分别为 50 亿欧元和 108.6 亿欧元，共形成 45.4 亿欧元的累计结余。1997 年至 2009 年，各年基金基本保持盈亏平衡，截至 2009 年底，德国社会长期护理保险基金的累计结余为 48 亿欧元，该部分基金累计结余可作为储备资金以应对未来不确定的需求。这实际上节省了国家财政转移支付储备金。

美国由于有 300 多万名直接从事长期护理工作的劳动者，他们将大部分收入用于当地商品和服务的消费，能够带动每年 560 亿美元的经济产出。并且 1 450 万名稳定充足的直接护理劳动力资源能够促使额外的 1 590 万个工作岗位实现全职就业。因为这些就业者倘若要护理自己的家庭成员，将不得不离开本职工作或由全职工作转向兼职工作，预计将会使雇主每年损失 112 亿美元。因此，长期护理工作为家庭就业者及其雇主解除了后顾之忧。

2000 年 4 月 1 日，日本《介护保险法》开始施行，长期护理服务市场规模是 4 万亿日元，预计到 2025 年达到 10 万亿日元。

第二节　长期护理保险的社会效益

主要国家长期护理保险产生的社会效益可以从受益面、民众满意度、社会保障项目之间的平衡、强化个人责任意识以及推进志愿服务行动等角度来考察。建立长期护理保险制度的目的是希望制度化的服务供给体系逐步解决失能老年人的卫生保健服务和生活照料服务，在此基础上提高老年人的生命质量。从法理上来说，这是一个国家和政府应尽的责任和义务。在这个意义上，长期护理保险的社会效益甚至比其经济效益更令人期待。当然，如果能够在取得良好的经济效益的同时，又获得良好的社会效益就更彰显了长期护理保险制度存在的必要性和可行性。

一、受益面逐步扩大

（一）总体情况

在制度建立初期，由于受财力、经验等方面因素的约束，接受长期护理服务的人群比较少。但是，随着长期护理保险制度逐渐成熟，受益面有所扩大，失能老年人的生活质量逐步提高，制度的社会效益逐渐显现。总体来说，主要国家长期护理保险的受益人数量逐年增多。其中，2007 年和 2017 年受益率情况如图 9-7 所示。两年当中，除了荷兰受益率下降幅度较大以外，德国、韩国、美国和卢森堡的受益率都有所上升。25 个 OECD 国家平均受益率增加 0.8 个百分点。

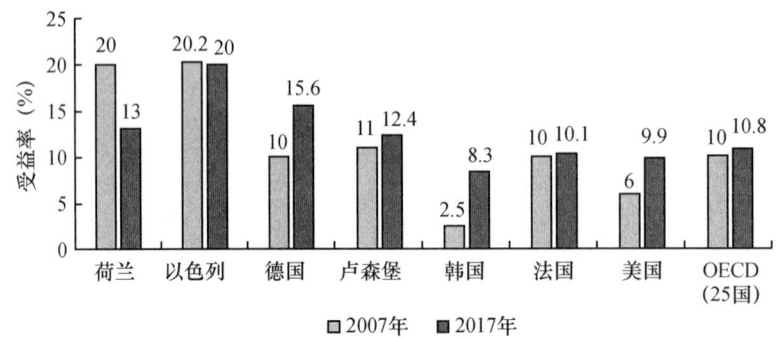

图 9-7　主要国家 65 岁及以上老年人长期护理受益率变化（2007 年、2017 年）

资料来源：OECD. Health Statistics，2019.

（二）主要国家情况

1. 荷兰

荷兰健康福利体育部在 2009 年发布的《东道国报告：荷兰长期护理保险》显示，在长期护理保险制度开始实施的 1968 年，荷兰大约有 55 000 人受益于《特殊医疗成本法案》。① 到 20 世纪 90 年代，荷兰 65 岁以上的老年人口中约有 44.8% 的人受益于《特殊医疗成本法案》规定的各类服务项目。其中，9.5% 的人选择长期入住在护理院或养老院接受机构护理服务，20% 的人选择不定期居家护理服务，4.5% 的人选择定期的居家护理服务，9% 的人选择家事服务（见表 9-8）。这些数据表明，与其他国家相比，机构护理服务和不定期居家护理服务在荷兰的使用率处于较高水平，而这些服务在其他国家往往是通过医疗保险来支付的。

2011 年，荷兰健康福利体育部在提交给众议院的《长期护理计划书》中指出，到 1998 年，荷兰已有超过 50 万人受益于《特殊医疗成本法案》。进入 21 世纪以来，荷兰长期护理保险的覆盖面更是进一步扩大。2007 年，长期护理保险的受益人为 61.2 万人。2008 年，在荷兰 65 岁以上的人群中，有约 6.7% 的人接受长期护理机构服务，有约 12.9%

---

① 荷兰健康福利体育部英文官方网站，http://www.minvws.nl。

表 9-8　　荷兰 65 岁以上老年人选择各类型护理服务比重（1990 年）

服务类型	使用服务的百分比（%）
长期入住护理院	2.5
长期入住养老院	7.0
短期入住养老院	0.7
护理院日间护理	0.3
养老院日间护理	0.8
定期的居家护理	4.5
不定期居家护理	20.0
家事服务	9.0

资料来源：COOLEN J. Multiple Effects of Innovation in Community Care：What Can We Learn from the Netherlands？[C]. International Perspectives on Community Care for Older People, Aldershot, England：Avebury. 1995：125-157.

的人在家中接受长期护理服务。[1] 截至 2010 年，荷兰共有超过 60 万人依法享受了各类护理服务，其中约有 26 万人选择在护理机构接受服务，约 34 万人选择在家中接受服务。[2] 2014 年享受各类护理服务的人数增加到 78.2 万人，占全国总人口的 4.7%，其中，机构护理为 24.6 万人，居家护理为 53.6 万人。80 岁以上老年人接受长期护理的人数最多，机构护理为 16%，居家护理为 32.8%；其次为 65~80 岁老年人，机构护理为 5.3%，居家护理为 13.1%。

2. 以色列

在以色列长期护理保险法律生效的 1986 年，大约有 7 000 位老年人享受护理保险提供的服务，而 2005 年前后共有 113 680 人获得护理服务（31 712 位男性和 81 968 位女性）。20 世纪末的数据表明，长期护理保险的受益人大约为 9 万人，占老年人总数的 12%，其中一半以上是 80 岁以上的老年人。每年提出护理申请的人约占老年人口的 8%，获得受益资格的占申请总人数的 50%。而申请人中有 40% 以上是再次申请者。75 岁及以上享受长期护理保险的人口比例从 1995 年的 39.8% 增加到 2009 年的 47.7%。2010—2016 年以色列长期护理保险受益人数情况见表 9-9。在受益人年龄分布情况方面，64 岁及以下占 1%，65~69 岁占 4.8%，70~74 岁占 10.4%，75~79 岁占 21%，80~84 岁占 28%。[3]

---

[1] OECD. Help Wanted？Providing and Paying for Long-Term Care [EB/OL]. 2011. www.oecd.org/health/longtermcare and www.oecd.org/health/longtermcare/helpwanted.

[2] 荷兰健康福利体育部英文官方网站，http://www.minvws.nl.

[3] SCHMID H. Isreal's Long-Term Care Insurance Scheme [R]. The Paul Baerwald School of Social Work and Social Welfare, The Hebrew University of Jerusalem. http://www.euro.centre.org/data/1254227500_87459.pdf.

表 9-9	以色列长期护理保险受益人数	单位：人
年份		受益人数
2010		141 500
2011		145 490
2012		152 711
2013		156 621
2014		158 300
2015		160 474
2016		164 038

资料来源：National Insurance Institute. National Insurance Programs in Israel, 2010—2017.

3. 德国

20 世纪 90 年代末期，德国约有 180 万人受益于长期护理保险，其中约有 120 万人受益于居家护理服务，约有 43 万人接受了全住院式机构护理服务，且补贴的比例最高达到总费用的 75%。还有大约 2% 的人接受了日间护理中心或短期机构护理服务。2005 年社会长期护理保险的受益人数见表 9-10。

表 9-10	2005 年德国长期护理保险受益人数及类别		单位：人
	居家护理	机构护理	合计
受益人数（比例）	1 390 000（62.6%）	680 000（37.7%）	2 070 000（100%）
1 级	36.1%	14.8%	50.9%
2 级	20.5%	15.4%	35.9%
3 级	6%	7.5%	13.5%

注：不含商业长期护理保险。
资料来源：德国联邦卫生部. Selected Facts and Figures about Long-term Care Insurance.

2006 年底，65 岁以上老年人口中约有 7% 的人接受了居家护理服务，3.7% 的老年人享受了机构护理服务。[1] 根据德国联邦卫生部统计资料，截至 2007 年 7 月 1 日，有长期护理服务需求者为 203 万人，其中，60 岁以上的占 74.2%，40~60 岁的占 8.6%，40 岁以下的占 9.2%。到 2008 年 1 月 1 日，约有 925 万人投保商业长期护理保险，社会长期护理保险参保人数达到 7 036 万人。[2] 2010 年，3.8% 的 65 岁以上老年人接受机构护理服务，

---

[1] OECD. Help Wanted? Providing and Paying for Long-Term Care [EB/OL]. 2011. www.oecd.org/health/longtermcare and www.oecd.org/health/longtermcare/helpwanted.

[2] http://www.bmg.bund.de/cln_110/nn_1193090/DE/Pflege/Statistiken/Pflegeversicherung.html；http://www.cducsu.de/Titel__thema_des_tages_betreuungsassistenz_ergaenzende_dienstleistung_in_der_pflege/TabID__1/SubTabID__5/InhaltTypID__4/InhaltID__12561/Inhalte.aspx.

另外，65 岁以上老年人中有 7.6%的人享受了居家护理服务。① 有关年份德国社会长期护理保险的参保和受益人数见表 9-11。有关年份德国商业长期护理保险投保人数及受益人数见表 9-12。

表 9-11　　　　　　德国社会长期护理保险的参保人数与受益人数　　　　　单位：千人

年份	1995	2000	2010	2012	2013	2014
参保人	50 915	50 948	51 253	51 950	52 328	52 931
被保险人	71 901	71 319	69 785	69 726	69 872	70 340
受益人	1 061	1 822	2 288	2 397	2 480	2 569
其中：居家护理	1 061	1 261	1 578	1 667	1 739	1 818
机构护理	—	561	710	730	741	751

注：表中参保人与被保险人数据不一致，是由于配偶无工作的和子女连带参保，所以被保险人数量大于参保人数量。

资料来源：Statistical Year Book of German Insurance，2016.

表 9-12　　　　　　德国商业长期护理保险的投保人数与受益人数　　　　　单位：千人

年份	2005	2010	2012	2013	2014	2015
被保险人	9 164.3	9 593.0	9 619.6	9 537.5	9 472.7	9 408.0
受益人	115.9	142.7	151.1	161.7	169.3	
其中：居家护理	75.1	99.4	105.8	114.6	120.6	
机构护理	40.8	43.3	45.3	47.1	48.7	

资料来源：Statistical Year Book of German Insurance，2016.

4. 日本

据日本厚生省资料，2000 年 4 月至 2001 年 4 月，第 1 号被保险人约有 2 200 万人，占总人口的 17.2%；第 2 号被保险人约有 4 300 万人，占总人口的 34%。2000—2005 年，长期护理服务使用人数由 150 万人倍增到 320 万人。其中，机构服务使用人数由 2000 年 4 月的 52 万人上升到 2004 年 9 月的 77 万人，增幅为 48%；居家服务使用人数由 2000 年 4 月的 97 万人上升到 2004 年 9 月的 243 万人，增幅超过 150%；访问护理服务由 2000 年的 15 万人次倍增至 2004 年的 30 万人次。② 可见，居家护理服务的发展速度已经超过了机构护理服务。2006 年，日本 65 岁以上的老年人有 9.8%接受了居家护理服务，3%的老年人

---

① OECD. A Good Life in Old Age? Monitoring and Improving Quality in Long-Term Care, OECD Publishing, 2013. http://www.oecd.org/els/health-systems/Germany-OECD-EC-Good-Time-in-Old-Age.pdf.
② 日本厚生劳动白书（1998—2007），日本厚生劳动省网站，http://www.mhlw.go.jp.

在机构接受了护理服务。[①]

2009年，日本65岁及以上老年人口占总人口比例为23%（OECD国家该比例平均为15%），80岁及以上老年人口比重是6.2%（OECD国家该比例平均为4%）。截至2009年底，日本长期保险中65岁以上的被保险人总数达到2 877万人，获得长期认定的有480万人，占该类被保险人总数的16.7%。其中，2009年11月接受过居家护理服务（包括护理预防）的达到289万人；接受地区紧密型（包括护理预防）服务的为24.4万人；接受设施服务的为84万人，其中老年人福利设施使用者43.0万人，护理老年人保健设施入住者31.9万人，护理疗养型医疗设施入住者9.1万人。2011年，65岁及以上老年人当中有2.8%接受机构护理服务，而接受居家护理服务的比例是9.8%。[②]

2020年通过评定的669万人当中，第1号被保险人有656万人（男性204万人，女性452万人），第2号被保险人有13万人（男性7万人，女性6万人）。按照护理等级划分，要支援1有93万人，要支援2有94万人，要护理1有135万人，要护理2有116万人，要护理3有88万人，要护理4有82万人，要护理5有60万人。其中，轻度（要支援1至要护理2）的评定者比例大约为65.6%。有关年份日本长期护理保险参保人数及受益人数情况见表9-13。可以看出，2020年实际使用服务者占通过评定人数的比例为84.2%，106万人没有使用护理服务。与2000年相比，2020年总体上使用护理服务的人数增幅为278%。

表9-13　　　　　　日本长期护理保险参保人数及受益人数　　　　　　单位：万人

		2000年4月末	2015年4月末	2020年4月末
参保	第1号参保人	2 165	3 308	3 558
认定（含第1、2号参保人）	通过评定人数	218	608	669
服务类型	居家护理	97	382	384
	机构护理	52	90	95
	社区护理	—	39	84
	合计	149	511	563

资料来源：日本厚生劳动省《护理保险事业状况报告》（2000年、2015年、2020年）。

5. 韩国

2008年，韩国政府初步决定长期护理保险制度在年龄上覆盖65岁以上的老年人，或

[①] OECD. Help Wanted? Providing and Paying for Long-Term Care [EB/OL]. 2011. www.oecd.org/health/longtermcare and www.oecd.org/health/longtermcare/helpwanted.

[②] OECD. Health Data [EB/OL]. 2012. http://www.oecd.org/els/health-systems/Japan-OECD-EC-Good-Time-in-Old-Age.pdf.

者65岁以下的身体机能衰弱的人群。2016—2020年，通过等级认定的失能老年人占老年人口的比例分别为7.5%、8.0%、8.8%、9.6%、10.1%，使用长期护理保险待遇支付的受益人分别是52.0万人、57.9万人、64.9万人、73.2万人、80.7万人，受益人数量年均增长率为10.2%。

根据韩国保健福祉部的数据，2006年末长期护理保险制度的老年人护理设施需求满足率在66%左右。而在此前，2003年的满足率为19.5%，2004年为29.1%，2005年为34.3%。为此，政府不断增加护理设施。截至2009年，韩国有1.1%的65岁以上老年人口在机构接受护理服务，有2.1%接受居家护理服务。① 2008—2014年韩国各等级长期护理服务情况如图9-8所示。到2014年底，大约有42.5万人接受了长期护理服务。

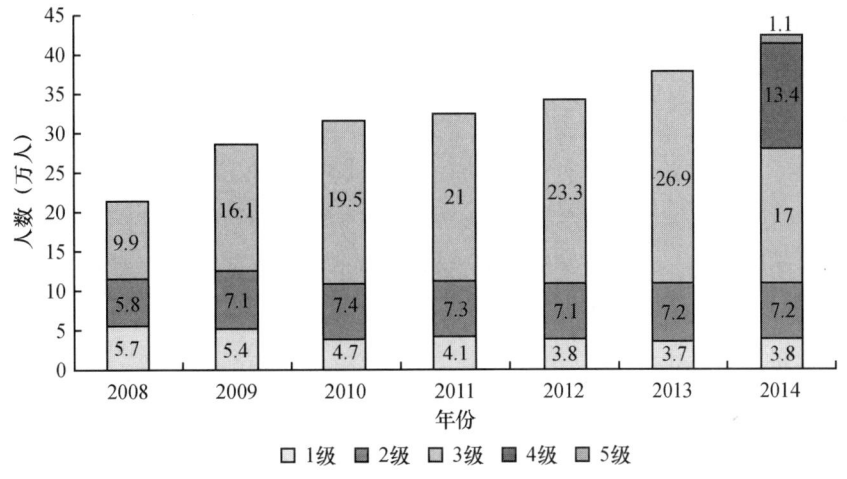

图9-8　2008—2014年韩国各等级长期护理服务人数

资料来源：Ae-JungYoo. Dementia Support Policy and the role of the LTCI in Korea [EB/OL], http://www.bsms.ac.uk/_pdf/cds/korea-presentations/uk-korea-symposium-dementia-support-policy-ltci-symposiumengland-aejung-yoo.pdf.

6. 法国

2003年，法国受益于个人护理津贴的失能者中有75%的人接受了家庭成员的照料服务，其中62%的服务提供者是家庭妇女，平均年龄为58岁。大约有10%的家庭护理者得到个人护理津贴的补偿，因为照料老年人或残疾人要离岗3个月（甚至1年以上），没有薪资。2007年，6.5%的老年人在家中接受了医疗保健服务（OECD国家平均水平为9%），有65.7万名（约占6.7%）65岁以上老年人接受了疗养院的长期护理服务

---

① Korea Long-term Care. http://www.oecd.org/dataoecd/61/40/47877789.pdf.

（OECD 国家平均水平为4%）。2008 年，约有 111.5 万人领取个人护理津贴，约为 60 亿欧元。大约有 10.6 万个家庭接受医疗保健服务，其中有 95% 的服务对象都是 60 岁以上的失能老年人。2011 年，约有 119 万名法国人领取个人护理津贴。

预计到 2025 年，家庭医疗保健服务需求量将达到 23.2 万。① 到 2030 年，当婴儿潮期间出生的人口年龄达到 85 岁以上时，需要长期护理服务的人数将超过 155 万人。到 2050 年，接受长期护理服务的人数将达到 230 万人，占法国总人口的 4%。

7. 新加坡

新加坡始于 2002 年的"乐龄健保计划"每 5 年进行一次调整，2006 年"乐龄健保计划"被保险人共 74.8 万人，其中，40~49 岁年龄段占比最大为 54%，其次为 50~59 岁年龄段，60 岁及以上人群占比为 15%。当年 2 366 份保险单成功索赔，占提交索赔单份数的 84%。2008—2012 年索赔率有明显上升，索赔人数从每年 3 900 人增加到 4 900 人。至 2015 年底，"乐龄健保计划"投保人数达 122 万人（40 岁以上新加坡公民中约有 65% 的人投保该计划），共有 12 500 人顺利得到索赔，索赔额约 9 000 万新元。"乐龄健保补充计划"投保人数 39.8 万人（见表 9-14）。

表 9-14 新加坡"乐龄健保计划"和"乐龄健保补充计划"2010—2015 年投保人数

年份	2010	2011	2012	2013	2014	2015
"乐龄健保计划"投保人数（万人）	92.1	97.7	101.3	101.9	116.7	122
"乐龄健保补充计划"投保人数（万人）	18.9	23.4	26.5	32	35.7	39.8

资料来源：新加坡卫生部。

二、民众满意度不断提高

民众的满意度是检验一个制度建设和政策实施效果的重要指标。西方国家一般都采取民意调查方式（问卷调查、电话访谈等）来了解政策施行后的民众反映，以便及时做出政策调整和采取改革措施。

德国实施长期护理保险制度十几年后，分别于 2008 年、2009 年和 2012 年特别做了三次包括居家护理、机构护理以及服务使用者的三方满意度调查，其中，第三份调查报告于 2012 年公开发布。报告显示，民众对长期护理服务的满意度从 2007 年的 67% 上升到 2011 年的 76%。如果没有引入长期护理保险的话，问题会更大而不是更小。

日本厚生省也就日本民众对长期护理保险制度的评价做了调查。2003 年厚生劳动白

---

① OECD. Help Wanted? Providing and Paying for Long-Term Care [EB/OL]. 2011. www.oecd.org/health/longtermcare and www.oecd.org/health/longtermcare/helpwanted.

书显示，在列举的"能够使用适合自己身体状况的护理服务"（31%）、"能够继续在家里生活"（25%）、"减轻了家人的护理负担"（39%）、"能够自由选择服务提供者"（12%）、"服务的质量提高了"（12%）、"服务的菜单丰富了"（11%）、"能够平心静气地使用服务"（34%）、"减轻了使用者的经济负担"（3%）、"一站式服务更方便"（22%）、"与个案工作者容易沟通"（29%）及"其他"（10%）共11个选项中，认为"能够使用适合自己身体状况的护理服务""减轻了家人的护理负担""能够平心静气地使用服务"三项的满意度比例均超过30%，其中减轻家里人护理负担的效果最为理想，满意度高达39%。根据2005年日本厚生劳动省报告，至2005年1月，认为"非常好"的比例为15.1%，认为"还可以"的比例为46%。这说明长期护理保险制度的实施在增加老年人护理服务选择权的同时，也在较大程度上解决了原有"行政措施"下存在的社会性老年护理服务问题。

韩国通过建立长期护理保险制度，护理服务从原来的收入调查型转为普惠型，从供给方导向转化为需求方导向，并建立起竞争型的服务供给模式。在这一过程中，服务购买者家庭的满意度从2009年的74.7%上升到2014年的89.1%，78%的老年人认为通过长期护理服务他们的健康水平得到提高，90.5%的人认为他们的照料负担得到较大程度的缓解。

三、实现社会保障项目之间的平衡

老年人由于患慢性病等原因导致身体机能下降，处于失能或半失能状态，如果没有提供制度化的卫生保健服务和生活照料服务网络，那么，去医院"占床"接受昂贵的医疗服务就是一种迫不得已的选择。

德国建立长期护理保险的初衷是遏制日益庞大的社会救助和医疗保险开支。从社会长期护理保险的实施效果来看，这一目标已经实现。自建立社会长期护理保险制度以来，德国社会救助体系中的住院照料和护理补助减少了大约1/3。2015年以来，医疗保险费率由此前连续4年的15.5%下降到14.6%并保持不变。这不仅减轻了财政负担，也帮助社会救助回归到"扶弱济困"以及医疗保险指向急症治疗与医疗护理的本质上。

日本由于1973年实施了老年人免费医疗制度，导致了长期卧床、患慢性病和缺少日常照料的老年人纷纷住进医院享受医疗服务的"社会性住院"现象。由此，日本国民医疗保险费在1985—1994年从16万亿日元增长到25.8万亿日元，增长了61.3%，平均每年增长6.8%。1995年增长4.7%，1996年增长5.6%，1997年增长1.4%，1998年增长2.4%，1999年增长3.7%。当时日本长期卧床的老年人数量超过了100万人，在这100余万人中有30万人入住医院，其中有10万人所处的护理服务环境相当恶劣。2000年长期护理保险制度实施后，医疗保险费用支出下降了2%，2001年又增长了3.3%，之后基本保持在每年增长2%的水平。① 长期护理保险降低了慢性病和失能老年人去医院"占床""赖床"的概率。

与日本一样，韩国在长期护理保险制度建立之前，老年人患慢性病后的长期护理需求不断增大。因当时长期护理服务的空缺，2001年大约有20.67%的老年人不得不通过入住医院的方式接受治疗。制度建立后，申请长期护理服务的老年人从2008年的34万人上升到2015年的77.4万人，同期接受长期护理服务的老年人从21.4万人上升到45.4万人，其中1、2级轻度失能者占较大比例，这些人群属于不应住院而却住进医院的人群。由此可见，如果一年当中全国增加四五十万入住医院的人，那么医疗保险基金会面临很大的支付负担。

与德国、日本和韩国相反，法国失能老年人的医护费用一直是由社会医疗保险承担。贫困的失能老年人则由个人护理津贴提供保障。这是由于对1975年法国实施残疾人津贴的社会救助政策的制度依赖，经过多次立法会议讨论，法国对失能老年人的社会支持只能最终走向个人护理津贴制度，该法律于2001年7月20日生效。大多数情况下，医疗保险负责支付治疗费用以及机构和居家的失能医护费用。社会医疗保险要负担法国公共长期护理支出费用的62%，而个人护理津贴负担22%。然而，法国的长期护理成本（居家为1 800欧元/月，机构为2 200~2 900欧元/月）大大超过了人均养老金（1 216欧元/月）。随着长期护理成本的攀升和经济的持续衰退，法国政府已无法通过借款继续填补医疗保险和养老金的赤字，医疗保险基金面临着非常大的支付压力。因此，法国政府开始大力支持商业长期护理保险的发展，特别是由面向法国教育系统公职人员的健康相互保险机构为220万保单持有人提供商业性质的医疗保险与长期护理保险，其将成为法国公共长期护理保障体系的重要补充。近十几年来，法国国内关于是否要建立社会长期护理保险的讨论一直没有间断过。

以色列长期护理保险筹资渠道之一是从儿童保险和生育保险等险种的盈余中划拨资金（该部分比重不断提升到占资金总额的65%），避免了在七大险种的基础上再缴费从而推高社会保险总费率的困境，各个险种的资金相互调剂的创新政策实现了整体社会保险制度的平衡及基金的可持续发展。与德、日、韩三国建立长期护理保险是为了实现社会医疗保险收支平衡的目标不同，以色列长期护理保险"借道"于其他险种筹资的政策设计是为了实现社会保险整体费率的平衡，目前来看具有一定的可行性，不失为一种社会

---

① 全利民. 日本护理保险制度及其对上海的启示 [D]. 华东师范大学，2008：69.

保障政策的创新。长期来看,这种创新仍有待检验。

四、强化个人责任意识

公共产品的分配总面临逆选择和道德风险,所以,"搭便车"似乎是一种难以避免的社会问题。长期护理保险作为公共政策,同样面临着各种风险,因此,主要国家在长期护理保险制度运行过程中也都采取了一些质量管控的政策措施(参见第七章相关内容),在制度改革的同时,增强了参保人的个人责任,在接受长期护理服务后需要承担一定的自费比例(参见第八章相关内容)。主要国家长期护理保险受益人自费情况见表9-15。

表 9-15　　　　　　主要国家长期护理保险受益人自付费用政策

国家	自付标准
荷兰	(1) 居家护理:最高支付12.6欧元/小时 (2) 机构护理:①低标准,个人税后月收入的12.5%,最低141.2欧元/月,最高741.2欧元/月;②高标准,1 838.6欧元/月
德国	无自付规定,但有如下要求: (1) 1~4级护理设有支付上限,超出部分由个人全额自付 (2) 机构护理自付的比例更大,至少占总费用的25%
日本	(1) 限额内个人负担费用10%,超额的费用全自付 (2) 第1号被保险人在限额费用内(2018年8月实施): ①年总收入≥340万日元,自付比例30% ②280万日元≤年总收入<340万日元,自付比例20% ③年总收入<280万日元,自付比例10% (3) 机构护理:自付住宿费和餐饮费
韩国	(1) 按护理等级限额,限额内个人负担: ①居家护理,需自付15%(贫困者减半) ②机构护理,需自付20%(贫困者减半) (2) 超额需全部自付
法国	(1) 居家护理:自付81% (2) 机构护理:自付包括住宿费、餐费和基础管理费等(自付收费根据按不同失能程度制定的"失能收费表"执行;低收入者由个人护理津贴承担)
新加坡	(1) 参保条件:有公积金账户的(年轻时投保、账户积累制)、年龄介于40~69岁的国民和永久居民 (2) 全国长期护理总费用分担:个人健保账户40%,公共财政占比42%,商业保险公司和慈善捐款分别负担9%*

*此处资料来源:GRAHAM & BILGER. Financing Long-term Services and Supports:Ideas from Singapore [J]. The Milbank Quarterly, 2017, 95 (2):358-407.

理论上，长期护理保险和医疗保险都属于准公共产品，兼有私人产品的属性。所以，购买长期护理保险服务时必然要求体现购买者按一定比例付费的原则。随着全球长期护理保险的市场化改革，个人责任的问题日益受到关注。各国政府相继颁布了一些改革措施，通过提高参保人的缴费率以及设置或抬高受益人自付比例的法律条文，强调参保人和受益人的个人责任。政府期望借助这种方法，提高被保险人的节约意识，抑制长期护理费用的增长，降低社会长期护理保险基金和财政支出的压力，进而调低个人和企业缴纳的保险费率，尤其是企业承担的保险费，实现经济的可持续发展。

规定自付比例的做法虽然能够通过价格和收入的传导作用来影响长期护理的需求，在一定程度上起到抑制道德风险的作用。并且，从社会发展的角度来看，强调个人责任的意识更有利于社会团结和社会进步。然而，对于那些真正需要长期护理服务的失能者而言，改革只会把更多的长期护理费用转嫁到个人身上。相比于高收入群体，低收入者受改革的影响更大。这部分人尤其是失能老年人本来就在经济上处于弱势地位，但又不得不承受改革给他们带来的不利影响，进而对他们的健康状况带来更大的隐患。所以，主要国家长期护理保险制度对低收入者实行免费的参保和服务政策，以及根据收入高低分级设置自付比例的做法，都是基于效率前提下坚持公平原则的体现。

新加坡在社会保障强化个人责任方面可以说做到了极致，公积金制度就是典范。新加坡的公积金制度倡导"自我积累、自我保障"的核心理念，主张每一代人对自己负责，在"乐龄健保计划"中也体现了这一原则，该计划实现"选择退出"投保，资金主要来源于保健储蓄计划，通过年轻时的投保为年老的长期护理提供保障储蓄，体现了完全的个人负责原则。但这一原则不能随便复制采用，需要考虑各国的国情。

五、推进志愿服务行动

志愿服务一般是指志愿者组织及其志愿者在不求回报的前提下，为改善社会生活、促进社会进步而自愿付出个人的时间及精力所提供的服务。联合国前秘书长科菲·安南在"2001国际志愿者年"启动仪式上的讲话中指出"志愿精神的核心是服务、团结的理想和共同使这个世界变得更加美好的信念。"这句话阐明了志愿精神的本质。志愿服务的精神概括起来就是奉献、友爱、互助、进步。各国在长期护理服务供给体系中也广泛地吸引了志愿者的参与。

荷兰长期护理保险专门成立了长期护理服务评估中心，主要由参保人、消费者组织、服务提供者、医生、保险人和地方政府等方面的代表组成，委任的专业评估团队通常包括受益人、护士、社会工作者、精神病和老年医学专家。作为对长期护理服务申请者进行资格审查的机构，长期护理服务评估中心保证完全、独立、客观的评审权，没有任何绩效激励。从这个意义上来讲，长期护理服务评估中心评审是一种志愿服务。另外，长期护理服务评估中心在对申请者进行评审的过程中，除了考虑家庭成员可以提供的"正常照料和护理"服务外，还会考虑志愿护理服务者的角色，将志愿护理服务的数量和质量纳入是否接受社会长期护理服务的条件。这是因为荷兰是世界上志愿者参与度最高的国家之一。全荷兰有17.5万名志愿者，5 000多个志愿者组织，全国约有30%的人在从事各种志愿服务。政府对志愿者有奖励措施，如给予免费的停车券等。同时还将志愿服务和失业援助政策相结合，领取失业金的人一般只有一年的领取时间，第二年他每周必须志愿服务20小时才能获得失业金。

1996年4月，日本老年人保健福祉审议会提交的关于老年人长期护理体系构建的最终报告，奠定了日本长期护理保险制度的基础。这份报告将长期护理保险的基本目标确定为包括"充分发挥市民广泛参与和民间活力"在内的八个方面。这一条实质上就是倡导使日本志愿服务的力量参与到长期护理服务提供体系当中。2007年，市町村推行对社会福利企业中志愿者的奖励计划，主要资金来源于专项护理预算资金。奖励计划的主要内容是，身体好的老年人注册成为志愿者，开展"老–老服务"，为失能的老年人提供支持服务。作为对志愿者的回报，根据志愿者服务的时间，按小时数计算"点数"，这些点数可用来支付志愿者每月的长期护理保险缴费（时间银行）。奖励计划的目的是通过社会联系的行为，尽可能减少志愿者内部照料的需求，降低护理成本和保险缴费，同时增强社区居民的感情和居民对长期护理保险的普遍支持。

据统计，1998年韩国15~19岁的青少年参与志愿服务的比例为76.8%，全年人均服务时间为18小时。1999年，近390万名志愿者提供了4.51亿个小时的志愿服务，按当时韩国每小时工资计算（4.9美元），这些志愿服务活动所创造的经济价值超过了20亿美元，其产出大约相当于当年国民经济总值的0.58%。近几年的一项调查显示，约70%的韩国人表示只要有机会就会参与志愿服务活动，并将这种活动看成是一项崇高的事业。因此，韩国的志愿者人数呈不断上升趋势，其服务领域也不断拓宽，涉及社会福利、老年人和残疾人服务、环境保护、地区社会公益活动等诸多方面。在韩国，志愿者参与的家庭护理模式取得了成功。现在，韩国志愿服务的迅速发展，使得市民成为与政府、企业一道参与国家建设的重要力量，同时，也在一定程度上改善了地方政府财政困难和经费不足的情况。

新加坡的长期护理服务供给很少有公立护理院的参与，直到近年卫生部才考虑建立几家公立护理院,并计划增加护理院床位数。2016年,新加坡绝大多数的护理院是由志愿福利组织或慈善组织运营的,所有护理院的床位中大约有2/3是由志愿福利组织提供的。政府为这些非营利护理院提供资金支持,支持力度可高达运营成本的50%和资金成本的100%。因此新加坡的非营利护理院服务质量较高,房间多为通风良好的6~8人隔间,也有自费的单间,还有一些临终关怀医院。这也导致了志愿福利组织的护理院"一床难求"和私立护理院"门庭冷落"的局面。志愿组织的护理院成为新加坡老年人长期护理服务供给体系的主体。

美国的PACE也注重老年人的自助,并且鼓励相对年轻的退休人员提供志愿服务,这不仅培养了老年人自立的意识,而且有利于营造老年人之间没有隔阂的交流氛围,从而减轻失能老年人的孤独感。

荷兰、日本、韩国、新加坡及美国等国家的志愿者组织或志愿者参与服务的经验证明,通过科学管理志愿者组织及其志愿者可以为长期护理事业助一臂之力。以行政政策激励和经济措施鼓励相关单位以及公民积极参与志愿服务行动,通过对社区志愿者的专业指导和给予适当的经济补贴,例如政府给社区志愿者发放服务优惠券,倡导通过"时间银行"积累他们的服务时间,或者把他们提供的服务转换成诚信道德积分等多种形式,不仅可以缓解长期护理服务人力资源不足的困境,而且还能够在一定程度上减轻社会长期护理服务财政支出不断增长的负担。

【阅读材料1】韩国正式长期护理显著地降低了个人医疗支出

由于人口老龄化的加剧和老年失能比例的提高,2008年7月,韩国开始实施长期护理保险制度。该项制度主要针对65岁及以上的老年人和阿尔茨海默病及帕金森患者。在服务提供上,韩国长期护理保险主要提供两种护理服务补贴:居家护理和机构护理。其中,居家护理是指发生在老年人住所的长期护理服务,包括为老年人身体活动或家务劳动提供的支持和帮助、助浴、医疗护理服务和临时看护等。机构护理是指在正规的机构提供的护理服务,包括助餐、看护以及其他满足日常生活需要的服务。需要说明的是,老年人能否享受长期护理服务以及享受何种类型的长期护理服务需要进行资格审查,其依据主要是NHIC评估小组对老年人护理需求评估的结果,即调整得分。根据调整得分,长期护理服务可以分为三级。当评估后的调整得分介于55和75时,老年人可以获得三级长期护理服务,即每月可以享受到价值不超过750美元的居家护理服务补贴。当评估后的调整得分介于75和95时,老年人可以获得二级长期护理服务,即每月可以享受到价值不超过900美元的居家护理服务补贴或40美元的机构护理补贴。当评估后的调整得分超过

95时，老年人获得的护理等级进一步提高，可以享受一级护理，即每月享受最高1 100美元的居家护理补贴或45美元的机构护理补贴。

通过断点回归等实证方法，"Long-term care insurance, informal care, and medical expenditures"文章研究了韩国长期护理保险的政策影响，即正式居家护理和机构护理的补贴以及这一补贴行为对正式长期护理、非正式护理、医疗服务利用的影响等。结果显示，一方面长期护理保险提高了老年人的正式长期护理服务水平，但居家护理和机构护理补贴在不同身体状况的老年人间存在异质性。这是因为相应水平的长期护理需根据长期护理需求评估，确定资格后获得。另一方面，正式长期护理显著地降低了人们的医疗支出，但并没有明显的证据证明其对非正式护理的影响。文章证实了长期护理保险会提高老年人的护理服务质量，存在显著的经济效益。

资料来源：KIM H B, LIM W. Long-term care insurance, informal care, and medical expenditures [J]. Journal of Public Economics, 2015, 125: 128-142.

【阅读材料2】 德国长期护理保险得到了民众的广泛认同

德国长期护理保险制度从1995年启动，经过20年的实践取得了巨大的成效，切实减轻了德国居民的护理负担，获得了民众的广泛支持，为提高护理对象的生活质量、促进德国社会稳定与经济发展做出了贡献。2014年，长期护理保险被保险人数约为7 000万人，占总人口的比例为90%，已经成为福利国家社会化服务的样本，受到其他面临人口老龄化问题的国家的广泛重视。

一、保险覆盖面稳步扩大

德国长期护理保险呈现出典型的社会化国家特征，其受益人数不断增多，覆盖面稳步扩大，呈现出居家护理服务占据主流、专业机构护理为补充的发展态势。德国联邦健康局的数据显示，从1995年到2014年，居家护理人数从106.1万人增加到181.8万人，专业机构护理人数从38.5万人增加到75.1万人，专业机构护理的服务人数稳步上升，现已占总服务人数的30%。

二、保险支付支出逐渐上升且财务出现盈余

随着护理需求的不断增加，德国长期护理保险支出规模也不断加大，且实现了财务收支平衡。从1995年到2014年，德国长期护理保险支出从49.7亿欧元增加到259.1亿欧元。与此同时，从1995年到2004年，长期护理保险的保费收入与支出相抵后的净值从净收益34.4亿欧元到亏损达8.2亿欧元。从2005年开始，德国将无子女被保险人保费提

高了 0.25 个百分点，此后亏损减少。2008 年调增费率 0.25 个百分点，此后出现盈余。截至 2014 年底，其盈余约为 4.6 亿欧元。

三、不同等级长期护理保险受益人数均呈现上升趋势

20 年来，德国三个等级的长期护理保险受益人数均有所增加，长期护理保险已成为德国社会保险体系的重要组成部分，得到了民众的广泛认同。从 1996 年到 2014 年，德国护理 1 级的受益人数从 62 万人增加到 146.7 万人。同一时期，护理 2 级的人数由 67 万人增加到 80.2 万人，护理 3 级的人数则从 25.6 万人增加到 29.8 万人。进一步探讨其结构特征可以发现，1996—2014 年，护理 1 级的受益人数占总受益人数的比例从 40.1% 增至 57.1%；而护理 2 级的这一比例却由 43.3% 下降到 31.3%，护理 3 级的这一比例从 16.6% 下降到 11.3%。此外，对于极端严重需要护理的个例，长期护理保险制度还会对其给予特别支付。

四、各种形式支付和服务差异化发展

随着支付和服务形式的多样化，德国长期护理保险受益人纷纷根据其护理等级选择了适合自身的支付或服务。其中，从 1995 年到 2014 年，选择现金支付的比例从 83% 下降到 45.5%，同期选择混合支付的比例由 7.7% 上升至 15.1%，而这一比例在物品支付部分则从 7.7% 下降到 5.3%。这意味着，虽然现金支付仍然是主流支付方式，但是长期护理的支付方式正逐渐向多元化服务支付和混合支付转变。除 1995 年外，近 19 年专业机构护理占比一直在 22%~28% 之间波动。这主要是因为，专业机构护理费用明显高于其他形式。这一比例实际上反映出制度设计上鼓励其他支付或服务方式。另外，诸如日间（夜间）护理、短期护理等护理形式的所占比例从 1995 年的 1.5% 上升到 10%。

资料来源：林斌. 德国长期护理保险的成效、挑战与发展趋势 [J]. 老龄科学研究，2015，3（12）：67-77.

【本章小结】

本章主要从经济效益和社会效益两方面来评价主要国家长期护理保险制度的实施结果，以及对其他人口老龄化国家产生的启发和借鉴价值。

关于长期护理保险制度产生的经济效益，本章主要从缓解老年贫困、创造就业岗位、促进长期护理产业发展以及直接刺激经济增长四个方面来论述，以此证明在有限投入下，通过科学的政策设计、可持续的政策改革以及公平和有效率的政策管理，能够获得更大的经济回报。关于长期护理保险制度产生的社会效益，本章从受益面、民众满意度、社会保障平衡、个人责任以及志愿服务的角度来考察。随着长期护理保险制度的不断完善

和成熟，其受益面不断扩大，民众满意度调查结果也是积极向上的。长期护理保险制度建立达到了减轻社会医疗保险基金压力的政策目标，同时，长期护理服务自付一定比例费用的政策设计，不仅抑制了道德风险，而且强化了个人责任的社会意识。各国志愿服务参与长期护理服务供给，达到了化解长期护理服务人力资源困境、减轻政府财政负担和弘扬志愿服务精神的多重目标。

【关键概念】

老年贫困　长期护理产业　社会性住院　个人责任　志愿服务

【思考题】

1. 如何评价长期护理保险制度的经济效益？
2. 如何评价长期护理保险制度的社会效益？
3. 学习本教材后，你认为中国长期护理保险制度发展应确立哪些原则？制度框架是什么？

【本章延伸阅读材料】

高春兰. 老年长期护理保险中政府与市场的责任分担机制研究：以日本和韩国经验为例 [J]. 学习与实践，2012（8）.

郝君富，李心愉. 德国长期护理保险：制度设计、经济影响与启示 [J]. 人口学刊，2014（2）.

胡苏云. 荷兰长期护理保险制度的特点和改革 [J]. 西南交通大学学报（社会科学版），2017（5）.

和红. 社会长期照护保险制度研究：范式嵌入、理念转型与福利提供 [M]. 北京：经济日报出版社，2017.

潘亚玲，杨阳. 德国"新贫困"问题研究 [J]. 当代世界社会主义问题，2019（3）.

[日] 小岛克久. 日本经济发展与社会保障：以长期护理制度为中心 [J]. 社会保障评论，2019（1）.

FUJISAWA R, Colombo F. The Long-TermCare Workforce：Overview and Strategies to Adapt Supply to a Growing Demand [R]. OECD Health Working Papers, No. 44, OECD Publishing, 2009.

SCHMID H. The Israeli long-term care insurance law: selected issues in providing home care services to the frail elderly [J]. Health and Social Care in the Community, 2005, 13 (3).

第十章　我国长期护理保险制度①

> **学习重点**
> 1. 我国长期护理保险制度试点的理论基础。
> 2. 我国长期护理保险完善的制度框架。
> 3. 全面推进我国长期护理保险制度的预期效益。

中华人民共和国成立以后,就建立起了面向城市"三无"老年人和农村"五保"老年人的养老服务制度。进入 21 世纪,随着人口老龄化、家庭小型化、疾病慢性病化以及城镇化发展的速度加快,依靠财政拨款和福利彩票公益金支持的养老服务制度面临许多问题和挑战,压力巨大。与医疗保险和养老保险体系的发展相比,我国养老服务体系建设尚处于初级阶段。世界卫生组织指出,在 21 世纪,没有哪个国家能够承担长期护理系统完全缺失的后果。②

第一节　长期护理保险制度试点启动

2000 年第五次全国人口普查(以下简称"五普")的统计数据显示,我国进入老龄化社会。2010 年第六次全国人口普查(以下简称"六普")和 2020 年第七次全国人口普查(以下简称"七普")数据都表明,我国人口结构进入快速老龄化阶段。为了积极应对人口老龄化,党的十八届五中全会提出要"探索建立长期护理保险制度","十三五"规划要求"开展长期护理保险试点"。2016 年 6 月,人力资源社会保障部办公厅印发《关于开展长期护理保险制度试点的指导意见》(人社厅发〔2016〕80 号),首次在全国 15

---

① 由于我国长期护理保险目前还处于试点阶段,尚未形成正式制度,所以将本章作为独立一章。本章第一至第三节内容选自戴卫东撰写的工作论文《中国长期护理保险的理论溯源、制度框架与关键机制》;第四节参考了戴卫东发表在《人口学刊》(2016 年第 2 期)上的文章《长期护理保险:中国养老保障的理性选择》。

② 世界卫生组织. 关于老龄化和健康的全球报告 [R]. 2016:207. http://apps.who.int/iris/bitstream/10665/186463/9/9789245565048_chi.pdf.

个城市试点长期护理保险制度。① 这些都表明我国开始以社会保险模式为养老服务体系筹资，长期护理保险制度试点是国家探索传统养老服务体制改革的开端。

2019年国务院《政府工作报告》要求要大力发展养老特别是社区养老服务业，改革完善医养结合政策，扩大长期护理保险制度试点。2020年9月，国家医保局和财政部联合印发《关于扩大长期护理保险制度试点的指导意见》（医保发〔2020〕37号），决定在全国新增14个城市试点长期护理保险制度。② 2021年3月，国务院《政府工作报告》再次提出促进医养康养相结合，稳步推进长期护理保险制度试点。截至2021年底，全国包含省级试点在内已有49个地级市（州）在试点长期护理保险，参保人数1.4亿人，享受待遇人数108.7万人；基金收入260.6亿元，基金支出168.4亿元；长期护理保险定点服务机构6 819个，护理服务人员30.2万人。③ 2022年10月16日，党的二十大报告中提出要"建立长期护理保险制度"。

第二节 长期护理保险制度试点的理论依据

针对长期护理的政策是一个包括内容最复杂、最丰富、异质性最强的政策领域。④ 我国从面向贫困老年人的"兜底性"养老服务制度到面向全体老年人的长期护理保险制度，这一重大体制的转型源于我国经济、社会与人口等结构的变化，其中的风险基础、财政基础、理念基础、立法基础、经济基础、制度基础、社会基础以及技术基础构成的理论体系是支撑社会长期护理保险制度的试点依据。

一、老龄社会的失能风险

"七普"统计数据表明我国人口结构快速老龄化。据世界银行预测，从2015年到2040年我国老年人口的增长将特别显著。2030年60岁以上人口的比例将达到25.3%；2050年全国人口中65岁及以上老年人口的比例将达到26%，80岁及以上的老年人口比例

---

① 首批15个试点城市是河北省承德市、吉林省长春市、黑龙江省齐齐哈尔市、上海市、江苏省南通市和苏州市、浙江省宁波市、安徽省安庆市、江西省上饶市、山东省青岛市、湖北省荆门市、广东省广州市、重庆市、四川省成都市、新疆生产建设兵团石河子市，吉林和山东两省作为国家试点的重点联系省份。
② 新增14个试点城市是北京市石景山区、天津市、山西省晋城市、内蒙古自治区呼和浩特市、辽宁省盘锦市、福建省福州市、河南省开封市、湖南省湘潭市、广西壮族自治区南宁市、贵州省黔西南布依族苗族自治州、云南省昆明市、陕西省汉中市、甘肃省甘南藏族自治州、新疆维吾尔自治区乌鲁木齐市。
③ 国家医疗保障局. 2021年全国医疗保障事业发展统计公报 [EB/OL]. （2022-06-08）[2022-07-22]. http://www.nhsa.gov.cn/art/2022/6/8/art_7_8276.html.
④ ÖSTERLE A. Equity Choices and Long-term Care Policies in Europe: Allocating Resources and Burdens in Austria, Italy, the Netherlands and the United Kingdom. Aldershot: Ashgate. 2001: 11.

将达到8%。① 在规模庞大的老年人口中，有相当一部分人处在失去生活自理能力的失能状态。据预测，2030年我国失能老年人口在总失能人口中的占比将超过57%，规模在7 700万人以上，失能老年人将经历平均7.44年的失能期。② 失能已经成为我国一个新的社会风险。

尽管正常的老化不是疾病，但是在老化过程中还是会伴随一些疾病现象，尤其是慢性病。随之而来的问题就是失能后老年人维持基本生活和尊严所需要的长期护理服务如何解决。国际上的长期护理与我国的养老服务有本质上的差异。前者包括失能期生活照料、慢病期康复护理、恢复期健康维持、独居期精神抚慰以及临终期安宁疗护等与老年人生命周期相关的康养护服务；后者是指我国传统的服务于贫困老年人（多数没有子女）的机构养老服务，这更多的是一种福利和反贫困手段，而不是一种长期护理服务的制度安排。

随着工业化的发展和人口老龄化的推进，老年人一般都会面临三大风险，即收入锐减风险、疾病多发风险和临终失能风险。针对前两个风险，19世纪中后期德国等工业化发达国家先后创建了社会养老保险和社会医疗保险两大制度。为了应对失能风险，从20世纪60年代开始，荷兰、以色列、德国、卢森堡、日本和韩国等先后建立了社会长期护理保险制度。③ 我国现阶段推行的长期护理保险试点正是为了积极应对人口老龄化的明智抉择。人口统计趋势表明，我国在未来30年将会有相当大的长期护理需求，而不只限于养老服务。

二、财政养老的资金压力

公共财政投入是基本养老服务体系建设资金来源的重要渠道之一，主要用于养老床位、场地设施的投资和养老服务、护理的补贴。我国养老服务投入主要来自中央和地方两级财政支出、彩票公益金定比支出等。其中，地方财政投入占公共财政总投入的比重为95%。随着失能老年人基数增加和失能时间延长，政府财政支出规模将不断扩大。据测算，2020—2030年，公共财政用于养老支出的资金规模年均增长将为14.9%。④

据民政部报告，2012—2021年，中央财政累计投入359亿元支持养老服务设施建设。

---

① 葛蔼灵，冯占联. 中国养老服务的政策选择[M]. 北京：中国财政经济出版社，2019.
② LUO Y N, SU B B, ZHENG X Y. Trends and Challenges for Population and Health During Population Aging—China, 2015-2050 [J]. China CDC Weekly, 2021, 3 (28): 593-598.
③ 戴卫东. OECD国家长期护理保险制度研究[M]. 北京：中国社会科学出版社，2015.
④ 胡祖铨. 养老服务业领域政府投资规模研究[J]. 宏观经济管理，2015 (3): 46-48.

养老服务补贴、护理补贴分别惠及 573.6 万、90.3 万老年人。① 十年间中央财政年均投入近 36 亿元,主要用于"补床头""补砖头",投入"补人头"的比重不高。受地方财政收入的限制,全国各地政府对养老服务机构的建设期补贴在 3 000~50 000 元/床,运营期补贴在每年 400~6 000 元/床,各地差异非常明显,但财政投入低的省份老年人口抚养比并不一定就低。② 从福利多元主义理论来看,单靠中央和地方政府财政支持养老服务体系建设不切合实际,公共财政体现的是基本责任,只能对"兜底性"贫困、失能老年人的基础养老服务负责。非贫困的失能老年人养老服务需求也在日益增长。因此,我国养老服务体制需要转型,另寻出路,建立社会化筹资机制的社会保险模式是比较理想的制度安排。

三、"以人民为中心"的施政理念

党的十九大报告明确要求,必须多谋民生之利、多解民生之忧,在发展中补齐民生短板、促进社会公平正义,在幼有所育、学有所教、劳有所得、病有所医、老有所养、住有所居、弱有所扶上不断取得新进展。十九届六中全会公报指出,全面深化改革开放,促进共同富裕,坚持在发展中保障和改善民生。可以看出,在新时代"以人民为中心"是发展主线,"七有"民生是发展途径,共同富裕是发展目标,增进民生福祉是发展目的。

老年人是共同富裕目标人群的重要组成部分。失能老年人群与贫困老年人群往往交叉在一起,"七有"民生中"老有所养""病有所医""弱有所扶"正是老年人养老保障的重要内涵。据调查统计,城市"三无"人员与农村"五保户"这些福利救济对象占全国 60 岁以上老年人口总数的比例不到 2.5%。③ 正如世界银行的建议,从中长期来看,我国应该考虑建立一个普遍的全民公共长期护理服务融资系统,类似于荷兰、德国、日本以及韩国采用的全民社会保险模式。如同对老年人的医疗卫生保健和收入支持一样,这种方法也承认需要长期护理服务是一种绝大多数人都无法自己解决的正常的生活风险。④ 由此,基于"资金互济,风险分担"的长期护理保险试点是党"以人民为中心"执政理念的具体实践,它能充分发挥缓解老年贫困、化解失能风险以及提高全体老年人获得感和幸福感的重要功能,起到"补齐民生短板"的作用。

---

① 唐登杰. 新时代民政事业发展取得历史性成就 [N]. 学习时报,2022-08-05.
② 甘炜,刘向杰,于凌云. 养老服务市场化财政补贴与调整机制研究 [J]. 地方财政研究,2017 (11):49-54.
③ 葛蔼灵,冯占联. 中国养老服务的政策选择 [M]. 北京:中国财政经济出版社,2019:18.
④ 葛蔼灵,冯占联. 中国养老服务的政策选择 [M]. 北京:中国财政经济出版社,2019:168.

四、家国责任的法理体现

世界卫生组织指出，长期护理体系是由非正规护理者和专业人员进行的护理照料体系。① 前者包括家庭、朋友或邻居，后者是指政府主导的卫生和社会服务系统。世界卫生组织肯定了长期护理服务供给体系中家庭与国家的共同责任。

家庭养老一直以来是我国的传统，历朝历代都以法律加以规范。新中国成立后，《中华人民共和国宪法》和《中华人民共和国老年人权益保障法》都规定了家庭成员尤其是子女对赡养的老年人应当履行经济供养、生活照料和精神抚慰的义务。纵观我国养老服务事业发展历史，家庭责任主导、国家责任兜底的特色机制与世界银行建议的"中国政策制定者最终要建立最适合中国文化、社会经济、政治和卫生保健环境的养老体系"也相吻合。② 从筹资角度来看，长期护理保险试点要最终实现基金来源于单位、个人缴费和财政支持这一目标；从服务供给方面来看，居家为基础、社区为依托和机构为补充是发展方向。可以看出，长期护理保险的筹资和服务两大体系无一不体现出家庭责任与国家责任共存的特点。由于养老服务从私领域的家庭生活转变成公领域的社会风险，那么，针对这个风险的长期护理制度就要表现出从公领域向私领域的必要延伸。

五、民富国强的经济支撑

2021年，我国人均国内生产总值为80 976元，比上年增长8.0%；国民总收入1 133 518亿元，比上年增长7.9%；城镇和农村居民的人均可支配收入分别是47 412元、18 931元，比上年增长8.2%、10.5%。③ 人民生活比较富裕，国家经济实力保持增长，这些都为长期护理保险制度试点的推进奠定了稳定的经济基础。

德国并不是在经济优越的条件下建立长期护理保险制度，而是在经济黯淡、失业率高涨、两德统一的巨大财政负担下实施的，推行长期护理保险制度的关键性因素不是有强大的经济和充足的财政，而是国家的总体政治意志。④ 韩国在颁布长期护理保险法案时，其经济发展水平与德国、日本长期护理保险法案生效时的差距也较大。我国建立长

---

① WHO, Home-Based and Long-term Care, Report of a WHO Study Group. WHO Technical Report Series 898. Geneva: World Health Organization, 2000.
② 葛蔼灵，冯占联. 中国养老服务的政策选择 [M]. 北京：中国财政经济出版社，2019.
③ 国家统计局. 2021年国民经济和社会发展统计公报 [DB/OL]. [2022-02-28]. http://www.stats.gov.cn/tjsj/zxfb/202202/t20220227_1827960.html.
④ 刘涛. 德国长期护理保险制度的缘起、运行、调整与改革 [J]. 安徽师范大学学报（人文社会科学版），2021（1）：74-86.

期护理保险制度不仅具有"以人民为中心"的政治意志,而且还有较好的经济基础支持,更加有利于长期护理保险制度试点的推进发展与完善,于政治、于经济而言都具有切实的可行性。

六、社会保险的制度认同

全球长期护理保险制度的建立,与各国当时已有的社会保障制度模式密切相关。1986年4月,以色列国会通过《为增加护理机构人数发展服务和将护理服务扩展到社区而融资法案》,将其纳入《国家保险法》的第61号法案。该法案依据《国家保险法》的基本原则,确立了雇主雇员缴费、财政补贴以及其他险种基金划拨的三种筹资渠道的社会长期护理保险制度。法国政府之所以推行了专门针对失能老年人的个人护理津贴法律(2001年7月20日生效),也是源于1975年实施的残疾人津贴救助政策。美国是商业保险发达的国家,其长期护理保险制度依附于商业保险模式,而不是社会保险模式。

在社会保障领域有的国家以社会保险模式为主,而有的国家则由社会救助或商业保险主导,这些制度模式在很大程度上影响着后续的长期护理保险制度模式的选择。无风险则无保险,失能属于社会风险,选择社保或商保模式有很大的差异性。20世纪90年代以来,我国就相继建立了养老保险、医疗保险等五大社会保险制度,在五大社会保险模式的制度路径依赖下,国民已经习惯或认同社会保险,因此,社会长期护理保险是我国长期护理制度的最优选择。目前我国仍在实施的"兜底性"养老服务补贴和残疾人护理津贴的救助模式,因其覆盖特定人群和贫困人群而不可能成为面向全体老年人的主体制度。

七、多元主体的社会参与

福利多元主义理论主张福利是维系全社会运行的产品,不能完全依赖国家或者市场,福利提供需要多元化。家庭、国家、营利机构、非营利机构和志愿者组织都可以成为福利产品的供应者,而且供应方越多越好。参考全球长期护理保险制度体系发展,不仅筹资渠道体现了雇主、雇员和财政三方的社会连带责任,而且服务供给也呈现出由家庭、非营利机构、营利机构和政府公立机构,以及志愿者组织等参与的多元化护理体系。

随着人口老龄化的加快和社会治理的进步,未来几十年我国养老福利责任表现为:一是家庭责任可持续发展,个人责任将加速发展,二者逐渐融合在一起并以个人责任为主,家庭责任体现在经济扶助、亲情慰藉和力所能及的服务供给上;二是国家不再局限于"兜底"责任,将逐步扩大到对全体国民的养老保障管理负责,但基本责任表现在

"全覆盖""保基本""可持续"上;三是市场责任显著加大,正如世界银行提出的建议,中国养老服务体系建设的第一优先领域是提升政府的管理能力,与民营部门养老服务提供者建立联系[①],建立完善的覆盖不同收入群体和城乡地区的养老服务市场;四是社会责任需焕发出新的生机,随着社会文明的进步,鼓励志愿者组织和互助服务、慈善行动深入到对老年人的贫困救助、照料帮助、健康维护以及老年人文化生活中去。

八、智慧养老的技术支持

高质量社会保障建设推动养老服务制度发展。未来我国养老服务体系必然包括三个部分:第一是免费为贫困的重度失能老年人提供的基本养老服务(福利性);第二是低费向一般失能老年人提供的基本养老服务(非营利性);第三是市场向全体老年人提供的非基本养老服务(营利性)。随着失能老年人规模的扩大,前两个系统的基本养老服务需要从传统的日常生活照料逐步升级为"康养护"三位一体的长期护理,康复护理、健康维持以及临终关怀等服务成为全体老年人的重要关切。"医养结合"成为养老服务的主流呼声,而智慧养老则是"医养结合"的重要技术基础。

截至2021年底,全国"两证"齐全的医养结合机构有6 492家,共有175万张床位,超过90%的养老机构以不同形式提供医疗服务。[②] 2016—2021年,工业和信息化部、民政部、国家卫健委先后组织开展五批智慧健康养老应用试点示范工作,先后确定了90个国家级医养结合试点市(区),遴选出智慧健康养老示范企业125个、示范街道(乡镇)212个、示范基地57个以及示范园区2个。随着"互联网+智能化"的智慧养老深入推进,失能老年人智能呼叫系统、失智老年人GPS定位系统、老年人健康档案管理系统、远程健康监护系统等能够更高效地整合养老服务资源,更快捷地满足老年人康养医护服务的需要。长期护理保险制度的核心在于长期护理服务的可及性和高质量。智慧养老服务体系的完善与健全,可避免陷入"有保险,无服务"的困境。

上述八大理论依据相辅相成,共同构建了我国长期护理保险制度试点推进的理论体系。

第三节 长期护理保险完善的制度框架

2021年5月,中共中央政治局召开会议,听取关于"十四五"时期积极应对人口老

---

① 葛蔼灵,冯占联. 中国养老服务的政策选择[M]. 北京:中国财政经济出版社,2019.
② 中国政府网. 医养结合领域指导意见四大看点[EB/OL]. [2022-07-21]. http://www.gov.cn/zhengce/2022-07/21/content_5702109.htm.

龄化重大政策举措汇报，指出要"探索建立长期护理保险制度框架"。我国在长期护理服务政策方面几乎没有任何经验，因此必须学习其他国家的经验，在规划设计国家体系时借鉴国际最佳做法。而简单地照搬他国政策是不可能成功的，我国政府需要将其融入本国的国家框架中，并根据本国的具体情况进行调整。[①] 目前，由于制度的顶层设计没有统一，所以各试点地区的长期护理保险政策呈现普遍的"碎片化"现象。[②] 为此，探索建立和完善中国特色的长期护理保险"第六险"制度框架具有十分重大的实践意义。

一、基本原则

参照世界卫生组织提出的世界各国建立长期护理体系六条"普遍适用"的原则[③]，我们将其提炼为我国建立长期护理保险的六项基本原则。(1) 长期护理必须是可及的与可负担的，确保贫困及边缘的失能者能够获得服务。(2) 长期护理必须支持失能老年人的人权，提供护理的方式必须有利于维护老年人的尊严、尊重他们的护理意愿，在可能的情况下促进他们自主决策的能力。(3) 长期护理应在任何可能的情况下支持老年人自理自立。(4) 长期护理必须以失能者为中心，必须以老年人的需求而不是机构的需求为导向。(5) 应该公正地对待有偿和无偿提供长期护理服务的劳动者，他们应获得应有的社会地位和社会认可。(6) 国家和政府必须承担长期护理体系的全部管理责任。

二、责任部门

1. 主管部门

根据长期护理保险及其服务供给的特征，各地要建立联席会议制度，健全信息沟通机制，统筹推进长期护理保险工作。医保、财政、民政、卫健、工信、人社、税务等应该是长期护理保险的职能部门和制度法人，其中，医保部门负责制定长期护理保险政策，牵头组织实施长期护理保险工作，加强基金使用监督管理。财政部门负责长期护理保险基金和风险金管理，以及适当财政投入等工作。民政、卫健以及工信三个部门除了共同负责长期护理服务相关标准制定、遴选定点服务机构和智慧养老服务质量监管外，民政部门还要负责配置养老服务资源，加快养老机构护理型床位建设；卫健部门负责加强护

---

① HEILMANN S. Policy Experimentation in China's Economic Rise [J]. Studies in Comparative International Development, 2008, 43 (1): 1-26.
② 戴卫东, 余洋. 中国长期护理保险试点政策"碎片化"与整合路径 [J]. 江西财经大学学报, 2021 (2): 55-65.
③ 世界卫生组织. 关于老龄化和健康的全球报告 [R]. 2016: 128. http://apps.who.int/iris/bitstream/10665/186463/9/9789245565048_chi.pdf.

理院（护理站）、康复医院等接续性医疗机构建设，推进医疗机构加快发展机构护理、社区护理、居家护理等服务供给；工信部门负责指导电子健康产品生产，推进智慧养老服务。人社部门统筹行业主管部门开展护理服务人员职业技能培训，负责护理服务职业技能等级认定工作。税务部门负责长期护理保险保费征缴，以及相关服务机构的税收优惠政策实施等工作。

2. 协同部门

长期护理保险制度在运行过程中，还离不开残联、市场监督、教育、国土资源、住房城乡建设、公安（消防）和中国银保监会、中国老龄协会等相关部门的通力协作。其中，残联系统的重度残疾人护理补贴与长期护理保险待遇发放会造成受益人重复享受，二者只能选择其中一种，在现阶段两个制度并存的情况下，需要残联与医保部门信息共享，就高享受是可行的措施；市场监督部门涉及民营机构的注册；教育部门涉及高等教育和职业教育中养老服务与管理人员的教育培养；国土资源、住房城乡建设和公安（消防）等部门直接负责养老机构开设的选址、建设标准和安全设施配备等；银保监会负责外资合作、商保公司参与等行业监督；中国老龄协会主要负责老龄事业大政方针的调研建议和开展老龄事务的国际交流与合作等。

可以说，长期护理保险比其他任何一个险种都要复杂得多，牵涉较多的职能部门和利益相关方。长期护理保险制度的建立需要主管部门与协同部门的通力合作，以避免制度运行过程中的"肠梗阻"现象。

三、保障对象

保障对象包括参保对象与受益对象，其中，参保对象是指法律规定的应参加保险人群；受益对象一般都有特定的条件，一般情况下，保险的受益对象是以相应风险的产生为前提的。

1. 参保对象

根据国家医保局和财政部联合印发的《关于扩大长期护理保险制度试点的指导意见》，试点阶段从职工基本医疗保险参保人群起步。但是，制度建立之际，可借鉴德国、日本和韩国的经验，参加社会医保的人群必须参加长期护理保险。所以，我国长期护理保险的参保对象应该是城乡全体参加医保的人群。鉴于我国城乡医保基本实现"全覆盖"，因此，长期护理保险制度的确立，应该彻底改正目前试点地区仍然保留的城乡"二元"分割的不公平的政策设计。

2. 受益对象

我国长期护理保险的受益对象应该是一个动态的保障范围，理论上符合失能等级评估条件的老年人都是受益人。由于现行的五大社会保险总体费率偏高,"第六险"长期护理保险的缴费率确定以不给企业增加负担为原则,保持一个较低费率比较稳妥。因此,以重度失能老年人为受益对象是理性的选择,但有条件的地方可以根据长期护理保险"基金池"的丰盈程度,逐步扩大到中度失能老年人。

至于残疾人是否属于长期护理保险的受益范围,可以借鉴日本和韩国的经验,两国长期护理保险都不包括残疾人,因为他们是两国社会福利政策的对象。针对非老年的失能者,日本长期护理保险政策规定40岁以上、65岁以下患有16种特定疾病的人可享受长期护理保险待遇;韩国的政策规定不满65岁、患有24种老年性疾病的人可以是长期护理保险的受益对象。我国长期护理保险制度建立如果将残疾人纳入受益范围,一是需要做好与经济困难的高龄、失能老年人补贴以及重度残疾人护理补贴等政策的衔接;二是针对60岁以下的失能人员也需要列出"特定疾病清单",符合条件的才可以纳入长期护理保险受益范围。两种情况下,所有政策的失能补贴与长期护理保险待遇都不能重复享受,其中原理在于针对同一失能风险的政策中都有公共财政投入的成分。

四、资金筹集

遵从国际长期护理保险惯例,我国长期护理保险制度筹资来源应该包括单位、个人缴费和财政补贴三个主要渠道,辅之以养老服务体系的福利彩票公益金以及第三次分配的慈善捐赠等多元支持方式。德国、荷兰和韩国全民缴费,日本40岁以上国民缴费,缴费总额分别占各国长期护理保险基金总量的100%、70%、60%和50%。所以,我国长期护理保险缴费应以单位和个人同比例分担的筹资方式为主。国家医保局也可以出台指导性费率,各地结合当地的经济发展水平、筹资能力和受益面等因素实行浮动性费率。同时,财政部门的大力支持是长期护理保险制度实施的关键,几乎所有推进社会长期护理保险制度的国家都有一定比例的财政投入,各国财政投入占长期护理保险基金的比重,以色列和韩国均为20%,荷兰为22%,日本为50%,卢森堡为40%。

五、失能评估

长期护理保险参保人经当地医疗机构或康复机构规范诊疗、失能状态持续6个月以上,经申请通过统一的失能等级标准评估认定的失能人员,按规定可享受相关待遇。目前,已有的国家标准《长期护理失能等级评估标准(试行)》(医保办发〔2021〕37

号)①,将失能等级划分为0~5级,即0级(基本正常)、1级(轻度)、2级(中度)、3~5级(重度Ⅰ、Ⅱ、Ⅲ级)。各地可以根据当地服务市场、经济水平等情况,探索各失能等级的服务项目、服务时长、护理标准以及相应的待遇标准。

六、服务供给

1. 服务内容

总体来说,长期护理服务是为长期失能人员提供的基本生活照料和与之密切相关的医疗护理服务。具体而言,居家护理包括生活照料、康复护理、医疗保健、精神慰藉等,以社区和机构的上门服务为主要形式。社区护理是居家护理的重要支撑,具有日间照料和居家护理支持两类功能,主要为家庭日间暂时无人或者无力照护的社区老年人提供日间照料、短期托养、配餐、用药指导等服务。机构护理重点包括护理型机构和助养型机构。护理型机构主要为入住的重度失能老年人提供康复护理、紧急救援、临终关怀等专门服务。

2. 供给体系

(1) 一线护理人员。长期护理服务一线从业人员的技能和素养水平的高低直接决定着服务质量的优劣。数据显示,我国失能、部分失能老年人约4 000万人,对护理人员的需求超过1 300万人,但目前仅有相关人员50多万人。②熟练护理人员的短缺是当前我国长期护理保险制度面临的一个关键性问题。当务之急是通过高等院校和职业技术学院(订单式)培育一大批注册护士、职业护士、社会工作者、理疗师、康复治疗师、心理咨询师以及医生助理等专业人员。

(2) 机构准入。我国已经形成了多元主体参与的养老服务体系,但是,民营机构不仅没有占据养老服务市场的主体,而且其服务能力良莠不齐。民营机构在 OECD 国家养老服务中占优势地位,英国政府机构占所有养老院总数的比例不到10%;美国大约70%的养老院是营利性机构,约25%是非营利性组织,只有约5%的养老院属于国有机构;澳大利亚的慈善机构等非营利组织在养老服务供应方面发挥着巨大作用。③要提高民营养老机构的服务质量,有三个方面工作可以落实。一是从"补砖头""补床头"转向"补人头"。如世界银行所言,如果中国政府希望改善服务质量,采购行为必须打破传统的以床

---

① 国家医保局,民政部. 长期护理失能等级评估标准 [DB/OL]. [2021-08-03]. http://www.nhsa.gov.cn/art/2021/8/3/art_14_5693.html.
② 中国政府网. 医养结合领域指导意见四大看点 [EB/OL]. [2022-07-21]. http://www.gov.cn/zhengce/2022-07/21/content_5702109.htm.
③ 葛蔼灵,冯占联. 中国养老服务的政策选择 [M]. 北京:中国财政经济出版社,2019:27,159.

位为单位的补贴惯例,它强调的第二个重要的优先领域是"对养老服务使用者进行补贴,而不是床位和服务提供者"。[①] 二是多批次遴选服务机构名单。学习荷兰、德国和日本,首先确定长期护理服务机构的硬件和软件标准,然后根据该标准筛选服务机构并公布于专业网站。三是服务供给外包。学习以色列的经验,通过招标方式让服务优质的机构进入供给体系,引导市场良性竞争,促进机构自身开展能力建设。

七、待遇支付

1. 支付标准

对符合规定的护理服务费用,基金支付水平总体控制在70%左右。也就是说,长期护理保险受益人必须支付合规费用的30%,从而发挥共同保险的功能,以降低道德风险的发生率。一是总结当前试点地区的经验,长期护理保险待遇按比例或按定额支付;二是受益人自付一定比例的费用也是国际通行的政策(见表9-15)。

2. 支付方式

首先,坚持"可持续发展",按照"以收定支、收支平衡和略有结余"的原则去确定待遇支付水平。其次,待遇支付与失能等级挂钩。不同的失能等级,服务内容与服务时长不同,相应的待遇标准也不一样。再次,以社区居家服务为先。借鉴日本的经验,根据我国养老服务"居家为基础,社区为依托,机构为补充"的发展方向,长期护理保险应以待遇支付比作为调节杠杆,居家、社区服务与机构服务的待遇比例适当拉开差距,从而引导失能老年人在家和社区接受长期护理服务。独居、空巢的重度失能老年人可选择机构养老服务。最后,以提供服务为主。长期护理保险待遇支付以服务供给为主,只有在当地服务缺失、精神病患者护理以及自然灾害发生地等特殊情况下基于公平才可以发放现金,这也是日本和韩国共同的政策。

八、管理机制

1. 基金管理

长期护理保险制度建立,可借鉴德国经验,基金管理可以与医保合作,由医保基金代管长期护理保险基金,但必须独立建账、单独核算、独立运行,由长期护理保险支付医保基金的管理费。

2. 经办管理

利用社会力量,将申请、受理、评估、稽核等服务由招标民营机构具体负责。借鉴

---

① 葛蔼灵,冯占联. 中国养老服务的政策选择[M]. 北京:中国财政经济出版社,2019:48.

荷兰、卢森堡和新加坡的经验，采用政府购买服务的方式引入具有资质的商业保险公司参与长期护理保险经办服务，充实经办力量。医保部门建立针对市场第三方机构的绩效评价、考核激励、风险防范机制，提高经办管理服务能力和效率。

3. 信息化管理

一方面，建立长期护理保险综合信息平台，实现与医保、人社、民政、卫健、残联等部门数据共享；准确掌握参保人信息，实现申报和结算台账的自动生成；构建数据对接子平台，优化联网监测数据上报机制。另一方面，推进长期护理服务信息化，通过智能健康管理系统收集老年人的个人信息和健康信息，并将医疗服务与居家养老、社区服务提供者联系起来。长期护理保险信息化建设也可以招标专业的信息服务供应商或商业保险公司搭建。

九、监督系统

1. 行政执法

医保、财政、民政、卫健、工信等部门成立长期护理服务联合执法部门，定期或不定期地对社区和机构的设施、人员配置、业务培训、财务管理、工资支付等方面进行检查并张榜公布。

2. 第三方监督

依赖信誉度高、独立性强的第三方评估机构开展对居家、社区和机构服务接受者的回访，了解服务情况和服务质量，并出具分级的质量评估报告，将其公布于专业网站。这些措施是对政府监管的补充，而不会替代政府监管。

3. 奖惩办法

主管部门依据行政检查和第三方评估报告，对于服务机构得分较高的给予奖励；对严重违规者吊销营业证照、剔除出机构名单，对一般性的违规者责令停业整改。

十、法律责任

1. 用人单位的缴费责任

用人单位未按时足额缴纳长期护理保险费的，由税务机关责令限期缴纳或者补足；逾期仍不缴纳的，由税务部门予以加倍罚款。

2. 待遇对象的骗保责任

参保人员在接受需求评估、享受护理服务过程中，存在骗取长期护理保险待遇及其他违法违规行为的，医保部门应当向其追回相关费用。

3. 服务机构的人身安全责任

定点服务机构应当购买第三方责任保险，如入住人员的人身意外伤害险、机构财产损失险等。如果定点机构没有购买第三方责任险或者没有开展员工业务培训，由此造成的事故和损失应由机构单方负责。

4. 保险经办方的渎职责任

经办机构及其工作人员存在未履行法定职责、未将基金存入专户、克扣或不按时支付待遇、丢失或篡改待遇记录等数据以及违反社会保险法律法规等行为的，由财政部门和医保部门责令改正；给长期护理保险基金、个人造成损失的，责令其依法承担赔偿责任；对直接负责的主管人员和其他直接责任人员依法给予处分。

第四节　长期护理保险全面实施的预期成效

如第九章所述，20 世纪 60 年代中期以来，主要国家先后引入长期护理保险制度，较成功地应对了人口老龄化的养老服务保障危机，在很大程度上满足了各国老年人长期护理服务需求，在一定程度上缓解了因个人付费而导致的老年贫困以及社会医疗保险费收不抵支的困境，产生了良好的经济效益和社会效益。我国长期护理保险全面推进后，预期也能取得诸多较好的成效。

一、化解养老服务的两大难题与推进民营机构的成长

1. 减轻养老服务资金短缺问题

"十三五"期间，中央财政每年安排专项彩票公益金 10 亿元，支持居家和社区养老服务改革试点。2016—2017 年，中央财政分别支出福彩公益金 13.1 亿元和 13.2 亿元，支持城镇社区福利机构、社区养老服务设施、农村五保供养设施、光荣院、优抚医院等设施设备改扩建及更新改造。[①]

中央财政专项拨款和福彩公益金的投入对推动我国养老服务事业的发展起到了很大的促进作用，但总体上财政性支持的资金一直处于缺口状态。据有关研究预测，在数千万失能老年人护理服务的需求下，资金缺口数额从 2013 年的 913 亿元降到 2020 年的 274 亿元（见图 10-1）。虽然资金缺口缩小的趋势较为明显，但财政负担的压力依然较大。理论上，长期护理保险制度全面推进后，数以千亿计的资金一方面可以培育养老服务市

---

① 民政部. 关于大力发展居家养老的提案答复的函（民函〔2017〕819 号）[EB/OL]. (2017-09-11) [2019-02-13]. http://www.mca.gov.cn/article/gk/jytabljggk/zxwyta/201710/20171015006482.shtml.

场,另一方面可以提升养老服务行业"微利"的利润空间。

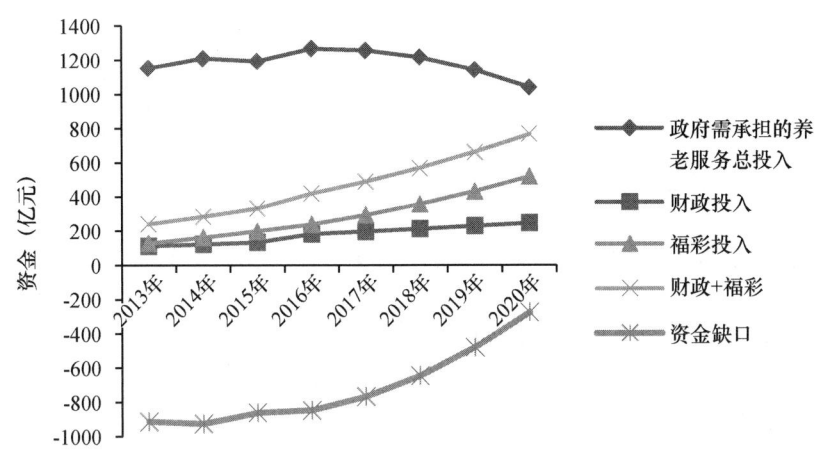

图 10-1 我国养老服务体系的财政资金缺口规模

资料来源:胡祖铨. 我国养老服务业的财政性资金投入规模研究[EB/OL]. (2015-06-30)[2022-07-22]. 国家信息中心, http://www.sic.gov.cn/News/455/4898.htm.

2. 逐步缓解养老服务质量低问题

如第六、七章所述,主要国家的长期护理保险制度都有由等级鉴定机构、服务遴选机构、护理员培训机构以及质量监管机构等组成的一套完整的配套体系。四大机构相互促进,相辅相成,共同发展。

目前我国养老机构的护理员大都是职业技能不高、流动性较强的"4050"人员,以女性为主。有的养老机构连最基本的日常生活照料还不周全,更有严重者,存在护理员虐待老年人的事件。绝大多数养老机构还谈不上为老年人提供高质量的精神"赡养"服务。入院老年人往往在精神上孤独、无助,这也容易导致他们自闭及性情改变,近些年有的养老院老年人自伤和他伤事件披露于媒体就是例证。

全面推进社会长期护理保险后,我国也需要借鉴国外经验建立起一套完善的配套体系,这有利于养老服务质量的改善和逐步提高。

3. 推进民营养老机构的培育与发展

在养老服务领域,政府充当"裁判员"角色,市场作为"运动员"角色是发达国家遵从的原则。主要国家养老服务供给的主体大都是民营养老机构,而目前我国恰恰相反。

根据全国老龄委的统计,目前民营养老院在整个养老机构中所占的比重不足20%。在实际运营中,营利性养老机构更是占比很小。目前在北京市的400多家养老院中,虽然民营数量已经有一半,但是营利性的养老院可能不足10家。究其原因在于相关政策文件在土地、补贴及税收优惠等方面更多地支持公办养老机构和民办非营利养老机构,而民办营利性机构很少有优惠政策,而且有限的优惠政策在地方涉及多部门管理,难以兑现。因此,长期护理保险制度正式建立后,由保险金来解决参保人的养老服务费用,并实行定点机构提供护理服务的措施,就可以在很大程度上解决"公办养老机构吃不了,民营养老机构吃不饱"的问题。

二、缓解"社会性住院"压力与推动"新医改"创新

1. 有效缓解"社会性住院"的压力

社会性住院是指有长期护理服务需求的老年人由于家庭功能的缺失或弱化和养老机构床位数量的不足,以及入住养老机构与入住医院二者之间在手续的便利性、费用负担和康复效果的差别等方面原因,造成许多老年人以入住医院来代替入住养老机构的社会现象。简单地说,就是"以医代养"。

有研究指出[1],在城乡老年慢性病患者每年住院一次的条件下,农村老年人因慢性病(前五位)住院产生的医疗费用支出占家庭人均可支配收入的比例几乎都在50%以上,最高为76.1%;城市这个比例最低也在27%以上,最高比例接近45%。可见,对于可支配收入低于平均值的城乡家庭来说,老年人慢性病住院给个人和家庭将会带来"赤贫"风险;对于可支配收入位于平均值以上的家庭,农村家庭比城市"因病致贫"的风险系数更高。如果老年慢性病患者一年住院两次或以上,或因癌症住院一次,老年人家庭更会陷入极端贫困的境地。城乡老年人前五种慢性病患者住院所产生的总费用占政府卫生支出的比例为1.02%,占医疗卫生服务支出的2.45%,占医疗保障支出的2.18%。进而,如果将所有老年慢性病患者住院的总费用纳入其中,那这三个比例还会有较大的上升,因为肿瘤(包括良性和恶性)、消化系统疾病以及泌尿生殖系统疾病等患病率虽然较低,但其治疗费用相对高很多。近年来胃肿瘤、食管肿瘤、膀胱肿瘤以及心梗搭桥等几种重症慢性病,无论是县级医院还是市级医院,每种慢性病的平均住院医药费用(不包括病床费)都在上涨。事实证明,我国的"社会性住院"现象已初见端倪。

针对"社会性住院"现象以及产生的后果,有学者提出预防潜在性住院,即指如果预防及时和提供适当的长期护理服务就不用住院治疗的情况。[2] 这种及时、适当的长期护

---

[1] 戴卫东. 老年慢性病患者"社会性住院"的经济风险 [J]. 中国医疗保险, 2017(10): 9-14.

[2] RUSSO A, JIANG J, BARRETT M,. Trends in Potentially Preventable Hospitalizations Among Adults And Children, 1997-2004 [EB/OL]. (2007) [2011-10-21]. HCUP Statistical Brief #36. Agency for Healthcare Research and Quality. http://www.hcup-us.ahrq.gov/reports/statbriefs/sb36.jsp.

理服务就是主要国家长期护理保险制度一直倡导的"居家护理优先"原则，并辅之以社区预防康复的功能。我国部分城市提出的"9073""9064"养老服务体系目标如果能够获得长期护理保险基金的支持，居家护理、社区护理得以快速发展的话，那么慢性病或失能老年人去医院"占床"的现象还会在更大程度上减少。已有研究表明，发展居家养老和社区养老服务能够降低老年人再次入院率。

2. 化解社会医疗保险的个人账户问题

从法理上来讲，社会医疗保险的个人账户资金属于个人财产，为了不增加城乡居民六大社会保险缴费的压力，2020年9月国家医保局、财政部联合印发的《关于扩大长期护理保险制度试点的指导意见》规定，长期护理保险筹资以单位和个人缴费为主，单位和个人缴费原则上按同比例分担，其中单位缴费基数为职工工资总额，起步阶段可从其缴纳的职工基本医疗保险费中划出，不增加单位负担；个人缴费基数为本人工资收入，可由其职工基本医疗保险个人账户代扣代缴。鉴于现阶段医保个人账户的功能饱受诟病，目前正值"新医改"推进之际，长期护理保险试点地区个人缴费从个人账户划拨也是一种逐步弱化社会医疗保险个人账户的变通政策。

3. 激活一些医疗业务不景气的二级医院

我国基层社区医院在"新医改"的推动下得到了国家和政府的重视和大量的资金投入，取得了长足的发展。二级以上医院在创建"三甲"医院的推动下，也获得了地方政府和主管部门的支持。而在社区医院和三甲医院夹缝之间求生存的一些二级医院则显得"门可罗雀"，医疗业绩不太看好。

《国务院关于促进健康服务业发展的若干意见》也要求，"推进医疗机构与养老机构等加强合作。……推动二级以上医院与老年病医院、老年护理院、康复疗养机构等之间的转诊与合作。各地要统筹医疗服务与养老服务资源"。目前，各地大医院与基层医院之间"分级诊疗，双向转诊"的实践效果并不理想，更谈何实现三级医院与老年病医院、老年护理院、康复疗养机构等之间的转诊与合作。为此，实现医养结合，目前单靠社区卫生院的参与还不够，可借"新医改"的推动，试行政策允许那些病人就诊量不大、经济社会效益不高的且有意愿的二级医院转行办养老护理院，有能力的三级医院开办附属养老护理院，暂不改变卫生部门的注册。这样，既可以救活一些濒临倒闭的医院，也可以利用这些医疗机构的专业资源来提高养老服务质量。

三、创造就业岗位与开辟经济新增长点

1. 创造就业岗位，释放就业空间

第九章第一节的相关内容阐释了主要国家在推行长期护理保险后，较大地推动了各

国就业岗位的增长。

目前我国经济整体处于发展速度放缓和结构调整的时期，客观上对劳动者就业结构产生影响，同时也对就业总体规模产生挤压效应。今后一个时期，就业形势依然严峻，突出表现在总量压力和结构性矛盾并存、结构性矛盾今后会更加突出、以高校毕业生为重点的青年就业问题等方面。随着人口老龄化进程的加快，未来5~10年，中国养老产业发展潜力巨大。如果现在全面推进长期护理保险试点，按照OECD统计的各国护理人员（含专业的和非专业的）占总就业人口1.5%的比例[1]，以及人力资源社会保障部发布的《2021年度人力资源和社会保障事业发展统计公报》，截至2021年末我国就业人员74 652万人，由此计算出我国养老服务业可增加1 120万个就业岗位。这将为城乡大龄从业人员（特别是女性），以及高校护理学、心理学、社会工作、人力资源等相关专业的大学生就业和拓展管理岗位提供了一个利好的机会。

2. 有利于推动"银发经济"发展

"七普"数据显示，我国60岁及以上人口为2.64亿人，65岁及以上人口为1.90亿人。可以计算出我国60~65岁"年轻"老年人约有7 400万人。据有关研究，我国60岁组老年人口合计失能率为0.68%。假定60岁组老年人失能率不变，由此可以测算出，我国60~65岁的健康老年人约有7 350万人。不管我国退休年龄推迟与否，推行长期护理保险制度后的若干年，在长期护理保险基金支持下，7 300多万"年轻"健康的老年人可以加入养老服务业的队伍，经过培训后，走上养老护理人员的岗位，也可以通过"时间储蓄银行"的方式来换取自己年老失能时他人给予的服务，这可以极大地促进我国"银发经济"快速发展。

3. 带动养老服务产业"规模经济"形成

在国家政策支持及老年人人口规模不断增长的共同推动下，中国社会科学院发布的《中国养老产业发展白皮书》数据显示，到2030年，我国养老产业规模将达到13万亿元。日本生命保险基础研究所预测称，由于中国人口基数大，2040年中国仅老年人护理市场规模就将达16万亿元人民币，远超过日本。[2] 这是我国经济"新常态"发展下一个新的增长点。依据主要国家的经验，这个庞大养老产业的激活离不开长期护理保险基金和政府财政的大力支持。

---

[1] OECD. Help Wanted? Providing and Paying for Long-Term Care [EB/OL]. (2011-11-18) [2012-07-16]. Paris www.oecd.org/health/longtermcare/helpwanted.

[2] 中国网. 我国养老产业面临爆发式增长 夕阳人群朝阳产业 [EB/OL]. (2013-09-18). http://finance.china.com.cn/roll/20130918/1823288.shtml.

4. 激发商业保险市场的活力

目前，我国商业健康保险市场售出的老年健康保险产品几乎都是投资、分红型的附加险，基本不提供养老服务。一般的商业保险公司采取"边出售，边停售"的战术推行老年健康险，如"全无忧长期护理个人健康险""健康护理常无忧健康增值计划""健康人生护理保险增值计划""健康宝个人护理保险（万能型）"等都在产品销售两三年左右的时间后停售。

事实上，也不是商业保险公司不愿意提供养老护理服务，而是在市场上很难找到理想的服务供给。因此，长期护理保险全面推行后，应通过政府推广从而加强养老服务体系和配套体系的建设，来活跃老年护理服务市场。有了多元化的养老服务供给网络，商业保险才具备与社会护理保险同台竞争的可能，才能激活保险市场。这是我国经济"新常态"下又一个新的增长点。在德国、日本和韩国等国家，虽然社会长期护理保险居于主体地位，但商业长期护理保险也在不断发展之中，起到补充保障的作用。

四、减轻老年贫困与规避国家人口政策的风险

1. 减轻老年人沉重的经济负担

从卫生经济学来说，人一生中所需要的医疗养护费用在60岁以后大概占到一生总需求的60%~70%。尤其是患慢性病和失能的老年人要接受长期的护理服务，其承担的经济压力可想而知。在主要国家，医疗、护理费用不断上涨超出了老年人及其家庭的承受能力而导致老年人经济贫困，这是长期护理保险法案颁布的一个重要因素。

针对我国而言，为什么出现"公办养老机构吃不了，民营养老机构吃不饱"的现象，根本在于公办养老机构的收费相对便宜。据我们在浙江省调研的数据，公办养老机构服务价格一般在2 000元/月左右，而民营养老机构收费价格基本上在4 000元/月左右，全国其他省份也类似，可见大多数老年人及其家庭都难以负担民营养老机构的服务费用。

当养老护理服务成为一种生活必需品的时候，老年人及其家庭就要为这笔高昂的代价"买单"。引入长期护理保险制度后，其"风险共担，资金互济"的功能就为老年人及其家庭负担高额的服务费用找到了一条分担化解的有效渠道，而且，有劳动意愿的家庭成员特别是处于"三明治"夹心层的年轻一代可以将这副重担交给长期护理保险的服务体系，这更能促进家庭代际的良性互动。

2. 可以规避国家人口政策可能产生的政治风险

虽有足够的理由可以证明我国计划生育政策的远见性和科学性，但是在客观上导致的"失独"家庭的养老服务问题不能不重视，如果处理不好，那就有可能引发出一场政

治风险。2022年7月，国家卫生健康委员会发布的《2021年我国卫生健康事业发展统计公报》显示，2021年农村部分计划生育家庭奖励扶助制度受益1 631.4万人，计划生育家庭特别扶助制度受益171.3万人。计划生育家庭奖励和扶助制度共投入资金240.8亿元。由此计算出计划生育家庭扶助金人均每年1 335.8元，每月为111元。计划生育家庭养老服务的有效需求明显不足。可见，目前的养老服务体系要解决好这个政治大问题，还需要从制度框架、资金来源等方面有所突破，而长期护理保险制度的全面实施能够在较大程度上缓解计划生育家庭获得养老服务的资金困境。

【阅读材料1】　　　　中国养老服务体系的发展定位

结合我国经济和社会发展的国情，我国养老服务体系的发展定位应该是"一体两翼"，其中，"一体"就是以"相关保险"为载体，即以长期护理保险服务为主体；"两翼"，分别是照护福利服务和照护津贴制度。

一、确立以长期护理保险服务为主体的"一体"地位

进入21世纪，面向我国城乡居民的基本养老保险、基本医疗保险等制度相继建立，劳动者成为社会保险制度的主体。随着人口年龄结构的变化，自2012年起，我国劳动年龄人口的数量和比重连续7年出现双降，7年间减少了2 600余万人。但2018年就业人口总量仍达7.8亿人。与此同时，我国社会保险制度在1998年新制度建立以后，20年间获得了覆盖面和基金的持续扩大和增长。2017年，我国基本养老保险覆盖超过9.25亿人，基本医疗保险覆盖13.5亿人，基本实现全民医保。

按照"长期护理保险绑定社会医疗保险"的国际惯例，我国长期护理保险基本上能够逐步覆盖全体国民，筹资体量大，不仅能保障国民在失能时受保护的权利，而且可实现养老服务事业筹资的可持续性。因此，社会长期护理保险制度所供给的长期护理服务在我国养老服务事业中的主体地位毋庸置疑。

二、强化养老福利服务与长期护理津贴相衔接的"两翼"功能

1. "老有所养"中要保持养老服务事业的福利性

要厘清"市场化""社会化"和"福利性"三者之间的阶段性与侧重点。从其阶段性来看，在我国养老服务事业发展过程中，三者都体现了我国经济社会在不同发展阶段的特征，推进养老服务的侧重点有所不同。在计划经济阶段，养老服务以国家财政和集体经济承担的福利供给为主；改革开放以后，养老服务"社会化"从改革开放初期的加强社区服务到2000年民政部等11个部委制定出台《关于加快实现社会福利社会化的意见》，再到2011年以来，国务院和相关部委先后出台了一系列法规文件，极大地推动了

养老服务体系的全面社会化和市场化。再就其侧重点而言，养老服务的福利性着重体现政府责任的公共财政职能，社会化是指养老服务在资金筹集、服务供给、信息共享和标准制定等方面多元合作的构成体系，而市场化则偏重于强调筹资的民间性、提供服务的营利性、信息递送的非政府性以及技术标准形成的购买性等方面。

随着我国养老服务事业的全面推进，社会化、市场化和产业化成为官方文件的"主题词"，而福利性似乎逐渐淡出了人们的视线。养老服务是微利行业，但养老服务事业是功在当代、利在千秋的大业。作为国民养老保障的基本权利，养老服务的福利性需要加强，其宗旨是"在福利化中促进市场化的效率，在市场化中坚持福利化的公平"。福利性具体表现在三大方面：一是中央和地方财政，以及福彩公益金的专项养老服务资金划拨；二是社区养老服务福利设施建设和公办养老机构运营的补贴投入；三是对民营养老机构的税收优惠政策，尤其是资金和用地的保障，同时，对于承担社会责任，收养"三无"老年人等符合特定条件的困难老年人达到一定比例的营利养老机构，企业所得税按一定比例的减免，等等。只有在市场化中保持福利性的成分不丧失，养老服务事业才有坚实的基础。

2. "弱有所扶"中实现对贫困者津贴的"底线公平"

党的十九大报告进一步明确了"老有所养""弱有所扶"的民生发展理念。我国老年人普遍收入不高，尤其是农村贫困地区的老年人。重度失能老年人购买家政服务的困难很大，更谈不上去机构养老。

目前，虽然部分省市的民政部门实施了困难家庭老年人生活服务补贴、失能老年人护理补贴、高龄老年人津贴，残联部门配合提供了困难残疾人生活补贴、重度残疾人护理补贴等，但职能部门间的行政分割导致了养老资源错配和浪费的现象。为此，下一步在整合资源的前提下，推行制度统一的面向贫困老年人的长期护理津贴制度是可行的选择。显然，由于失能老年人口基数较大和国力所限，我国未来宜实行救助模式的护理津贴制度，救助对象一般应是收入水平低、生活无保障、极易陷入贫困、失能后很难获得护理服务资源的家庭成员，特别是贫困失能老年人。从救助制度性质而言，属于政府"生存照顾"的责任，救助筹资基本来自政府的财政预算拨款与转移支付，彰显国家对弱者照顾的"底线公平"。

资料来源：戴卫东. 中国养老服务事业的转型、定位与发展 [J]. 安徽师范大学学报（人文社会科学版），2020（3）：22-31.

【阅读材料2】 长期护理保险制度设计需把握的若干问题

一、长期护理保险制度的作用应在于激活有效需求

在市场经济环境下,长期护理服务显然离不开必要的资金支持。在我国,即使是享有基本养老保险待遇的城镇离退休职工,在2017年"十三连涨"后,他们的养老金也仅为月平均2 876元。

且不说农村的老年人,即使是境遇较好的城镇离退休职工,大约占60%~70%的人,以他们的养老金收入,也是支付不起长期护理服务费用的。在这样的经济背景下,老年人,尤其是失能老年人,长期护理需求实际上只是潜在需求而非有效需求。如果指望他们的子女负担,这又有悖于当前鼓励生二胎的生育政策。

对于失能老年人,在他们一生中最困难的阶段,必须能够在养老金之外再获得一笔专门用于满足长期护理需求的保障性收入,这样才能将其潜在的长期护理需求转变为有效需求。

二、长期护理保险制度应以社会保险为核心

按照当前世界和中国社会保障制度的基本架构,长期护理保险制度的筹资方式以社会保险为主是必然趋势。社会保险可以用广泛的社会筹资手段来帮助所有有需要的群体,非常符合"大数定律",可以说是当今中国的唯一可行的选择。

三、长期护理保险制度的目标是严重失能的老年人

我们要清醒地把握一点,即必须长期地把保险的范围控制在约占老年人5%~6%的严重失能的老年人身上,长期护理保险才有可持续性。日本、德国等国的制度现在发生的财政危机,从某种意义上说,是由于保障的人群和服务过于宽泛,而一旦保障范围扩大还会面临难以减缩回收的窘境。

四、长期护理保险制度的设计须避免医保路径依赖

从国际经验看,长期护理保险大多脱胎于医疗保险,因此在制度设计上很容易陷入对医疗保险的路径依赖。实际上,医疗保险和长期护理保险是两种目标不同的制度。从当前的形势看,要根据一般的社会保险制度模式,以用人单位和劳动者个人双方缴费来创建第六项社会保险制度,可能很困难。

在建立制度的初始阶段,为600万完全失能老年人平均每人每月提供3 000元的保险金,每月的支出就是180亿元;如果按2.41亿老年人每人每月筹资100元,那就有241亿元,足够支付保险金了。那么,每人每月100元怎么筹措,包括老年人本人负担多少,政府财政负担多少,其他社会保险基金或政府基金,譬如医疗保险基金、养老保险基金、

住房公积金、残疾人保障金、福彩公益金等各负担多少？这种方式可称为"鸡尾酒筹款法"。如果政府有能力很好地统筹协调，似乎问题应该不难解决。

注：原文使用的是"长期照护保险制度"，此处引用按本教材统一为"长期护理保险制度"。

资料来源：唐钧. 创建长期照护保险制度需把握的若干问题[J]. 中国医疗保险，2018（9）：5-8.

【阅读材料3】 建立长期护理保险制度促进养老服务业发展

现阶段从总体上看，我国社会保险和住房公积金的总缴费率相对较高，在试点长期护理保险制度时，如再增加长期护理保险缴费，易引起企业和个人的反对，因而采取调结构的方法是可行的。但是，仅从医疗保险基金中"切块"获得的资金有限，建议将养老保险、医疗保险、工伤保险和失业保险视为一个整体，各地根据自身的实际情况，从上述四种社会保险缴费率中"切块"，尤其是养老保险缴费率相对较高，一些地方政府正在下调养老保险缴费率，建议暂缓下调养老保险缴费率，从中"切块"用于新建长期护理保险制度。具体设想如下。

年龄在41~50岁的，从养老保险统筹基金中切出1%，个人账户基金中切出0.5%，共计1.5%，形成长期护理保险基金；51~60岁的，从统筹基金中切出1.5%，个人账户基金中切出1%，共计2.5%，形成长期护理保险基金；61岁至退休，从社会统筹基金中切出2%，个人账户基金中切出1%，共计3%，形成长期护理保险基金。政府补助相应的比例，政府补助部分由中央和地方两级政府分担。

建立长期护理保险制度要关注的重点人群是农村居民和城镇灵活就业人员，他们的养老保险和医疗保险水平相对较低，如从中再切一部分用于长期护理保险，不仅会降低现有的社会保险待遇，而且获得的长期护理保险基金也难以维持制度的运行。建议按"建制度，低标准"的思路，选择经济较为发达的地区进行试点，低标准起步，在制度成型后进行推广。资金筹措可以考虑将医疗保险个人账户全部转换为长期护理保险基金，政府按年龄段进行定额补助，政府补助部分由中央和地方两级政府分担。目前，部分地方政府给予了养老服务补贴，基本是一种普惠性的福利制度。建议政府改革养老服务补贴制度，将资源用于农村老年人和城镇低收入老年群体。

资料来源：杨立雄. 建立长期护理保险制度是促进养老服务业发展的关键措施[J]. 中国民政，2016（17）：34-35.

【本章小结】

首先，本章阐述了为了积极应对人口老龄化，在借鉴主要国家长期护理保险制度经验的基础上，我国于2016年开始在15个城市试点长期护理保险制度，进而于2020年又新增了14个试点城市。目前，试点城市取得了初步的良好效果。从面向贫困老年人的"兜底性"养老服务到面向全体老年人的长期护理保险试点，这是我国养老服务体制改革的发展。

其次，本章从风险基础、财政基础、理念基础、立法基础、经济基础、制度基础、社会基础以及技术基础等方面探讨了长期护理保险试点推进的理论体系。

再次，本章进一步分析了我国长期护理保险制度建设的基本框架，包括基本原则、责任部门、保障对象、资金筹集、失能评估、服务供给、待遇支付、管理机制、监督系统以及法律责任。

最后，本章研判了我国全面推进长期护理保险制度的经济社会效益，主要有化解养老服务的两大难题与推进民营机构的成长、缓解"社会性住院"压力与推动"新医改"创新、创造就业岗位与开辟经济新增长点，以及减轻老年贫困与规避国家人口政策的风险等几个方面。

【关键概念】

失能风险　路径依赖　智慧养老　时间银行　银发经济

【思考题】

1. 我国为什么要推行长期护理保险试点？
2. 我国试点长期护理保险制度有哪些理论依据？
3. 根据国际经验，你认为我国长期护理保险制度框架应该如何构成？
4. 根据我国国情和国际经验，请你分析我国全面实施长期护理保险制度可能会产生哪些经济效益和社会效益。

【本章延伸阅读材料】

戴卫东. 福利：V型责任论：中国老年社会福利政策的一个理论建构［J］. 社会政

策研究，2018（1）.

戴卫东. 中国家庭老年照料的功能变迁与价值转向［J］. 安徽师范大学学报（人文社会科学版），2021（1）.

戴卫东，余洋. 中国长期护理保险试点政策"碎片化"与整合路径［J］. 江西财经大学学报，2021（2）.

葛蔼灵，冯占联. 中国养老服务的政策选择［M］. 北京：中国财政经济出版社，2019.

华颖. 从医保个人账户兴衰看中国社会保障改革理性回归［J］. 学术研究，2020（4）.

潘金洪，帅友良等. 中国老年人口失能率及失能规模分析：基于第六次全国人口普查数据［J］. 南京人口管理干部学院学报，2012（4）.

HEILMANN S.. Policy Experimentation in China's Economic Rise［J］. Studies in Comparative International Development，2008，43（1）.

Luo YN，Su B B，Zheng X Y. Trends and Challenges for Population and Health During Population Aging—China，2015-2050［J］. China CDC Weekly，2021，3（28）.

MARIE B，ELIZABETH C，NINA S，KIMBERLY H. Going home better not worse：Older adults' views on physical function during hospitalization［J］. International Journal of Nursing Practice，2010（16）.

ÖSTERLE A. Equity Choices and Long-term Care Policies in Europe：Allocating Resources and Burdens in Austria，Italy，the Netherlands and the United Kingdom［R］. Aldershot：Ashgate，2001.

主要参考文献

一、中文文献

1. 陈诚诚. 德日韩长期护理保险制度比较研究［M］. 北京：中国劳动社会保障出版社，2016.

2. 陈诚诚. 长期护理服务领域的福利混合经济研究：基于瑞德日韩四国的比较分析［J］. 社会保障评论，2018（2）.

3. 戴卫东. 中国长期护理服务体系建构研究［M］. 北京：社会科学文献出版社，2018.

4. 戴卫东，顾梦洁. OECD 国家长期护理津贴制度研究［M］. 北京：北京大学出版社，2018.

5. 戴卫东. OECD 国家长期护理保险制度研究［M］. 北京：中国社会科学出版社，2015.

6. 戴卫东. 长期护理保险：理论、制度、改革与发展［M］. 北京：经济科学出版社，2014.

7. 戴卫东. 中国长期护理保险制度构建研究［M］. 北京：人民出版社，2012.

8. 戴卫东. 解析德国、日本长期护理保险制度的差异［J］. 东北亚论坛，2007（1）.

9. 戴卫东. 长期护理保险：中国养老保障的理性选择［J］. 人口学刊，2016（2）.

10. 戴卫东. 福利：V 型责任论：中国老年社会福利政策的一个理论建构［J］. 社会政策研究，2018（1）.

11. 戴卫东. 中国养老服务事业的转型、定位与发展［J］. 安徽师范大学学报（人文社会科学版），2020（3）.

12. 戴卫东，余洋. 中国长期护理保险试点政策"碎片化"与整合路径［J］. 江西财经大学学报，2021（2）.

13. 丁英顺. 日本护理保险财政困境及应对措施［J］. 日本问题研究，2019（3）.

14. 范若兰. 近年新加坡妇女就业状况［J］. 东南亚纵横，1997（3）.

15. 高春兰. 老年长期护理保险制度：中日韩的比较研究［M］. 北京：社会科学文献出版社，2019.

16. 高春兰. 老年长期护理保险中政府与市场的责任分担机制研究：以日本和韩国经

验为例［J］. 学习与实践，2012（8）.

17. 高春兰. 韩国老年长期护理保险制度决策过程中的争议焦点分析［J］. 社会保障研究，2015（3）.

18. 葛蔼灵，冯占联. 中国养老服务的政策选择［M］. 北京：中国财政经济出版社，2019.

19. 郝君富，李心愉. 德国长期护理保险：制度设计、经济影响与启示［J］. 人口学刊，2014（2）.

20. 和红. 社会长期照护保险制度研究：范式嵌入、理念转型与福利提供［M］. 北京：经济日报出版社，2017.

21. 胡苏云. 荷兰长期护理保险制度的特点和改革［J］. 西南交通大学学报（社会科学版），2017（5）.

22. 华颖. 从医保个人账户兴衰看中国社会保障改革理性回归［J］. 学术研究，2020（4）.

23. 黄龙冠，杨培珊. 以长照 2.0 为基础回顾台湾长照政策发展与评析未来挑战［J］. 福祉科技与服务管理学刊（台湾），2021（2）.

24. 蒋永康. 德国护理保险法及给我们的启示［J］. 社会，1997（6）.

25. 蓝淑慧，鲁道夫·特劳普-梅茨，丁纯. 老年人护理与护理保险［M］. 上海：上海社会科学院出版社，2010.

26. 李运华，姜腊. 日本长期护理保险制度改革及启示［J］. 经济体制改革，2020（3）.

27. 梁中芳. 略论 1970 年代苏联犹太移民潮［J］. 学海，2007（6）.

28. 林建. 资本主义中的"社会主义细胞"［J］. 当代世界与社会主义，2003（6）.

29. 林斌. 德国长期护理保险的成效、挑战与发展趋势［J］. 老龄科学研究，2015，3（12）.

30. 林宗浩. 韩国老年人长期疗养保险立法的经验与启示［J］. 法学论坛，2013（3）.

31. 刘涛. 德国长期护理保险制度的缘起、运行、调整与改革［J］. 安徽师范大学学报（人文社会科学版），2021（1）.

32. 刘涛. 德国长期护理保险二十二年：何以建成，何以可存，何以可行？［J］. 公共治理评论，2017（1）.

33. 刘涛. 福利多元主义视角下的德国长期照护保险制度研究［J］. 公共行政评论，

2016（4）.

34. 刘瑞. 90年代荷兰社会福利政策的评价与借鉴［J］. 首都经济杂志，1995（6）.

35. 刘柏惠. 老年照料服务体系发展国际经验及启示［J］. 社会保障研究（北京），2015（2）.

36. 刘昕. 荷兰社会保障制度改革及其启示［J］. 理论与改革，1999（6）.

37. 卢现祥. 新制度经济学［M］. 武汉：武汉大学出版社，2004.

38. 马桂琪，黎家勇. 德国社会发展研究［M］. 广州：中山大学出版社，2002.

39. 梅陈玉婵，齐铱，徐玲. 老年学理论与实践［M］. 北京：社会科学文献出版社，2004.

40. 潘亚玲，杨阳. 德国"新贫困"问题研究［J］. 当代世界社会主义问题，2019（3）.

41. 潘金洪，帅友良，等. 中国老年人口失能率及失能规模分析：基于第六次全国人口普查数据［J］，南京人口管理干部学院学报，2012（4）.

42. 裴晓梅，房莉杰. 老年长期护理导论［M］. 北京：社会科学文献出版社，2010.

43. 任远，马连敏. 老龄社会的市场对策：长期护理保险与社会福利体系［M］. 北京：中国社会出版社，2005.

44. 邵明豪. 二十世纪九十年代日本经济衰退的原因及对我国的启示［J］. 消费导刊，2009（8）.

45. 沈越. 德国社会市场经济评析［M］. 北京：中国劳动社会保障出版社，2002.

46. 沈琴琴. 德国的失业问题研究及其对中国的借鉴意义［A］//新世纪的德国：政治、经济与外交. 上海：同济大学出版社，2002.

47. 施巍巍. 发达国家老年人长期护理制度研究［M］. 北京：知识产权出版社，2012.

48. 宋金文. 日本护理保险改革及动向分析［J］. 日本学刊，2010（4）.

49. 世界卫生组织. 积极老龄化政策框架［M］. 北京：华龄出版社，2003.

50. 世界卫生组织. 关于老龄化和健康的全球报告［R］. 2016.

51. 唐钧. 创建长期照护保险制度需把握的若干问题［J］. 中国医疗保险，2018（9）.

52. 仝利民，王西民. 日本护理保险的制度效应分析［J］. 人口学刊，2010（1）.

53. 王家宝. 法国人口与社会［M］. 北京：中国青年出版社，2005.

54. 汪洪涛. 制度经济学：制度及制度变迁性质解释［M］. 上海：复旦大学出版社，

2003.

55. 王茂斌. 更新观念：关于"国际功能、残疾和健康分类（ICF）"[J]. 中华物理医学与康复, 2002, 24（4）.

56. 王延中. 中国社会保障发展报告（2014）[M]. 北京：社会科学文献出版社, 2014.

57. 王震, 朱凤梅. 长期护理服务供给的国际趋势[J]. 中国医疗保险, 2017（2）.

58. 杨立雄. 建立长期护理保险制度是促进养老服务业发展的关键措施[J]. 中国民政, 2016（17）.

59. 杨光, 温伯友. 当代西亚非洲国家社会保障制度[M]. 北京：法律出版社, 2001.

60. 杨红燕. 发达国家老年护理保险制度及启示[J]. 国外医学, 2004（1）.

61. 姚玲珍. 德国社会保障制度[M]. 上海人民出版社, 2011.

62. 张继元. 社区医养结合服务：日本的探索与启示[J]. 安徽师范大学学报（人文社会科学版）, 2021（3）.

63. 张晓青, 徐成龙. 国外老年长期护理产业发展及对中国的启示[J]. 西北人口, 2011（3）.

64. 张盈华. 老年长期护理：制度选择与国际比较[M]. 北京：经济管理出版社, 2016.

65. 张仲芳. 国际社会保障动态：应对人口老龄化的长期护理保障体系[M]. 上海：上海人民出版社, 2018.

66. 郑功成. 社会保障学：理念、制度、实践与思辨[M]. 北京：商务印书馆, 2000.

67. 郑秉文. 中国养老金发展报告2017：长期护理保险试点探索与制度选择[M]. 北京：经济管理出版社, 2017.

68. 郑秉文. "福利模式"比较研究与福利改革实证分析：政治经济学的角度[J]. 学术界, 2005（3）.

69. 中华人民共和国国家统计局. 国际统计年鉴（1995—2019）[DB].

70. 中国社会科学院外事局. 当代国外发展考察与研究[M]. 北京：中国社会科学出版社, 1993.

71. 周芳. 美国的长期护理保险及其对我国的借鉴[J]. 外国经济与管理, 1998（2）.

72. 周以光. 战后法国第三产业的发展和妇女就业［J］. 世界历史，1999（1）.

73. 邹长青，孙海涛，吴华章，等. 法国大区卫生局行政体制改革研究［J］. 医学与哲学，2012（10A）.

74. 卓春英. 颐养天年：台湾家庭老人护理的变迁［M］. 台北：巨流图书公司，2001.

75. ［新］《联合早报》. 新加坡政府2021年起接管130万份乐龄健保保单［N］. 2019-01-08.

76. ［日］小岛克久. 日本经济发展与社会保障：以长期护理制度为中心［J］. 社会保障评论，2019（1）.

77. ［日］达山爱郎. 少子老龄化社会：中国日本共同应对的路径与未来［M］. 北京：社会科学文献出版社，2019.

78. ［日］住居广士. 日本介护保险［M］. 张天民，刘序坤，吉见弘，译. 北京：中国劳动社会保障出版社，2009.

79. ［韩］元奭朝. 韩国老人护理保险的批判性检验［J］. 社会保障研究（北京），2008（1）.

80. ［丹麦］艾斯平-安德森. 福利资本主义的三个世界［M］. 北京：法律出版社，2003.

81. ［美］科斯，阿尔钦，等. 财产权利与制度变迁：产权学派与新制度学派译文集［M］. 上海：上海人民出版社，1994.

82. ［美］理查德·A. 波斯纳. 衰老与老龄［M］. 周云，译，北京：中国政法大学出版社，2002.

83. ［美］雷克斯福特·桑特勒，史蒂芬·纽恩. 卫生经济学：理论、案例和产业研究［M］. 3版. 程晓明，译. 北京：北京大学医学出版社，2006.

84. ［德］柯武刚，史漫飞. 制度经济学：社会秩序与公共政策［M］. 北京：商务印书馆，2000.

85. ［德］霍尔斯特·杰格尔. 社会保险入门：论及社会保障法的其他领域［M］. 刘翠霄，译. 北京：中国法制出版社，2000.

二、外文文献

1. BANGKOK. Long-term care of older persons in the Republic of Korea［R］. SDD-SPPS Project Working Papers Series，UN，2015.

2. BARBARA D R, BLANCHE L B, ÖSTERLE A. Long-term care policies in Italy, Austria and France: variations in cash-for-care schemes [J]. Social Policy and Administration, 2007, 41 (6).

3. BAUMEISTER R F, et al. Ego depletion: Is the active self a limited resource? [J]. Journal of Personality and Social Psychology, 1998, 74.

4. BENGTSON V L. Beyond nuclear family: the increasing importance of multigenerational bonds [J]. Journal of Marriage and the Family, 2001, 63.

5. BRENDA M, SARIT B M, ALLAN Z. Long-term care insurance in Israel: three years later [J]. Ageing International, 1993, 6.

6. BRODSKY J, HABIB J, MIZRAHI I. Long-term care laws in five developed countries: a review [M]. Geneva: World Health Organization, 2000.

7. CHANG W W. Elderly long-term care in Korea [J]. Journal of Clinical Gerontology & Geriatrics, 2013 (4).

8. CANTOR M H, CHICHIN E R. Stress and strain among home care workers of the frail elderly [R]. Brookdale Institute on Aging, Third Age Center, Fordham University, New York, 1990.

9. COOLEN J. Multiple effects of innovation in community care: what can we learn from the Netherlands? [C]. International Perspectives on Community Care for Older People, Aldershot, England: Avebury, 1995.

10. DAVID S R. Family ties in Western Europe: persistent contrasts [J]. Population and Development Review, 1998, 24 (2).

11. DAVIS M A. Living arrangements, changes in living arrangements, and survival among community dwelling older adults [J]. American Journal of Public Health, 1997, 87.

12. FRIEDLAND R B. The coverage puzzle: how the pieces fit together [C]. the Annual Conference of the National Academy of Social Insurance. Washington, D. C., 2002 (2).

13. FUJISAWA R, Colombo F. The long-term care workforce: overview and strategies to adapt supply to a growing demand [R]. OECD Health Working Papers, No. 44, OECD Publishing, 2009.

14. GERAEDTS M, HELLER G V, HARRINGTON C A. Germany's long term care insurance: putting a social insurance model into practice [J]. The Milbank Quarterly, 2000, 78 (3).

15. GRAHAM & BILGER. Financing long-term services and supports: ideas from Singapore [J]. The Milbank Quarterly, 2017, 95 (2).

16. GRONBJERG K A. Markets, politics, and charity: nonprofits in the political economy [A] //Private Action and the Public Good. W W Powell, E S Clements [M]. New Haven and London: Yale University Press, 1998.

17. HEILMANN S. Policy experimentation in China's economic rise [J]. Studies in Comparative International Development, 2008, 43 (1).

18. HIGGINS J. Defining community care: realities and myths [J]. Social Policy & Administration, 1989, 23 (1).

19. HILLEL S. The Israeli long-term care insurance law: selected issues in providing home care services to the frail elderly [J]. Health and Social Care in the Community, 2005, 13 (3).

20. Host country report: long-term care in the Netherlands [EB/OL]. http://www.minvws.nl/includes/dl/openbestand.asp? File =/images/host-country-paper-_tcm20-177820.pdf. Ministry of Health, Welfare and Sport.

21. IKEGAMI N. Public long-term care insurance in Japan [J]. Journal of the American Medical Association, 1997, 278 (16).

22. IKEGAMI N. Financing long-term care: lessons from Japan [J]. International Journal of Health Policy and Management, 2019, 8 (8).

23. Israel National Insurance Institute. Information and data [J]. the Research and Planning Administration, 2011.

24. JAPAN MINISTRY OF HEALTH, LABOR AND WELFARE. Notification for the maximum payment for the services of long-term care insurance (Notification No. 33) [DB/OL]. (2000-02-10) [2008-03-01]. http://www1.mhlw.go.jp/topics/kaigo99_4/kai-go58-c.htm#33.

25. JAPAN MINISTRY OF HEALTH, LABOR AND WELFARE. Annual report on the status of the long-term care insurance [DB/OL]. (2017-10-15) [2022-07-21]. https://www.mhlw.go.jp/english/wp/wp-hw10/dl/10e.pdf.

26. JENSON J, JACOBZONE S. Care allowance for the frail elderly and their impact on women care-givers [R]. Labour Market and Social Policy—Occasional Papers on 14, Paris: OECD, 2000.

27. JONGEN W. The impact of the long-term care reform in the Netherlands: an accompanying analysis of an "ongoing" reform. [D]. Maastricht University, 2017.

28. KIM H B, LIM W. Long-term care insurance, informal care, and medical expenditures [J]. Journal of Public Economics, 2015, 125.

29. LIOYD J, WAIT S. Integrated care: a guide for policymakers [M]. London: Alliance for Health & the Future. 2006.

30. LITWIN H. LIGHTMAN E. The development of community care policy for the elderly: a comparative perspective [J]. International Journal of Health Services, 1996, 26 (4).

31. Luo Y N, Su B B, Zheng X Y. Trends and challenges for population and health during population aging-China, 2015-2050 [J]. China CDC Weekly, 2021, 3 (28).

32. MARIE-EVE JOËL, SANDRINE DUFOUR-KIPPELEN, CATHERINE DUCHÊNE, et al. Long-term care in France [R]. ENEPRI Research Report NO. 77 Contribution To WP 1 of The ANCIEN Project. ENEPRI, 2010.

33. MARIE B, ELIZABETH C, NINA S, et al. Going home better not worse: Older adults' views on physical function during hospitalization [J]. International Journal of Nursing Practice, 2010, 16.

34. MICHAEL Y L, BERKMAN L F, COLDITZ G A, et al. Living arrangements, social integration, and change in functional health status [J]. American Journal of Epidemiology, 2001, 153.

35. MOT E, AOURAGH A. The Dutch system of long-term care [R]. ENEPRI, 2010.

36. MULVEY J. The Importance of LTC Insurance for the retirement security of the baby boomers [J]. Benefits Quarterly, 2005, 21 (4).

37. NAYARADOU M, NOUET S, PLISSON M. The characteristics of the demand for private long-term care insurance in France [R]. http://basepub. dauphine. fr/bitstream/handlo/.../5054/Transition_Plisson2. PDF.

38. NICHOLAS BARR. Long-term care: a suitable case for social insurance [J]. Social Policy & Administration, 2010, 44 (4).

39. OECD. France long-term care [EB/OL]. (2011-05-18) [2022-07-21]. http://www. oecd. org/dataoecd/11/62/47902097. pdf.

40. OECD. Help Wanted? Providing and Paying for Long-Term Care [EB/OL]. 2011. http://www. oecd. org/dataoecd/52/12/47884985. pdf.

41. OECD. A good life in old age? Monitoring and improving quality in long-term care [R]. OECD Publishing, 2013.

42. OECD Health at a Glance [R], 2017.

43. OECD Health Statistics [R], 2019.

44. OECD. Long-term care for older people [M]. Paris: Organization for Economic Co-operation and Development, 2005.

45. ÖSTERLE A. Equity choices and long-term care policies in Europe: allocating resources and burdens in Austria, Italy, the Netherlands and the United Kingdom [M]. Aldershot: Ashgate, 2001.

46. PACOLET J. Social protection for dependency in old age: a study of the fifteen EU member states and Norway [M]. Aldershot: Ashgate, 2000.

47. PARASURAMAN A, ZEITHAML V A, BERRY L L. Servqual: a multiple-item scale for measuring consumer perceptions of service quality [J]. Journal of Retailing, 1988, 64 (1).

48. Report jointly prepared by the Social Protection Committee and the European Commission. Adequate social protection for long-term care needs in an ageing society [R]. 2014.

49. ROBERT L K, ROSALIE A K. What older people want from long-term care, and how they can get it [J]. Heath Affairs, 2006, 20.

50. ROSE R. Common goals but different roles: the states contribution to the welfare mix [C] //Richard Rose, Rei Shiratori. The welfare state: East and West (13-39). New York: Oxford University Press, 1986.

51. SCHMID H. Home care workers' assessment of differences between nonprofit and for-profit organizations delivering home care services to the Israeli elderly [J]. Home Health Care Services Quarterly, 1993, 14 (2/3).

52. SCHMID H. Evaluating the impact of legal change on nonprofit and for-profit organizations [J]. Public Management Review, 2001, 3 (2).

53. SCHMID H. The Israeli long-term care insurance law: selected issues in providing home care services to the frail elderly [J]. Health and Social Care in the Community, 2005, 13 (3).

54. SCHNEIDER U. Germany's social long-term care insurance: design, implementation and evaluation [J]. International Social Security Review, 1999, 52.

55. SCHULZ E. Quality assurance policies and indicators for long-term care in the European Union Country Report: Germany [R]. ENEPRI Research Report No. 104, 2012.

56. SHARON A. The long-term care insurance program in Israel: solidarity with the elderly in a changing society [J]. Israel Journal of Health Policy Research, 2013, 2.

57. SHMELZER M. Long-term care insurance in Israel. Pilot for cash benefits [C]. OECD Long-term care Expert Meeting, 2010 (11).

58. STESSMAN J. The long-term care insurance law after twelve years: problems and solutions [J]. Social Security, 2001, 60.

59. The Health Insurance Association of America. Long-term care: knowing the risk, Paying The Price [R]. 1997.

60. The Social Protection Committee and the European Commission. Adequate social protection for long-term care needs in an ageing society [R]. 2014.

61. U. S. Department of Commerce, Census Bureau. Income, poverty, and health insurance coverage in the United States: 2009 [R]. 2010 (9).

62. WHO. Home-based and long-term care [R]. Report of a WHO Study Group. WHO Technical Report Series 898. Geneva: World Health Organization, 2000.

63. WHO. Long-term care laws in five developed countries: a review [M]. Geneva. 2000.

64. WHO Regional Office for Europe, Government of Norway, Government of Spain, European Investment Bank, World Bank, et al. Luxembourg health care systems in transition 1999 [R]. European Observatory on Health Care Systems, 1999.

65. WHO. Integrated care for older people [EB/OL]. http://www.who.int/ageing/health-systems/icope/en/.

66. WIENER J. The role of informal support in long-term care [A]. From BRODSKY J. Key Policy Issues in Long term Care [M]. Geneva: WHO, 2003.

67. ZHOU R T, BROWNE M J, GRÜNDL H. Don't they care? Or, are they just unaware? Risk perceptionand the demand for long-term care insurance [J]. Journal of Risk and Insurance, 2010, 77 (4).

68. 德国联邦劳动与社会秩序部. 护理保险走来了 [M]. 波恩 1994.

69. [日] 二木立. 介護保険制度の総合的研究 [M]. 东京：頸草書房, 2008.

70. [日] 三浦文夫. 图解高龄者白皮书 [M]. 东京：全国社会福利协议会, 1998.

71. 日本みずほ総合研究所. 介護保険制度改革と課題 [R]. 2005.

72. 日本介護労働安定センター. 介護労働実調査 [R]. 2007.

73. [韩] 李勇甲. 德国的长期护理保险和日本的介护保险 [J]. 韩国社会政策, 2000 (1).

74. [韩] 郑载旭, [日] 白泽政和. 对作为介护保险制度的韩国老人疗养保险制度的内容及构造的考察 [J]. 海外社会保障研究, 2007 (158).

75. 韩国健康保险管理公团. 2020 韩国长期护理保险统计年报 [R].

76. 韩国政府企划委员会. 参与政府的国情报告 [R]. 2007.

77. [韩] 郑京喜. 2005 年度老人生活现状及福利需求调查 [R]. 韩国保健社会研究院, 2005.

78. [韩] 韩国统计厅. 经济活动人口调查 [R]. 2007.

79. 日本国立社会保障人口问题研究所. 人口预测 (2008) [R].

80. 日本厚生劳动省. 2000 年日本厚生白皮书 [R].

81. 日本厚生劳动省. 护理保险事业状况报告 (2000 年、2015 年、2020 年) [R].

82. 日本经济新闻. 介护保险保险费上升 6.4% [N]. 2018-05-22.

83. 日本厚生劳动省. 介护保险事业状况报告 [DB/OL]. (2020-12-20) [2022-07-21]. https://www.mhlw.go.jp/toukei/list/84-1.html.

84. 日本厚生劳动省. 平成 20 年介护事业经营实态结果之概要 [DB/OL]. (2008-10-01) [2022-07-21]. http://www.mhlw.go.jp/topics/kaigo/zigyo/keiei/20index.html.

85. 日本社会保障制度改革国民会議. 社会保障制度改革介護報告書: 確かな社会保障を将来世代に伝えるための道筋 [DB/OL]. (2013-08-06) [2020-09-28]. https://www.kantei.go.jp/jp/singi/kokuminkaigi/pdf/houkokusyo.pdf.